21世纪 全国高职高专金融专业规划教材

金融法教程

JINRONGFA JIAOCHENG

盖　锐◎主编

北京大学出版社
PEKING UNIVERSITY PRESS

图书在版编目(CIP)数据

金融法教程/盖锐主编．—北京：北京大学出版社，2007.8
(21世纪全国高职高专金融专业规划教材)
ISBN 978-7-301-11228-1

Ⅰ.金… Ⅱ.盖… Ⅲ.金融法—中国—高等学校：技术学校—教材
Ⅳ.D922.28

中国版本图书馆CIP数据核字(2006)第129630号

书　　　名：金融法教程
著作责任者：盖　锐　主编
责 任 编 辑：叶　楠
标 准 书 号：ISBN 978-7-301-11228-1/F·1497
出 版 发 行：北京大学出版社
地　　　址：北京市海淀区成府路205号　100871
网　　　址：http://www.pup.cn　电子邮箱：em@pup.pku.edu.cn
电　　　话：邮购部 62752015　发行部 62750672　编辑部 62752926　出版部 62754962
印　刷　者：北京大学印刷厂
经　销　者：新华书店
730毫米×980毫米　16开本　20.25印张　353千字
2007年8月第1版　2009年11月第2次印刷
印　　　数：4001—7000册
定　　　价：28.00元

主编简介

盖锐，女，吉林德惠人，江苏金陵科技学院教授、金融系主任，长期从事经济学和金融学的教学与研究。系中国管理科学研究院学术委员会特约研究员、江苏省劳动和社会保障学会理事、江苏省外国经济研究会理事。主编教材有：《社会主义市场经济理论》、《社会保障概论》、《金融学》、《商业银行经营管理》等。先后主持中国高等教育学会"十一五"教育科学研究规划课题和江苏省高等教育教学改革研究课题。在省级以上刊物公开发表论文六十余篇，获省级以上优秀成果奖七项。

内容简介

本书是针对高等院校金融法课程教学的要求和金融类专业学生的特点组织编写的。在编写过程中，本着理论联系实际的原则，力求系统准确地介绍金融法的基本理论、基本知识；注意突出学习重点，将与市场金融秩序有密切关系的金融法律制度作了较为详尽的介绍，具有较强的针对性和适用性。本书主要包括绪论、中国人民银行法、商业银行法、票据法、担保法、信托法、证券法、证券投资基金法、银行业监督管理法、保险法和涉外金融法律制度等内容。

本书具有重点突出、结构完整、条理清晰、资料新颖、实用性强等特点，可以作为高等院校法律专业、经济类专业的教材和参考资料，也可以作为金融业从业人员、金融监管机构工作人员以及企事业单位管理人员的参考读物。

前言

在我国市场化改革进程中，金融健康发展和协调运行是提高社会资源配置效率，规范各经济主体经营行为，创建诚信、规范、有序的社会经济秩序的关键，是构建和谐社会的基础。近几年来，我国适应市场经济的金融法规不断发展完善，已形成基本框架。良好的金融法制环境既有助于社会经济资源的有效配置，又有助于维护经济秩序、构建社会诚信、推动国民经济的可持续发展，对于促进我国金融业的现代化改革、促进我国的经济发展具有十分重要的意义和作用。有关金融法规的理论和实务已成为从事金融活动的高级专门人才所必须掌握的知识。

为适应高等院校法律专业、经济类专业学生学习掌握金融法律知识的需要，我们编写了这部教材。本书以现代市场经济条件下各种金融主体和金融行为为对象，立足监管，深入研究这些主体和行为的法律规范，对我国金融法律体系及因此而形成的金融法律制度进行诠释和阐述。本书将致力于完整的金融法体系的建设，力求全面反映我国金融改革及金融法发展的最新动态，在阐述金融法基本原理的基础上，理论联系实际，既注重对本国金融立法的研究，又注意借鉴国外金融立法的先进经验。通过本书的学习，力求使学生牢固掌握教材所涉及的法学和金融概念，从法学和金融两个层面掌握金融法的具体规定及法学内涵，在此基础上，熟练地运用金融法来规范金融活动，学会理论联系实际，解决涉及金融法规个案的实际问题，提高以法治理金融的能力和防范金融风险的能力。

为了便于学生学习，每章前设有“学习目标”，每章后设有“本章小结”和“复习思考题”。通过案例分析等形式，培养学生理论联系实际的学习方法，提高学生分析问题和解决问题的能力。

本书共分 11 章，分别为绪论、中国人民银行法、商业银行法、票据法、担保法、信托法、证券法、证券投资基金法、银行业监督管理法、保险法和涉外金融法律制度。

本书由盖锐教授担任主编，尹继志、陈冠亚、芮晓东担任副主编。具体分工如下：盖锐负责第一章、第十章；尹继志负责第二章、第三章、第四章、第五章；芮晓东负责第六章、第九章；陈冠亚负责第七章、第八章；高蓉蓉负责第十一章。

在本书的编写过程中，参阅和借鉴了大量文献资料，并得到有关部门和专家、学者的大力支持，在此表示谢意。教材中存在的一些缺点和不足，恳请得到专家和读者的批评指正。

编　者

2007 年 4 月

目录

第五章 担保法

第六章 信托法

第七章 证券法

第八章 证券投资基金法

第九章 银行业监督管理法

第十章 保险法

第十一章 涉外金融法律制度

第一章 绪论

◆ 学习目标 ◆

通过本章的学习，了解与金融法规密切相关的基本知识，包括金融的构成要素、金融的概念与特征、金融在市场经济中的地位和作用、金融法的概念与调整对象、金融法的体系和基本原则。

第一节 金 融

一、金融的概念与特征

1. 金融的概念

“金融”在过去相当长的一段时期内，被理解为资金的融通。融通的主要对象是货币和货币资金；融通的方式是有借有还的信用形式；而组织这种融通的机构则为银行及其他金融机构。因此，金融涉及货币、信用和银行三个范畴，三者相互联系、相互依存、相互促进，共同构成金融活动的整体。具体地说，货币和货币资金的收付、货币资金的借贷、票据的买卖、债券与股票的发行和转让，以及外汇的买卖等，都属于金融活动。

从历史发展过程看，最早出现的是货币和货币收付活动。随着商品货币关系的发展，各种借贷活动相应产生，并出现了组织借贷活动的各类机构。于是，货币和货币资金的收付日益与信用资金收支、银行资金收支相互渗透、相互结合，构成密不可分的统一活动过程。因此，再单纯地、孤立地用货币或信用概念已不足以概括这种统一活动的过程，而金融正是用以概括货币银行或货币信用及与此直接相关的经济活动的总称。

然而，在现代经济条件下，金融不仅是货币资金的融通，其含义已有很大的扩展，即是由多种要素组合而又相互制约、相互作用的大系统，是货币资金的筹集、分配、融通、运用及管理。具体地说，它应包括：货币的流通及管理；货币资金的筹集（含银行和非银行金融机构及企业、个人的有偿筹集，财政的无偿筹集）；财政、银行的资金分配；企业内部的资金分配；资金的间接融通和直接融通、纵向融通和横向融通、国内融通和国际融通；资金的配置和调度；信贷资金结构的调整和管理；资金周转速度及资金运用效率的管理等。可以说，凡是有关货币资金的筹集、分配、融通、运用及管理的种种活动，都是金融活动，它存在于整个社会的经济活动之中。因此，广义的金融是指货币流通与货币资金的融通。

2. 金融的特征

金融的基本特征有：

(1) 融资性。在现代经济中，各个经济单位会经常出现收支不平衡的情况，这种收支不平衡的情况为各单位之间进行资金融通提供了客观可能。如果各经济单位之间无融资关系，每一个单位只能量入为出：当储蓄不足时，尽管有收益率极高的投资项目，也只能坐失良机；或虽有盈余资金，但没有合适项目，只得退而求其次。而信用制度的建立，将会克服以上弊端，有效地利用社会资源，促进社会经济的发展。

（2）自愿性。经济体系中的储蓄通过金融活动转换成了生产能力。首先，这种转换把零星的、闲散的或暂时不用的居民收入节余、退休基金、企业的折旧基金或其他基金，以及政府拥有的暂时不用的各项基金或财政节余转换成生产基金。更重要的是，这种转换是通过金融活动实现的。提供资金的一方是通过储蓄、购买金融资产或拥有金融工具转让其资金使用权的，它们的转让是完全自愿的，是为了增值或保值，以追求最佳效益；而使用资金的一方是通过抵押借款、发行股票、发行债券等方式获得资金使用权，它们获得资金使用权的行为完全是自愿的，是为了维持或扩大生产，或满足其他方面的资金需要，以追求最佳的经济效益。因此，供资方和筹资方是为了不同的目的实现交易的，在金融活动的作用下，社会资源的合理使用是在双方追求各自的利益、自愿的基础上实现的。

（3）调节性。通过货币资金的融通，可以使社会上的资金在投资、生产、消费之间合理地进行流动和分配，以调节一定时期社会上的货币流量。在金融活动中，会创造出许多金融工具并为之提供良好的流动性，满足资金供求双方不同期限、收益和风险的要求，为资金供应者提供适合的投资手段，引导众多分散的小额资金汇聚成可以投入社会再生产的大规模资金。在资金的融通中，金融工具的交易客观上有助于将资源从低效部门转移到高效部门，从而实现稀缺资源的合理配置和有效利用。在经济金融化的时代里，金融资产成为社会财富的重要存在形式，金融资产价格的波动改变了社会财富的存量分配，即实现了社会财富的再分配。

二、金融在市场经济中的地位和作用

（一）金融在市场经济中的地位

1. 金融是市场经济的核心

市场经济是以市场调节为基础和主导的配置社会资源的经济运行形态。市场经济实际上就是商品交换的经济，而货币又是现代经济中商品交换所必需的媒介，货币资金则是市场经济发展的第一推动力和持续推动力，因此，金融作为资金融通的活动，在市场经济中居于核心地位。邓小平同志在1991年视察上海时指出："金融很重要，是现代经济的核心。金融搞好了，一着棋活，全盘皆活。"这些话深刻地指出了金融在现代市场经济中的核心地位。2002年2月，江泽民同志指出，金融在市场资源配置中起核心作用，金融是调节宏观经济的重要杠杆，金融安全是国家安全的核心。中国共产党第十六次全国人民代表大会明确提出了全面建设小康社会的奋斗目标，为了实现这一宏伟目标，作为现代经济核心的金融业担负着极为重要的历史使命。实施适当的货币政策，深化金融体制改革，建立现代金融企业制度，建立、健全现代市场经济的社会信用体系，完善金融市场，处理好虚拟经济和实体经济的关系，支持国民经济的持续、快速、健康发展，加快金融创新，加强金融监管，防范和化解金融风险，全面增强金融业的竞争力，循序渐进地扩大金融开放等，都是我国金融业面临的重要任务。

2. 金融与经济的关系极为密切

现代市场经济就是货币经济、信用经济。如果就金融与经济的关系而论，则是经济决定金融，金融反作用于经济。首先，在社会再生产的各个环节，无论是在生产、交换还是在分配、消费的过程中，金融活动，无论是信用关系还是货币流通，都取决于生产、取决于经济中的商品生产和商品交换。我们必须牢记"劳动创造价值"这一马克思主义的基本观点，懂得实物经济是一国之根本。各国的经济发展固然离不开金融的支持，但经济发展的根本还在于科技的进步，如果不能充分肯定这一点，过分地夸大金融的作用，看不到一切金融活动都是由客观经济发展的需要所决定的，就会本末倒置。我们必须清醒地认识到，如果不解决好国民经济中的深层次问题，则金融问题是难以从根本上加以解决的。其次，我们也要充分认识到金融对经济的重要的反作用。在任何一个国家中，良好的金融活动都会有效地促进商品生产和商品流通的发展，而不良的金融活动则会破坏一国经济的发展，对商品流通与货币流通，对社会政治、经济生活造成破坏性影响，1997年发生的亚洲金融危机就是一个有力的证明。

（二）金融在市场经济中的作用

金融是社会资金运动的总枢纽，是国民经济重要的调节器，是控制货币供应的总闸门，是发展经济、革新技术的重要杠杆。金融在经济生活中无论对宏观经济的调控，还是对微观经济的搞活，都具有重要的作用。具体说来有以下五大作用：

1. 筹集融通资金的作用

国家建设资金的来源，主要是两大方面：一是财政的无偿筹集；二是金融的有偿筹集和融通。在市场经济条件下，金融已成为社会资金筹集和分配的主要方式，银行则成为企业生产建设资金的主要供应者。现在70%左右的资金都通过银行信用渠道分配，其中，企业流动资金使用额80%以上由银行贷款支持，固定资产投资中银行贷款占20%以上。2000年年末，通过金融系统吸收的各项本外币存款折合人民币已达13.44万亿元，由金融系统发放的各项本外币贷款折合人民币已达10.44万亿元。这些数字表明，金融系统在筹集、融通资金方面发挥了重大的作用。

2. 引导资金流向的作用

国民经济的综合平衡、社会再生产的顺利实现，既要求实物的实现，也要求价值的实现。这就要求资金不仅要在总量上满足社会再生产的需要，而且要求在资金配置、资金结构上与客观要求相适应。金融系统通过信用方式并以多种金融工具为调节杠杆来引导资金的合理流向。在资金紧张的情况下，更需要金融系统引导资金流到符合经济发展要求、产品适销对路、质量好、规格全、经济效益好的方面去。此外，金融系统还能吸引广大居民的闲置货币、手持现金，使之转化成为生产基金。

3. 提高资金使用效率的作用

提高资金使用效率，一方面是指提高工商企业的资金使用效率。当前，一方面生产和建设资金十分短缺，另一方面资金损失、浪费的现象又比较严重。全国国有企业固定资产及流动资金数以万亿元计，其中有相当一部分资金占用不合理，企业经济效益比较低，这就说明资金利用效率不高，资金潜力很大。因此，通过金融机构加强信贷管理，来影响和促使企业改进对流通资金的管理、减少对流通资金的占用，充分挖掘资金潜力、加速资金周转，从而提高资金使用效率。另一方面，就金融机构本身而言，也有一个提高信贷资金使用效率的问题。各家金融机构的贷款总额中，逾期贷款、风险贷款占有不小的比重。因此，加强金融机构的管理，用活这部分资金，对于提高信贷资金使用效率，更好地满足企业的资金需要，也是十分必要的。

4. 调控社会总需求的作用

在我国新旧经济体制转换变革的过程中，由产品经济转向市场经济、由实物管理转向价值管理、由直接控制转向间接控制、由行政命令转向经济调控，迫切需要建立一个强有力的社会主义经济调控体系，综合运用价格、税收、信贷、利率、汇率等经济杠杆，来调控社会总需求与社会总供给，调控积累与消费等重大比例关系，调控财力、物力、人力的流向，调控产业结构和产品结构，调控市场需求，调控对外经济往来。实践证明，金融调控日益成为这一调控体系中极为重要的组成部分。金融调控在宏观调控方面的主要目标是保证社会总供给与总需求相适应，稳定货币，平衡国际收支，保持国民经济持续、稳定、协调地发展。宏观调控应与微观调节（促使企业提高资金使用效率、提高经济效益）紧密结合起来，使宏观经济效益与微观经济效益相互促进、有机结合。

5. 加强国际经济联系与交流的作用

随着我国改革开放政策的贯彻实施，我国对外经济贸易往来不断发展，同国际市场的联系日益密切，引进外资和先进科技成果也逐渐增加，这就要求金融系统扩大国际金融业务，充分发挥其作为国际贸易桥梁和纽带的作用。近几年来，我国金融机构在引进外资、支持我国工商企业引进先进设备和技术、加强与国际金融同业间的往来、发展外向型经济以及扩大出口创汇能力等方面，发挥了应有的作用。到 2000 年年底，我国境内的外资银行有 177 家，总资产达 346 亿美元，其中外汇贷款达 188 亿美元，占境内金融机构全部外汇贷款的 22.7%；我国在海外设立的营业性金融机构有 68 家，总资产达1 565亿美元。实践证明，金融对外开放是整个经济对外开放的重要组成部分，对加强国际经济交往、发展我国经济具有重要的促进作用。中国经过长达 14 年的不懈努力，于 2001 年 12 月 11 日加入了世界贸易组织。加入世界贸易组织以后，我国与世界各国的经济贸易关系会更加密切，而所有这一切，都离不开金融活动的支持。通过各种国际金融活动，我国可以筹集外汇资金、引进国外先进技术与管理方法、与世界各国广泛发展经济合作关系，不断提高我国经济发展水平。

在货币信用高度发达的现代市场经济中，金融的作用力和影响力越来越大，但这种作用力和影响力不完全是正面、有利的。现代金融业的快速发展在有力推动经济发展的同时，出现不良影响和副作用的可能性也越来越大，当这种可能变成现实时，就会阻碍甚至破坏经济发展。其不良影响主要表现在：(1)货币发行总量过大导致通货膨胀、信用膨胀，危害经济发展。(2)金融业经营不善使金融风险加大，金融风险失控会直接引发金融危机，危机的破坏性影响会迅速蔓延到经济中。(3)因信用过度膨胀产生金融泡沫，造成金融市场的动荡和整体经济运转的失常、拉大经济波动的幅度并可能引发经济危机。因此各国都十分重视金融宏观调控和金融监管，力图通过有效的宏观调控实现金融总量与经济总量的均衡，通过有效的外部监管、内部自律来控制金融业风险，防止金融泡沫，维护金融安全与健康，发挥其对经济的支持与促进作用。

三、金融体系

金融体系是国民经济体系内围绕资金融通、由相关要素有机构成的子系统。

关于金融体系的基本要素，国内外学者多认为仅包括金融工具、金融机构和金融市场三部分。然而，任何金融体系都只能在一定的制度框架中运行，相对完备的制度是一切金融体系高效、有序运行的基石。金融工具的形式、内容及其流转，金融机构的设立、营运与监控，金融市场的组织、管理与交易等，均离不开金融制度的规范与制约。事实证明，任何发达的金融体系都必定内含一整套完善的金融制度。因此，金融体系的基本要素，除金融工具、金融机构和金融市场外，还必须包括金融制度。而金融制度的主要支柱便是金融立法。

（一）金融工具

金融工具又称信用工具，通常是依一定格式做成、用以证明或创设金融交易各方权利和义务的书面凭证。存折（存款单）、借款合同、股票、债券、商业票据等均为常见的金融工具。20 世纪 70 年代以来，为了适应社会对金融商品多元化的需求，提高市场竞争能力，有效地规避风险，世界各国特别是发达国家的金融机构，有意识地运用金融工程技术，在传统金融工具之外或者在传统金融工具的基础上，创造了众多的新型金融工具。所谓"金融衍生工具"，如期货合约、期权合约、货币互换合约和利率互换合约等，即是金融工具创新的产物。

按照金融交易的期限，金融工具可以分为货币市场金融工具和资本市场金融工具。前者一般指偿还期在 1 年以内的短期金融工具，主要有商业票据、短期公债、可转让大额定期存单等，它们期限短、风险小、流动性强；后者则是指偿还期在 1 年以上的中、长期金融工具，包括股票、公司债券和中长期公债等，由于期限长，这类金融工具一般风险较大、流动性较弱。按照发行目的，金融工具可以分为间接金融工具与直接金融工具。金融机构为了筹集可用于贷放的资金而发行的金融工具，如可转让大额定期存单、金融债券，为间接金融工具；发行人为自身融资而发行的金融工具，如政府债券、公司债券、股票等，则为直接金融工具。此外，按照持有人所享有权利的性质，金融工具可以分为债权金融工具和所有权金融工具。除股票为所有权金融工具外，其余均为债权金融工具。

（二）金融机构

凡专门从事各种金融活动的组织，均称为金融机构。金融机构的职能，简言之，就是组织社会资金的运动，建立或疏通资金融通的渠道。具体表现在：

1. 在间接金融中充当信用中介

在现实生活中，资金供求双方的直接融资可能因种种原因，比如在金额、期限、利率上不相吻合而难以实现。金融机构以负债业务筹集资金，转而以资产业务运用资金，则能够有效地扩大信用活动的范围和领域。

2. 为直接金融提供服务

资金供求双方的直接融资，往往离不开金融机构的专业性服务。比如，证券市场筹资，其发行方案的设计、证券的承销及其兑付、二级市场的交易代理，都必须借助于特定的金融机构。

3. 为社会提供有效率的支付机制

因商品交易产生的货币收支，通过金融机构在交易各方的账户间进行划拨清算，安全、方便、迅速，能够减少资金的在途时间，加速商品的流转。

当然，在金融体系中，各类金融机构在职责分工上有所不同。

对金融机构可以根据多种标准进行分类，最常见的是将其分为银行和非银行金融机构。银行又包括中央银行、商业银行、政策性银行；非银行金融机构种类繁多，主要有信托投资公司、金融租赁公司、财务公司、信用合作社、证券公司、保险公司等。按金融机构的性质和目的，可以分为中央银行、政策性金融机构、商业性金融机构、合作金融机构。按金融机构的组织形式，可以分为国有独资金融机构、有限责任金融机构、股份制金融机构。按金融机构的投资来源，可以分为中资金融机构和外资金融机构。按金融机构的业务范围，可以分为综合性金融机构和专业性金融机构。按金融机构的经营区域，可以分为全国性金融机构、地方性金融机构和跨国金融机构。

结构合理的金融机构体系，对国家金融事业以及经济的发展是至关重要的。对市场经济国家而言，至少应有三大类的金融机构。第一类是中央银行，它作为国家机关，负责制定和执行国家的货币信用政策，依法实施金融监督与管理，在金融机构体系中处于核心和主导地位。第二类是商业性金融机构，包括商业银行和商业性非银行金融机构，它们是金融机构体系的主体，受市场规律的引导与制约，以盈利为目的从事以货币为对象的经营活动。第三类是政策性金融机构，包括政策性银行和政策性非银行金融机构，它们由政府设立，以实现政府经济和社会政策为目标，开展信用活动，对商业性金融机构进行必要的补充。

（三）金融市场

金融市场即资金融通的场所，它是经济生活中与商品市场、劳务市场和技术市场并列的一种市场。通过金融市场，资金的供求双方直接或借助于信用中介进行资金的融通，并基于资金供求的对比，形成相应的“市场价格”，即利率。

金融市场是一个大系统，包罗许多具体、相互独立但又有紧密关联的市场，可以用不同的划分标准进行分类。最常见的是把金融市场划分为货币市场和资本市场。货币市场是交易期限在1年以内的短期金融交易市场，包括短期存贷市场、同业拆借市场、贴现市场、短期债券市场以及短期融资工具市场，其功能在于满足交易者的资金流动性需求。资本市场是交易期限在1年以上的长期金融交易市场，主要满足工商企业的中、长期投资需求和政府弥补财政赤字的资金需要，包括长期存贷市场和证券市场。证券市场又可以分为债券市场和股票市场。按金融交易的交割期限可以把金融市场划分为现货市场与期货市场。在现货市场上，一般在成交日后的1—3日内立即付款交割；而在期货市场上，交割则是在合约所规定的日期，如几周、几个月之后进行。较多采用期货交易形式的主要是证券、外汇、黄金等市场。按交易主体和市场范围，金融市场可以划分为国内金融市场和国际金融市场。国内金融市场是一国领土内本国居民从事金融交易的市场，而国际金融市场则是跨国界的不同国家居民间的金融交易市场。此外，金融市场可以是由金融机构营业场所构成的有形市场，也可以是由现代通讯网络构成的无形市场；可以是分散的市场，也可以是集中的市场。

（四）金融制度

金融制度是由金融立法、基本金融政策和金融规章建立起来的，有关金融交易、金融调控和金融监管的相对稳定的运行框架和办事规程。市场经济体系中，都存在国家对金融运行的管理和在金融领域进行的政策性调节。国家对金融运行的管理由一系列制度构成，这包括货币制度、汇率制度、信用制度、利率制度、金融机构制度、金融市场制度、支付清算制度、金融监管制度等。这个制度系统涉及金融活动的各个方面和各个环节，体现为有关的国家成文法和非成文法，政府法规、规章、条例，行业公约，以及约定俗成的惯例，等等。对金融的宏观调控则通过货币政策以及种种金融政策实施，目的是用以实现政府对经济的干预。

第二节 金融法

一、金融法的概念和调整对象

（一）金融法的概念

目前在国内，关于金融法的定义有不同的表述。我们认为，金融法是调整金融关系的法律规范的总称。金融关系包括国家金融管理监督部门与金融活动参加者之间的金融管理关系，金融机构与其他法人组织、公民之间发生的资金融通关系以及金融机构的内部关系。

随着我国金融体制改革的深化，金融法制建设的步伐明显加快，可以说，我国金融法律体系的框架已基本形成。根据我国已颁布的和正在拟订中的金融法规，我国金融法大致包括如下内容：(1)关于中央银行、政策性银行、商业银行和其他非银行金融机构的法律地位、性质、任务、组织机构、职责权限和业务范围的法律规定；(2)关于存款、贷款的法律规定；(3)关于货币发行和现金管理的法律规定；(4)关于票据和结算的法律规定；(5)关于外汇和金银管理的法律规定；(6)关于保险的法律规定；(7)关于信托、金融租赁的法律规定；(8)关于证券的法律规定；(9)关于融资担保的法律规定；(10)其他与金融有关的法律规定。

（二）金融法的调整对象

金融法的调整对象是金融关系，主要包括以下内容：

1. 金融业务关系

是指金融机构与其业务经营活动相对人之间发生的关系。主要包括：(1)非金融机构的社会组织和个人之间在金融市场上产生的直接融资关系，主要包括证券发行关系、证券交易关系。(2)金融机构与非金融机构的社会组织及个人之间的间接融资关系，主要包括存款关系、储蓄关系、资金借贷关系、金融机构之间的同业资金往来关系。(3)金融机构与非金融机构的社会组织及个人之间因金融中介服务活动而产生的金融中介服务关系，主要包括结算关系、汇兑关系、咨询关系、信托关系、融资租赁关系、代理关系等。

2. 金融监督关系

金融监督关系是指国家金融监督管理部门为维护金融秩序的稳定和资金融通的有效运行，在金融监督管理活动中与金融活动参加者之间形成的社会关系。金融活动参加者主要是金融机构,同时也包括参与融资活动的公民和法人及其他非法人组织。金融监督关系的主要内容是:金融监管机关依法制定监管规章,审批金融机构,对金融机构进行稽核、检查,对金融活动参加者的违法行为依法进行查处,等等。金融监管机关的监管行为必须依法进行,被监管单位、组织和个人必须服从监管。调整金融监督关系的规范属于金融经济行政法律规范。

3. 金融调控关系

金融调控关系是指国家以及有关的国家机关,以稳定金融市场、引导资金流向、控制信用规模为目的,对有关的金融变量实行调节和控制而产生的关系。金融调控有直接调控与间接调控之分。直接调控表现为调控主体下达指令(如信贷计划),硬性要求有关方面严格遵守,故因此而产生的关系在性质上与金融监管关系一致;间接调控则表现为调控主体以调控金融为目的参与金融交易活动,对有关的金融变量施加影响,故因此而产生的关系在性质上与金融交易关系一致。金融调控关系是中央银行在金融宏观调控活动中与商业银行、政策性银行、其他金融机构、国民经济各部门及企业之间发生的权利义务关系,其特点是中央银行主要利用经济手段依法对金融机构和金融活动进行调整。在现实的金融生活中,上述三种关系是互相渗透、交织在一起的。

4. 金融机构的内部关系

金融机构要想实现其成立的宗旨,依法开展金融业务经营活动,必须处理好金融机构的内部关系。金融法应当对各类金融机构的内部管理制度有基本的要求,对金融机构与其分支机构的权责也应有原则性的规定。从这个意义上说,金融法也调整金融机构的内部关系。

金融法既调整金融宏观调控关系与金融监督管理关系,又调整金融业务活动关系;既调整金融机构的外部关系,又调整金融机构的内部关系;既调整以金融机构为一方主体的金融关系,又调整金融机构之间的合作与竞争关系,同时也调整公民之间的融资关系。因此,金融法的调整对象具有广泛性。从金融法的构成来看,既有金融经济行政法律规范,又有金融民事法律规范,还有金融刑事法律规范,它们分别调整不同性质的金融关系。因此可以说,金融法具有综合性的特点。

(三) 金融法律关系的构成要素

1. 金融法律关系的主体

金融法律关系与其他法律关系一样,由主体、客体和内容三个要素构成。

金融法律关系的主体亦称金融法主体，即金融法律关系的参加者，是指在金融法律关系中能享有权利、承担义务的当事人。享有权利的一方称为权利人，承担义务的一方称为义务人。

(1) 金融法律关系主体资格的确认

金融法律关系的主体必须具有权利能力和行为能力。权利能力是指权利主体享有权利和承担义务的资格。行为能力是指权利主体通过自己的行为取得权利和承担义务的能力。金融法律关系主体的这种资格是由法律规范加以规定的。一般而言，公民、法人或其他单位参加平权性的金融法律关系的资格，诸如存贷、投保等，由民法加以规定，其他专门法对此并无特别限制。作为专门从事金融业务的银行和非银行金融机构，其资格则由专门的法律加以规定。因为金融活动从总体而言与社会经济生活关系极大，金融机构的成立必须符合专门法规定的条件，按照法定的程序，经金融主管部门审查批准。金融监管部门作为金融监管法律关系的主体，其监管权限直接来源于国家法律的规定。

(2) 金融法律关系主体的种类

① 中央银行。中央银行是货币金融政策的制定者、实施者和管理者，在一国金融宏观调控组织结构中处于主导地位。它是银行的银行、政府的银行和发行的银行。在我国，中国人民银行行使中央银行的职能。其主要任务是：负责货币政策的制定与实施，负责货币发行与货币流通的调节，负责国家对金融的宏观调控。

② 国家政策性银行。国家政策性银行是指由政府设立的专门从事某一方面信用业务的金融机构。建立政策性银行的目的是实现政策性金融和商业性金融的分离，割断政策性贷款与基础货币的直接联系，确保中央银行调控基础货币的主动权。政策性银行坚持保本经营、不与商业性金融机构竞争的原则。目前我国的政策性银行有国家开发银行、中国农业发展银行和中国进出口银行。

③ 商业银行。商业银行是提供包括信贷、储蓄、支付服务在内的金融服务的金融机构。在我国，商业银行是依照《中华人民共和国商业银行法》和《中华人民共和国公司法》设立的吸收公众存款、发行贷款、办理结算等业务的企业法人，包括国有独资商业银行和股份制商业银行。国有独资商业银行包括中国工商银行、中国农业银行、中国银行和中国建设银行；股份制商业银行有交通银行、招商银行、兴业银行、中国民生银行、中国光大银行等。在我国进行金融业务经营活动的外资银行、中外合资银行亦属商业银行的范围。

④ 其他非银行金融机构。非银行金融机构是指未冠以“银行”之名的金融机构，包括金融资产管理公司、合作性金融机构、信托投资机构、证券经营机构、财务公司、金融公司、保险公司和融资租赁公司等。

⑤ 金融监管机构。金融监管机构是国家授权对金融业进行监督管理的机构。中国银监会、中国证监会和中国保监会是我国主要的金融监管机构，中国人民银行也肩负着与货币政策实施有关的监管职能。

⑥ 经济组织、事业单位、社会团体和自然人。经济组织是指从事生产和流通以及服务性活动，以盈利为目的的企业。事业单位是指由国家拨款的文化、教育、卫生等单位。社会团体是指中国公民自愿组成，为实现会员共同意愿，按照其章程开展活动的非营利性社会组织。上述单位均具有法人资格。自然人包括中国公民、外国公民和无国籍人。经济组织、事业单位、社会团体和自然人均能与金融机构发生平权性的金融法律关系，成为金融法律关系的主体。

⑦ 国家。国家在特定情况下可作为金融法律关系的主体，如发行货币、参加联合国金融机构的活动和国家政府之间的贷款等。

⑧ 内部主体。金融系统的内部主体是指金融系统内部的职能部门和分支机构。它们不具有独立的法人资格，但可以成为内部组织关系和协调关系的主体。

2. 金融法律关系的客体

金融法律关系的客体是指金融法律关系主体享有的权利和承担的义务所共同指向的对象。金融法律关系的客体主要有货币、金银、有价证券和行为。

(1) 货币。货币包括人民币和外币。人民币是我国流通领域中唯一合法的货币，它是金融法律关系适用最为广泛的客体。虽然外币在我国不能任意流通，但它是外汇管理行为的对象和金融法律关系的客体。

(2) 金银。金银是一种可以充当一般等价物的特殊商品，具有商品和货币的双重属性。当它充当货币和结算支付工具时，就成为金融法律关系的客体，同时也成为金银管理行为的对象。

(3) 有价证券。有价证券是设定并证明持券人有取得一定金额权利的凭证，包括票据、股票和债券等。票据是指由出票人签名于票上，无条件约定自己或委托他人以支付一定金额为目的的有价证券，包括汇票、本票和支票。股票是股份公司为筹集资金而发行给股东作为持股凭证，并借以取得股息、红利的一种有价证券。债券包括国库券、金融债券和公司债券等。

(4) 行为。行为包括行使金融管理职权的行为和提供金融服务的行为。

3. 金融法律关系的内容

金融法律关系的内容是指金融法律关系主体享有的权利和承担的义务。

(1) 金融法律关系主体的权利

金融法律关系主体的权利是指金融法律关系主体在金融管理和金融业务经营活动中依法具有自己为或不为一定行为和要求他人为或不为一定行为的资格。其含义有四个方面:① 金融法主体可依法为一定行为。例如,中国人民银行可以在公开市场上买卖国债和其他政府债券及外汇;商业银行可以开展信贷业务,有权严格审查借款人的资信。②金融法主体可依法不为一定行为。例如,商业银行对任何单位和个人强令其发放贷款或者提供担保的要求有权予以拒绝。③金融法主体可依法要求他人为一定行为。例如,中国人民银行可以要求金融机构按照规定的比例缴存存款准备金;商业银行可依法要求借款人按期偿还贷款的本金和利息。④金融法主体可依法要求他人不为一定行为。例如,存款人依法有权要求银行不得向外泄露其存款情况;中国人民银行有权要求地方政府、各级政府部门、社会团体和个人不得对其依法独立执行货币政策的行为进行干涉。

在金融管理法律关系中,管理主体所享有的权利,即职权,表现为决策权、命令权、禁止权、许可权、批准权、撤销权、免除权、审核权、确认权、协调权、监督权和奖惩权等。在金融业务经营法律关系中,金融主体所享有的权利表现为经营自主权、请求权、平等竞争权等权利。

金融法律关系主体的权利来自法律规范的规定,是保证权利人利益的法律手段,同时也是法律允许权利人行为的范围。

(2) 金融法律关系主体的义务

金融法律关系主体的义务是指金融法律关系主体在金融管理和金融业务经营活动中依法必须为或不为一定行为的责任。其含义为:①金融法主体必须依法为一定行为。例如,商业银行应当按照中国人民银行的规定缴存存款准备金,留足备付金;借款人必须依法订立借款合同,按期向银行偿还本金和利息。②金融法主体必须依法不为一定行为。例如,商业银行在中华人民共和国境内不得从事信托投资和股票业务,不得利用拆入资金发放固定资产贷款或者进行投资。

在金融管理法律关系中,管理者享有对金融组织依法管理的权利,但同时,这也表现为对国家应尽的义务。对被管理者而言,负有服从管理者依法管理的义务,但同时也享有对管理者是否依法管理进行监督的权利。这表明金融管理法律关系中权利和义务的一致性。在金融业务经营法律关系中,一方的权利往往就是另一方的义务,而另一方的义务往往就是一方的权利。这表明金融业务经营法律关系中权利和义务具有对应性的特点。

二、金融法的地位和作用

(一) 金融法的地位

1. 金融法是重要的市场主体法和市场行为法

市场主体法,即关于市场主体组织形态和地位的法律规范;市场行为法,即关于市场主体参与市场活动的行为规范。市场行为实际上不能离开主体行为,故市场行为法与市场主体法难以截然分开,有时就规定在一部法律之中,如商业银行法、保险法和其他有关金融机构的法律法规,既确定了它们各自的法律地位、组织形式,也规定了其业务经营范围和业务行为规则。当然,有的法律则以行为规范为主而不以某一特定的主体为限,如担保法、票据法等。目前,我国正在构建以中央银行法为龙头,以商业银行法为主体,包括其他各种非银行金融机构法规在内的金融市场主体法体系,以及以货币法、外汇法、证券法、票据法、信贷法、储蓄法、结算法等为主要内容的金融市场行为法体系。由于金融活动的普遍性,金融法也遍布社会经济生活的各个角落,并与其他调整市场经济关系的法律相互渗透和交叉。如果没有金融法,就没有金融秩序的稳定,就谈不上社会主义法制建设的完善,也不可能有社会经济的稳健发展。

2. 金融法是重要的宏观调控法

宏观调控法是规定国家从社会的总体利益出发,用间接的宏观调控措施保证国民经济稳定协调发展的法律。

金融法是重要的宏观调控法,它的地位是由金融宏观调控在宏观调控体系中的地位日益突出所决定的。

在传统的计划经济体制下,国家普遍采用直接调控,而在市场经济体制下,国家主要采用间接调控,金融宏观调控已成为对经济进行调控的主要手段。从宏观经济控制的目标看,宏观调控要保证社会总供给同社会总需求的平衡,就必须使市场上的货币流通量与商品物资的可供量相适应,因此,控制货币供给量就成为调控宏观经济的关键。从经济运行的有效控制上看,社会主义市场经济不再像传统计划经济那样依靠实物分配作为主要手段,直接影响社会总供给与社会总需求平衡的是货币的流向和流量,因此,经济的运行主要依靠货币调节和控制。要正确利用利率、汇率等杠杆,发挥中央银行再贴现、再贷款和公开市场等政策工具的调节作用，体现政策的倾斜性，促进资源的合理配置和有效使用。从市场经济的运行规律上看，无论是商品价值规律，还是社会供求规律以及市场竞争规律，都要遵循货币流通规律。只有货币发行总量与流通中货币的必要量成正比，市场经济运行才能处于正常状态。由此不难看出，金融宏观调控在整个宏观调控系统中所处的重要地位。

（二）金融法的作用

1. 金融法的规范作用

金融法作为金融行为法，是一种特殊的行为规则，有着规范人们行为的作用。(1)指引作用。指引有授权性指引和义务性指引之分。授权性指引表现为授权性规范，授权人们可以为某种行为，当事人可以根据自身的利益和条件作出选择。(2)教育作用。主要是通过金融法的实施，积极影响人们今后的行为。(3)评价作用。金融法是评价金融行为是否合法有效的重要标准，人们依据金融法对具体的金融行为给予肯定或否定的评价，是一种基于舆论压力且卓有成效的是非教育，有利于树立良好的社会金融法制观念。(4)预测作用。金融法与其他法律一样，是明确的、肯定的和普遍的规范。(5)强制作用。金融法之所以能为大多数人所遵守，就在于它是对金融违法行为具有制裁性、惩罚性的规范。

2. 金融法的社会作用

金融法的社会作用是指其对社会关系和社会秩序所产生的积极影响。(1)保障金融宏观调控的有效运行。社会主义市场经济是受宏观调控制约的经济，但与传统的计划经济相比，调控方式的重点已由财政调控转向金融调控，而金融调控亦由较多的直接调控转向较多的间接调控。要建立市场经济条件下有效的金融宏观调控体系，重要的任务是要理顺金融体制。(2)维护金融秩序。金融秩序是社会秩序的重要方面，金融秩序如何，对社会稳定和经济发展至关重要。金融秩序良好的标志主要是币值稳定，金融体系安全健康运行，金融机构与客户之间关系和谐、协调。影响金融秩序稳定的因素颇多，其中法律是否完备、是否有一套科学的具有刚性的约束规则是一个重要的因素。(3)促进新型银企关系的建立。银企关系，实质上是指银行和其他金融机构与企业的关系。金融法规定，银行与客户的业务往来应当遵循平等、自愿、公平和诚实信用的原则。银行与企业的关系是在市场经济体制下相互依存、相互支持和相互制约的关系。这种关系，既能促进现代企业制度的建立，也能促进银行和非银行金融机构的企业化进程。(4)促进金融市场体系的建立。金融市场是金融领域各种市场的总称，它包括货币市场、证券市场、外汇市场和黄金市场等。建立社会主义市场经济体制,不能没有开放的金融市场。

三、金融法的体系

(一) 金融法的体系的概念与构成

1. 金融法的体系的概念

金融法的体系是一国调整不同领域金融关系的法律规范所组成的有机联系、统一的整体。

2. 金融法的体系的构成

金融法的体系主要由以下法规构成:(1)银行法;(2)货币管理法;(3)票据法;(4)证券法;(5)金融衍生品法;(6)信托法;(7)投资基金法;(8)保险法。

(二) 金融法的渊源

所谓金融法的渊源,是指金融法律规范借以表现的形式。金融法的渊源,主要有以下几个方面:

(1) 宪法。宪法是由全国人民代表大会制定的国家根本法,具有最高的法律效力。宪法关于社会主义经济制度的规定,是对金融关系进行法律调整的基本依据。

(2) 金融法律。全国人民代表大会及其常务委员会制定的调整金融关系的法律,是金融法的主要渊源。例如,全国人民代表大会制定的《中华人民共和国中国人民银行法》,全国人民代表大会常务委员会制定的《中华人民共和国商业银行法》、《中华人民共和国保险法》、《中华人民共和国票据法》。需要说明的是,作为金融法渊源的,并不以上述专门法律为限,如《中华人民共和国刑法》,对金融犯罪及其刑罚作了规定,当然也是金融法的渊源。

(3) 行政法规。国务院以及国务院授权所属部门(中国人民银行、国家外汇管理局、中国证券监督管理委员会、中国保险监督管理委员会)制定的调整金融关系的行政法规,是金融法的重要渊源。例如,国务院颁布的《外汇管理条例》、《企业债券管理条例》、《储蓄管理条例》等。目前,由上述国务院金融管理职能部门制定的金融行政法规,数量十分庞大。同样,除专门调整金融关系的行政法规外,其他行政法规中调整金融关系的法律规范,也是金融法的渊源。

(4) 国际条约。我国缔结或者参加的与金融有关的国际条约,除我国声明保留的条款外,构成我国金融法的重要渊源。我国缔结或者参加的国际条约与我国法律有不同规定的,适用该国际条约的规定,即国际条约具有优先于国内法的效力。

(5) 国际惯例。国际惯例是在国际经济交往中形成的，为国际社会所广泛接受并予以认可，经双方确认就具有法律约束力的习惯性规范。这类国际惯例主要有两种：(1)国际官方和民间组织制定的统一化规则，包括国际商会的《商业单据托收统一规则》(1967 年)、《跟单信用证统一惯例》(1983 年)，世界银行的《贷款协定和担保协定通则》(1985 年)和《合同担保统一规则》等。(2)某种国际货币金融事务的习惯做法，如贷款协定的格式、条款和订立程序等。

(三) 我国金融法的体系

金融法的体系本身是有层次划分的，依据我国的金融立法实践，金融法体系主要由以下几个部分构成：

(1) 金融主体法。又称金融组织法或金融机构组织法，是用以确定银行和其他金融机构的性质、法律地位、职责权限、机构设置、业务范围及规则的法律规范的总称。在我国，按照业务性质的不同，金融组织法又可分为中央银行法、商业银行法、银行业监督管理法、政策性银行法、非银行金融机构管理法、涉外金融机构管理法等。

(2) 金融调控法。金融调控法主要指调整国家实施金融调控活动中所发生的社会关系的法律规范的总称，其任务是明确金融调控目标、确定调控机构、规范调控手段、打击破坏货币金融秩序的行为。

(3) 间接融资法。间接融资法主要指调整间接融资关系的法律规范的总称。间接融资主要指借款方和贷款方通过金融中介机构来实现资金有偿使用的一种资金融通方式。间接融资法的任务是规范货币借贷行为、保证借贷双方及与之有关的金融机构的合法权益，促进资金的有序、健康、快速流转。在我国，由于间接融资比重很大，故间接融资法是金融法体系的最基本内容之一。

(4) 直接融资法。直接融资法主要指调整直接融资关系的法律规范的总称。直接融资是与间接融资相对应的，主要指筹资方不需经过中介环节，直接从投资方吸收资金的一种资金融通方式。直接融资虽不必经过中介环节，但它的健康运作还需要投资银行、证券公司等机构的参加与协助，需要金融主管机关的有效监督与管理。因此，直接融资也与金融机构的活动密切相关。我国直接融资起步较晚，因此有关直接融资的立法也比较薄弱，有待进一步加强与完善。

(5) 特殊融资法。特殊融资法主要包括关于期货、期权和外汇的法律规范。特殊融资是指发生在期货市场、期权市场和外汇市场的融资行为，该类行为具有不同于一般直接融资和间接融资的特点，关于它的法律也是我国金融立法体系中的新内容。我国目前在此方面还有待制定出基本法律。

(6) 金融中介业务法。金融中介业务法主要指调整金融机构与客户之间中介业务关系的法律规范的总称。金融中介业务是指金融机构以中间人身份,不运用其自有资金和借入资金,为客户提供服务并收取相应费用的金融经营活动。

从1949年中华人民共和国成立,到1978年党的十一届三中全会召开,前后30年,中国实行的是高度集中的计划经济体制。十一届三中全会召开后,我国政府立足于本国国情,充分尊重客观经济规律,大胆破除传统的金融体制,逐步建立了与新经济体制相适应的金融体制,既顺应了总体经济体制改革的需要,又推进了总体经济体制改革的进一步深化。通过20多年的努力,我国建立了中央银行——金融企业二级金融机构体系,建立了政策性银行和一大批城市商业银行,设立了资产管理公司,它为近年来金融业的发展创造了积极有利的条件。正因为这样,近年来我国金融业改革取得的成果是显著的,主要表现在:

(1) 国有商业银行股份制试点工作稳步推进。中国银行、中国建设银行在2004年率先进行股改试点;中国工商银行于2005年完成了股份制改造,新的治理机制正在建立和完善;交通银行也进行了股份制改造。

(2) 农村信用社改革取得阶段性成果。确定了"明确产权关系、强化约束机制、增强服务功能、国家适当支持、地方政府负责"的政策原则;按照农村合作银行、农村商业银行、一级法人农村信用联合社、二级法人农村信用联合社四个体制分别构建县(市)农信社改革模式,按照省联社、省农村合作银行、省农村商业银行三种模式构建省级管理和经营机构,使得产权关系更为清晰、服务"三农"宗旨更加牢固、中央与地方责权更加明晰,农村信用社活力增强,事业得到进一步发展。

(3) 保险企业改革取得重大进展,实行产寿险分业经营。2003年中国人保控股公司和中国人寿保险(集团)公司构建成立了独立的资金管理公司,对保险资金实行专业化管理和集中统一运用;2003年中国人民保险公司、中国人寿保险公司和中国再保险公司顺利完成重组改制,中国人保、中国人寿还实现了境外上市;2004年6月,中国平安保险(集团)公司在境外以集团形式整体上市。

在金融体制改革的进程中,我国金融法律框架得到进一步完善。例如,制定并修订《中华人民共和国中国人民银行法》和《中华人民共和国商业银行法》,制定《中华人民共和国银行业监督管理法》,以法律形式确立新的金融监管体系;制定并修订《中华人民共和国保险法》和《中华人民共和国证券法》,发布了大量涉及金融监管、金融机构市场准入、业务管理等方面的规章和规范性文件，为整顿和规范金融市场经济秩序提供法律支持；颁布《金融机构撤销条例》和《金融机构反洗钱规定》等规章，为防范和化解金融风险增加法律依据；修订《中华人民共和国外资金融机构管理条例》，加快制定、修改和清理与入世有关的法律规章；进一步推进依法行政和依法管理，规范金融监管行为；根据行政审批改革和《中华人民共和国行政许可法》的要求，按照合理、合法、效能、责任和监督原则，全面清理涉及金融监督管理方面的行政审批项目。

四、金融法的基本原则

金融法的基本原则，是贯穿于整个金融法律体系，对各项金融法律制度和全部金融法规起着统率作用的基本准则。它通过对若干重大基本问题的定性和定位，对国家金融法制建设起基础性的导向作用。就金融立法而言，只有立足科学的基本原则，才能确保立法的高质量；就金融法的学习与研究而言，只有准确把握金融法的基本原则，才能透彻理解金融法的全部内容。

（一）稳定货币、促进经济发展的原则

金融促进经济的发展必须受客观规律的制约，其中最重要的一条就是必须保持货币价值的稳定。经济的发展是指经济持续、稳定、健康、协调的发展，而非单纯指经济的增长速度。一味地为追求经济的高增长而非经济地增发货币，固然可能在短期内刺激投资和生产、增加就业，但充其量不过是表面的、虚假的、暂时的和病态的经济繁荣。不少西方发达国家曾奉行凯恩斯的以低通货膨胀刺激有效需求的经济政策，最终误入“滞胀”的泥淖和怪圈；很多拉丁美洲国家牺牲物价稳定，以图经济的超快攀升，却欲速不达，反而使经济良性发展的机制遭到破坏。相反，一些重视货币稳定的新兴工业化国家，反倒更快地实现了经济的高增长率。可见，货币的稳定是经济持续、稳定、健康、协调发展的必要条件。

货币的稳定，必须由制度来保证。我国现行金融立法特别是中央银行立法，以经济建设中曾经出现的失误为鉴，吸取别国成功的立法经验，全面、充分地贯彻了稳定货币的立法精神。稳定货币、促进经济发展的原则主要体现在以下几个方面：

(1) 中国人民银行的货币政策目标，是“保持货币币值的稳定，并以此促进经济的增长”。货币稳定不仅被明确规定为中央银行的单一货币政策目标，而且被阐释为经济增长的前提条件和促进经济增长的首要因素。

(2) 中国人民银行在国务院领导下依法独立执行货币政策，履行职责，开展业务，不受地方政府、各级政府部门、社会团体和个人的干涉。由此，中国

人民银行制定和执行货币政策的有效性和科学性有了必要的保障。

(3) 中国人民银行的各级分支机构是总行的派出机构，接受总行的集中统一领导和管理。这样，有助于避免各级地方政府对当地人民银行分支机构的不当干预。

(4) 为了加强国家权力机关对货币运行状况的监督，中国人民银行依法应当向全国人民代表大会常务委员会提出有关货币政策情况的工作报告。

(5) 中国人民银行依法不得对政府财政透支，不得直接认购、包销国债和其他政府债券，不得向地方政府、各级政府部门提供贷款。其目的在于堵塞财政性货币发行的漏洞。

(6) 为了割断中国人民银行基础货币发行与政策性金融业务之间的联系，保持中央银行在调控货币时的主动地位，我国于 1994 年先后成立了三家政策性银行，分别是国家开发银行、中国农业发展银行和中国进出口银行。

(7) 鉴于货币供应须根据经济运行的客观需要进行及时的调节和控制，现行金融立法对中央银行的货币政策工具，包括存款准备金制度、再贴现政策和公开市场业务，作了比较全面的规定，初步形成了以市场调节为主，在调控强度、效应范围、灵敏程度上互异且互补的立体式的中央银行货币政策工具体系。

(8) 对于危害货币稳定、扰乱货币流通的各种犯罪行为，依法予以严厉的打击。

(二) 维护金融业稳健发展的原则

促进金融机构的审慎经营、化解风险隐患、维护金融业的稳健、杜绝金融危机，是各国金融立法的核心目标，也是当前国际金融监管合作的中心议题。以商业银行为例，《中华人民共和国商业银行法》第 4 条第 1 款规定，“商业银行以安全性、流动性、效益性为经营原则，实行自主经营，自担风险，自负盈亏，自我约束。”从这一规定看，各商业银行的经营宗旨就是围绕维护银行资金运行的安全性、流动性和效益性而展开，银行资金的安全和效益不仅是银行的立足之本，同时也是存款人和贷款人利益不受损失的保证。应该看到，除商业银行之外，证券公司、保险公司、信托投资公司和财务公司等其他金融机构，也同样把资金(或金融资产)的安全、流动和效益作为其业务经营的根本宗旨，这在货币、有价证券、金融衍生工具等金融资产的经营和金融服务的市场化中都可以得到证明。如证券上市制度，其目的就是赋予证券更强的流动性。从这一宗旨的含义看，安全性着重强调金融机构旨在追求业务经营的长期稳定和免遭风险损失；效益性则突出反映了金融机构同样要追求盈利和经济效益的企业性质，盈利是所有企业经营的首要目的，当然也是终极目的；

流动性关注的则是资金或金融资产的周转速度和频率，它和安全性和效益性显然不无关系。实际上，安全性、流动性和效益性三者共同构成了一个矛盾的统一体，其相互之间既会发生冲突，又可以协调统一并进而形成有效的平衡。流动性既保障安全性，又以效益性为物质基础；效益性则以安全性和流动性为实现前提。细言之，流动性是金融资产发现市场、在市场上寻求最有效利用机会的现实要求。也可以说，流通是金融市场的使命，流动性是金融市场的本质。金融资产的流动性是连接其安全性和效益性的纽带，是实现其安全性和效益性的手段和工具。金融法律制度的设计必然以保障市场流动性为其前提和目标，从而最终实现金融市场存在的资金融通价值。金融法通过规定具体的资产负债比例管理制度、利率制度、汇率制度、存贷款制度以及结算制度、保证金制度等，充分保证金融资产的安全性、流动性和效益性的平衡和实现。

因此，应该把金融资产的安全、流动和效益也确立为金融法的一项基本原则，强调资金和其他金融资产利用的安全性、流动性和效益性。这是在尊重市场机制的前提下，从社会整体利益出发，防范系统性、区域性金融风险和化解金融危机，维护金融业稳健发展的内在要求；是当前金融业竞争加剧、投机升温、市场波动和管制放松条件下，克服金融业脆弱性的治本之计。坚持这一原则，就是要在保障金融资产安全的前提下，提高金融资产的周转速度，增强金融资产的使用效益，使一切金融机构的金融活动都认真贯彻这一原则，严格各项管理制度和监督检查制度，促进金融业的健康发展。

（三）保护投资者利益的原则

在金融活动中，维护各方当事人的合法权益是我国金融法的立法宗旨。一方面，客户是金融机构服务的对象，没有客户，金融机构就无法生存；不维护客户的利益，就会失去客户。另一方面，金融机构作为独立的经济实体也必须维护自身的利益，提高资金运用的效益，否则，将难以生存。因此，维护客户利益与提高资金运用效益是这一基本原则的两个方面，具有同等的重要性。维护客户合法利益的原则在我国的金融法中有明确规定，任何组织和个人不得侵犯客户的合法利益，无论何地、何时，金融机构均要按照法律规定和对用户的合法承诺，满足客户的合法要求，保护客户的合法权益。只有切实保护客户的合法权益，金融机构才能在激烈的同业竞争中树立起良好的信誉和社会形象，处于不败之地。

加大对投资者利益的保护，意义非常深远：(1)投资者乃一切金融交易的资金来源，倘若其利益不能得到公平、有效的保护，资金融通势必成为无源之水、无本之木。(2)在投资者中,大部分为小额个人投资者,他们高度分散、力量单薄、多半欠缺信息渠道及准确判断市场变化和化解金融风险的能力,突出对投资者利益的保护,更能体现法律的公平理念。(3)多数金融工具所具有的流通性,决定了投资者的不特定性和广泛性。因此,投资者利益得到保护的程度,不仅事关金融秩序的稳定,而且会影响到社会的安定。(4)投资者是金融市场不可忽视的社会监督力量,用以保护投资者利益的各项法律措施,有助于提高金融市场的透明度及其规范运作的程度。

立法对投资者利益的保护,大体有普通法保护与特别法保护两个层面。前者指投资者作为普通权利主体(金融资产的所有权人和金融交易中的债权人)依民法、刑法等所享有的保护;后者则是以前者为基础,由金融立法及其他相关立法针对投资者所提供的专门保护。

各国金融立法围绕投资者利益保护,大多已形成一定的规范体系和制度框架,而最常见、最核心也最能体现保护投资者利益精神的有:(1)信息披露制度。其核心是赋予金融市场筹资主体(主要是股票和债券发行人)及金融机构以依法公开指定信息的义务,用以保证投资者公平地获取信息,并在全面、准确的信息基础上进行投资决策;(2)银行保密制度。金融机构必须恪守客户秘密,除法律另有规定外,不得向任何人披露所掌握的客户财务资料和其他信息,否则须赔偿客户由此遭受的损失;(3)存款保险制度。即由专门的政策性存款保险机构在投保金融机构倒闭时对其储户提供补偿。

保护投资者利益,在我国新时期的金融立法中占据十分重要的地位。我国证券立法规定了严格的信息披露义务,对于有损广大投资者利益的各种市场行为作出了明确的禁止性规定和处罚性规定。《中华人民共和国商业银行法》不仅将保护存款人利益列为重要的立法目的,而且就此特设专章,明确规定:商业银行办理个人储蓄存款业务,应当遵循存款自愿、取款自由、存款有息、为储户保密的原则;对个人储蓄存款和单位存款,除法律、行政法规另有规定外,商业银行有权拒绝任何单位或个人的查询、冻结和扣划;商业银行应当保证存款本金和利息的支付,不得拖延或拒付,应当按照中国人民银行的规定向中国人民银行缴存存款准备金,留足备付金;商业银行应当按照中国人民银行规定的存款利率上、下限,确定存款利率并予以公告。此外,还规定:商业银行破产清算时,在支付清算费用、所欠职工工资和劳动保险费用后,应当优先支付个人储蓄存款的本金和利息。无疑,随着市场金融体制的逐步建立和金融法制的日益健全,我国的投资者利益保护制度还将进一步完善。

（四）有利于金融监管和调控的原则

随着我国国民经济的货币化程度和对外依存度的逐步提高，国际服务贸易和国际金融市场中的波动对国内经济和金融业的影响日益增加。我国金融业在发挥动员、分配资金作用的同时，也使经济运行中的诸多矛盾和风险向自己集中。在此情况下，在金融立法中强调确立有效监管原则具有重要意义。

改革开放以来，我国的金融体制发生了重大变化，金融机构多元化、业务交叉与竞争的格局已经形成，从1998年起我国逐步建立了分业经营和分业监管的金融体制，使隶属于中央政府的三个金融监管部门（银监会、证监会和保监会）各司其职，分工合作，集中专门人才，提高监管效率和监管水平，使中央银行的金融调控职能更为突出，金融监管和金融服务职能更有效率。然而，目前我国金融监管方式仍比较单一，监管手段以直接监管和外部监管为主，科技水平比较低，无法实现实时监控，从而导致监管成本高、效率低，直接影响了监管的效果。从现实情况看，随着金融自由化、一体化进程逐步加快，金融业的综合经营已成为全球主流趋势。它以先进的信息和通讯技术为基础，要求建立严密的金融风险防范监控体系。有效监管原则强调，政府不是万能的，政府监管的作用无法取代市场机制作用的发挥，尤其是在分业经营向综合经营转化的过程中，必须要从传统的政府监管包揽一切，转向激励被监管的金融机构主动承担更多的责任，建立与激励相容的金融监管制度，倡导政府统一监管与行业自律监管、金融机构内部控制、审计监督和社会监督的有机统一。如何发挥金融机构的自律功能、如何进一步加强社会监督，扩大它们发挥作用的范围和途径，从而辅助政府监管去实现监管目标，将是今后金融监管立法和监管体制改革的重点。在金融法中确立有效监管原则，其核心就是通过法律的明确授权，为金融监管提供有效的法律保证，坚决杜绝监管过程中的随意性，保证金融监管的客观性、程序性和公正性，使金融监管工作法制化和规范化。

为此，应适当调整和缩小政府监管的领域，采取国际通行的综合监管方法和手段，建立和健全对金融机构非现场和现场检查制度，建立和完善对金融机构内部控制的综合性指标评价体系，从合规性监管转向合规性监管与风险性监管并重，建立和完善金融风险预警系统和市场化的风险化解机制以及风险损失补偿机制，并注意发挥行业自律、审计监督和社会监督的作用。我国金融监管实现与国际惯例全面接轨，有利于发挥政府的监管作用，有效督促金融机构按照安全性、流动性和效益性的原则开展业务经营活动，进而维护我国的金融安全，实现金融业的高效运行和公平竞争。

（五）与国际惯例接轨的原则

这里所称的国际惯例，取其广义，包括：(1)为众多国家所广泛采用并确属科学合理的立法惯例，如在中央银行独立性、投资者利益保护、金融风险的预防与控制等方面各国通行的立法措施；(2)在国际金融监管合作层面上产生的、对中国不具有条约约束力但具有广泛国际影响的法律文件，如巴塞尔银行监管委员会1988年制定的《统一国际银行资本衡量和资本标准协议》；(3)任意性的国际成文惯例，如国际商会制定的《跟单信用证统一惯例》、《商业单据托收统一规则》等；(4)国际公认并通行的不成文的习惯和惯常做法。

在当今各国经济相互依赖逐步加深、世界经济加速一体化、我国加紧社会主义市场经济建设的历史条件下，必须重视并厉行国内金融立法与国际惯例的接轨。首先，国际惯例通常是成熟的金融交易和金融监管经验的结晶，与国际惯例接轨，可以有效地避免立法失误，提高我国金融立法的水平和金融监管的质量。其次，与国际惯例接轨，有助于改善我国的金融法制环境，减少和降低涉外金融交往中与外方不必要的冲突与摩擦，促进金融业的进一步对外开放，为积极引进和利用外资创造条件。最后，放眼世界，谋求各国金融制度某种程度的统一，确立最低的国际金融监管标准，并以此降低因各国制度差异所形成的竞争扭曲的程度，已成为一股不可逆转的国际潮流，而国际惯例无疑是各国金融制度趋同发展的重要依据。中国金融立法与国际惯例接轨，不仅能够推动我国金融市场的国际化，也将使中国在营造新的国际金融秩序方面有所作为与贡献。总之，市场经济是开放型经济，封闭型立法不可能适应经济对外开放的需要，中国金融立法应当而且必须与国际惯例接轨。当然，与国际惯例接轨，绝不是要片面、机械、简单地将国际惯例移植于中国，因为中国有自己的国情，处于自身特定的发展阶段，要根据国情引用和改进国际通用制度，填补金融立法空白。

我国新时期金融立法所取得的丰硕成果以及立法质量的不断改进，应该说在一定程度上是得益于与国际惯例的接轨。20世纪90年代以来，为了适应市场经济建设的需要，我国金融立法体系进入到一个明显的全面更新时期。从1995年以后出台的几部金融法规来看，与国际惯例接轨的立法精神得到了更为充分的体现，在很多方面都吸取了国际惯例中的合理成分。例如，中国本不属于巴塞尔银行监管委员会成员国，对于1988年该委员会制定的《关于统一国际银行资本衡量和资本标准的协议》无须承担条约义务，但为了有效地实施对金融机构的资产负债比例管理和风险管理，我国在《中华人民共和国商业银行法》以及其他法律、行政法规中，自动引进了该协议中规定的

8%的资本充足率。展望未来,可以肯定,在我国市场经济成长、发育以及金融业对外开放程度不断加深的过程中,与国际惯例接轨和保持协调,仍将是我国金融法制建设的一条主线。

【本章小结】

1. 金融是指货币流通与货币资金的融通。金融是社会资金运动的总枢纽,是国民经济重要的调节器,是控制货币供应的总闸门,是发展经济、革新技术的重要杠杆。金融体系是国民经济体系内围绕资金融通、由相关要素有机构成的子系统。金融体系包括金融工具、金融机构、金融市场和金融制度。

2. 金融法是调整金融关系的法律规范的总称。金融法的调整对象是金融关系,主要包括:(1)金融业务关系,即金融机构与其业务经营活动相对人之间发生的关系。(2)金融监管关系,即国家金融监督管理部门为维护金融秩序的稳定和资金融通的有效运行,在金融监督管理活动中与金融活动参加者之间形成的社会关系。(3)金融调控关系,即国家以及有关的国家机关,以稳定金融市场、引导资金流向、控制信用规模为目的,对有关的金融变量实行调节和控制而产生的关系。(4)金融机构的内部关系。

3. 金融法的作用包括规范作用和社会作用。规范作用主要包括指引作用、教育作用、评价作用、预测作用、强制作用。社会作用的主要表现是:(1)保障金融宏观调控的有效运行;(2)维护金融秩序;(3)促进新型银企关系的建立;(4)促进金融市场体系的建立。

4. 金融法的体系是一国调整不同领域金融关系的法律规范所组成的有机联系统一的整体。金融法的体系的构成主要包括:银行法、货币管理法、票据法、证券法、金融衍生品法、信托法、投资基金法和保险法。

5. 金融法的基本原则是指贯穿于整个金融法律体系,对各项金融法律制度和全部金融法规起着统率作用的基本准则。我国金融法的基本原则有:稳定货币、促进经济发展的原则;维护金融业稳健发展的原则;保护投资者利益的原则;有利于金融监管和调控的原则;与国际惯例接轨的原则。

【复习思考题】

一、名词解释

金融体系　金融工具　金融机构　金融市场　金融制度　金融法　金

融主体法 金融调控法 间接融资法 直接融资法

二、问答题

1. 简述金融法的调整对象及其主要内容。
2. 简述金融法律关系的构成要素。
3. 金融法的地位和作用有哪些?
4. 我国金融法体系主要包括哪些内容?
5. 简述金融法的基本原则。

三、案例分析题

案例一 维护金融业稳健发展

(一) 案例资料

2006 年 8 月 18 日,中国工商银行某县支行因新建了办公楼,将原租房开设的兴隆街 18 号储蓄所搬迁至新建办公楼所在地昌南街 35 号,并继续营业。搬迁之前未向中国人民银行办理手续,搬迁之后也没有补办手续,后来,中国人民银行某县支行多次要求其办理变更手续,但其一直没有办理。2007 年 3 月 15 日,中国人民银行某县支行对其作出罚款 2 000 元,并补办手续的处理决定。中国工商银行某县支行对此处理决定不服,向中国人民银行某市分行申请复议,复议机关维持了原处理决定。

(二) 分析提示

按照中央银行监管范围和维护金融业稳健发展的基本原则进行分析。

(三) 回答问题

商业银行登记事项的改变是否属于中央银行监管的范围?

案例二 保护投资者利益

(一) 案例资料

2006 年 12 月末至 2007 年 4 月 30 日,某证券有限责任公司 7 个营业部挪用客户保证金4 458万元,其中:(1)2006 年 12 月 31 日,中山营业部挪用保证金 1 753 万元;(2)2006 年 12 月 31 日,星海营业部挪用客户保证金 208 万元;(3)2007 年 4 月 30 日,柳州营业部挪用客户保证金1 255万元;(4)2007 年 4 月 30 日,天津营业部挪用客户保证金 509 万元;(5)2006 年 12 月 31 日,深圳营业部挪用客户保证金 496 万元;(6)2006 年 12 月 31 日,徐州营业部挪用客户保证金 152 万元;(7)2006 年 12 月 31 日,丹东营业部挪用客户保证金 85 万元。

证监会认为,某证券有限责任公司的上述行为,构成《股票发行与交易管理暂行条例》第 71 条第(6)项所述的行为。根据《中华人民共和国行政处罚法》第 23 条的规定,经研究决定:责令该公司自收到本通知之日起 3 个月内清理违规资金。

(二)分析提示

按照保护投资人利益的基本原则进行分析。

(三)回答问题

某证券有限责任公司的行为违反了金融法的什么原则?

第二章 中国人民银行法

◆ 学习目标 ◆

通过本章的学习，明确中央银行法的概念和内容，掌握对中国人民银行的性质、地位、职能和业务等方面的法律规定，了解货币政策的含义、货币政策工具的运用、中国人民银行对人民币发行和流通的管理，以及中央银行、金融机构和社会公众违反《中国人民银行法》应负的法律责任，加深对中国人民银行作为中央银行的理解。

第一节　中国人民银行法概述

一、中央银行与中央银行法

（一）中央银行

中央银行是一国金融体系中居于核心地位的机构，是依法制定和实施货币政策，进行金融调控与管理的特殊国家机关。世界上最早全面发挥中央银行职能的是成立于1694年的英格兰银行，美国于1913年确立了美联储的中央银行地位。我国最早的中央银行，是1905年清政府设立的户部银行，1908年改名为大清银行。北洋政府时期，中国银行和交通银行共同行使中央银行职能。1924年8月，孙中山领导的广东革命政府在广州设立中央银行。1926年北伐军攻克武汉后，又在武汉设立中央银行。国民政府于1928年在上海设立了中央银行。

中国人民银行是在合并了解放区的华北银行、北海银行和西北农民银行的基础上，于1948年12月1日在石家庄成立的，1949年迁入北京。从成立到1983年，中国人民银行一直是高度集中的单一国家银行，既履行中央银行的职责，又办理一般的信贷业务。1983年9月，国务院发布《关于中国人民银行专门行使中央银行职能的决定》。自1984年1月1日起，中国人民银行专门行使中央银行职能，不再办理普通工商信贷业务。这标志着我国新型中央银行制度的确立。1995年3月18日，第八届全国人民代表大会第三次会议通过了《中华人民共和国中国人民银行法》，以立法的形式，对中国人民银行的地位、职能、组织与活动作了全面、系统的规范。随着金融体制改革的深化，为适应金融宏观调控和金融监管体制改革的需要，2003年12月27日，第十届全国人民代表大会第六次会议通过了新修订的《中华人民共和国中国人民银行法》，并于2004年2月1日起实施。

（二）中央银行法

中央银行法是确立中央银行的性质、地位与职责，规范中央银行的组织及其活动的法律规范的总称。我国的中央银行是中国人民银行，中央银行法是《中华人民共和国中国人民银行法》（以下简称《中国人民银行法》）。我国把中央银行法定名为《中国人民银行法》，主要出于以下考虑：

（1）符合国际上的通行做法。世界各国多以本国中央银行的名称确定中央银行法的名称，如美国的《联邦储备法》、英国的《英格兰银行法》、日本的《日本银行法》、加拿大的《加拿大银行法》等。

(2) 直接明了。阅读名称便知中国人民银行是我国的中央银行。若定名为“中华人民共和国中央银行法”，从法的名称上看不出我国的中央银行究竟是指哪家银行。

(3) 有利于表明中国人民银行的重要地位。中国人民银行作为中央银行，是我国政府的银行、发行的银行和银行的银行。作为政府的银行，主要职能是制定并执行货币政策、维护金融稳定、管理国家外汇和黄金储备、经理国库、代表政府从事政府间国际金融活动等。作为发行的银行，主要职能是集中和垄断货币发行，负责人民币的设计、印制和库款的调拨，管理货币流通等。作为银行的银行，主要职能是统一保管商业银行的存款准备金、充当最后贷款人，为各金融机构办理支付清算等。

中国人民银行作为我国金融体系的核心，国家为其专门立法，是为了确立中国人民银行的地位，明确其职责，保证国家货币政策的正确制定和执行，建立和完善中央银行宏观调控体系，维护金融稳定。

二、中国人民银行的性质与地位

(一) 中国人民银行的性质

《中国人民银行法》规定：“中国人民银行是中华人民共和国的中央银行。中国人民银行在国务院领导下，制定和执行货币政策，防范和化解金融风险，维护金融稳定。”又规定：“中国人民银行的全部资本由国家出资，属于国家所有。”从而明确了中国人民银行的性质。

中国人民银行作为我国的中央银行，是具有国家机构性质的特殊金融机构，具有两重属性：一方面它是银行，但不是一般的银行，而是一个特殊的银行；另一方面它是国家机构，但不是一般的国家机构，而是一个特殊的国家机构。在这两重属性中，银行属性是基础，国家机构属性是主导。银行职责与国家职能相结合，就是中央银行。它的特殊性表现在以下几个方面：

(1) 特殊的经营目的。一般金融机构经营的目的是为了获取利润。而中央银行在从事货币信用活动中虽然也能获得一定的盈利，但它并不以获取利润为目的，而是代表国家制定和执行统一的货币政策，通过货币信用活动来调整货币资金活动，从而达到一定的宏观经济目的。

(2) 特殊的业务对象。一般金融机构都以工商企业和个人为业务对象，而中央银行则不以工商企业和个人为业务对象，它是以金融机构和政府为业务对象。

(3) 拥有法定特权。中央银行作为一个国家机关享有法律赋予的种种特权。例如,垄断货币发行、集中管理存款准备金、代理国家进行国际金融交流等,这样,中央银行就成为居于商业银行和其他金融机构之上的特殊机关,是政府的银行,处于超然地位,具有相对独立性。

(4) 特殊的领导成员组成。中央银行不论其组织形式如何,领导成员均是由国家政府推荐和任命,而且有一定的任期。

(5) 特殊的业务方式。虽然中央银行业务经营内容也主要是存、贷、汇,但方式与一般金融机构显著不同。第一,中央银行的存款主要是由金融机构的准备金存款和财政存款构成。第二,在运用资金时,中央银行更多的是基于对宏观经济形势的考虑,而不是主要考虑营利性。并且,中央银行的资金运用大多都是短期调节性的。第三,为了加强其权威性,并有利于公众了解货币政策制定和执行情况,中央银行要定期公布其业务状况及有关数据资料。

(二) 中国人民银行的地位

《中国人民银行法》规定:"中国人民银行在国务院领导下依法独立执行货币政策,履行职责,开展业务,不受地方政府、各级政府部门、社会团体和个人的干涉。"这就赋予了中国人民银行特殊的地位,即具有相对独立性,以此保证中国人民银行独立行使金融调控权,确保货币政策目标的实现。中国人民银行的相对独立性包括三个层次:

(1) 中国人民银行是中央国家机关,既对国务院负责,在国务院领导下依法开展工作,又向全国人大常委会汇报工作,提出有关货币政策情况和金融业运行情况的工作报告,使全国人大常委会能够越过国务院直接对中国人民银行制定和执行的货币金融政策进行监督,一定程度上赋予了中国人民银行独立制定货币政策的权力。

(2) 中国人民银行行使职能不受地方政府、各级政府部门的干涉。这里主要是指中国人民银行行使中央银行职能时不受中央政府部门的干涉,另外中国人民银行的地方分支机构在执行货币政策和开展金融业务时只受上级行的领导,不受地方政府及各级政府部门的干涉,因此中国人民银行是独立于地方政府及各级政府部门的。

(3) 中国人民银行行使职能不受社会团体和个人的干涉。这里的社会团体主要是指与金融业相关或对中国人民银行开展金融业务和执行货币政策有经济利益的非国家机关,例如证券业协会、会计师协会等。这里的个人主要是指能够利用职务权力或权威对中国人民银行独立开展金融业务和执行货币政策施加不当影响的自然人。

中国人民银行的独立性又是相对的，主要表现为中国人民银行在执行货币政策和履行各项职责时，必须在国务院的领导下依法进行。同时，中国人民银行还要向全国人民代表大会常务委员会提交有关货币政策情况和金融业运行情况的工作报告，并接受全国人民代表大会常务委员会的监督。另外，中国人民银行是中央政府的职能部门，在制定和执行货币政策方面仍然要服从和服务于中央政府统一的宏观经济政策，要与中央政府总体经济政策保持一致。

三、中国人民银行的职责

《中国人民银行法》规定，中国人民银行履行以下方面的职责：

（1）发布与履行其职责有关的命令和规章。为了更好地履行中央银行的职责，必须有健全的法律作为前提和保障。中国人民银行作为国务院的职能部门，有权根据国家法律，在本部门的权限范围内制定和发布命令、规章。

（2）依法制定和执行货币政策。货币政策是国家宏观经济政策的重要组成部分，中央银行对宏观经济的调控作用主要是通过实施货币政策来完成的。

（3）发行人民币，管理人民币流通。人民币是我国唯一合法的货币。国家以法律规定的形式，授权中国人民银行统一发行人民币，在全国范围内流通，行使货币的各项职能。

（4）监督管理银行间同业拆借市场和银行间债券市场。银行间同业拆借市场和债券市场是我国金融市场的重要组成部分，是金融机构之间融通短期资金的重要场所。中国人民银行是金融稳定的维护者，监测这两个市场的运行情况、对其实施宏观调控、促进其协调发展是中国人民银行金融稳定职责的重要方面。

（5）实施外汇管理，监督管理银行间外汇市场。中国人民银行对外汇实施管理，目的是维护外汇汇率的基本稳定，这是保持人民币币值稳定的重要方面。

（6）监督管理黄金市场。黄金市场是买卖双方集中进行黄金交易的中心，主要提供即期交易和远期交易。中国人民银行是持有、管理和经营国家黄金储备的唯一机关，所以担负着对黄金市场的监管职责。

（7）持有、管理、经营国家外汇储备、黄金储备。外汇储备是一国中央银行能控制的国外存款和其他短期金融资产。黄金储备是一国中央银行持有的储备黄金。中国人民银行负责持有、管理和经营国家外汇储备和黄金储备，主要是对外汇储备、黄金储备的存量、构成、买卖收付等运行情况进行管理。

(8) 经理国库。我国实行"委托国库制",即由中国人民银行经办代理政府的财政收入与支出。中国人民银行专设机构为政府开立各种账户,经办政府的财政预算收支与划拨,执行国库出纳职能。

(9) 维护支付、清算系统的正常运行。支付清算系统的正常运行是一国金融稳定的重要内容。中国人民银行通过牵头建设大额支付清算系统,组织同城票据清算,制定支付清算的规则,维护支付、清算系统的正常运行。

(10) 指导、部署金融业反洗钱工作,负责反洗钱的资金监测。我国的洗钱问题日渐突出,不仅破坏了金融秩序,而且危害到经济安全和社会稳定。由于洗钱犯罪活动大多通过金融机构来进行,而中央银行作为银行的银行,由其负责管理和协调各金融机构的反洗钱工作最为适合。

(11) 负责金融业的统计、调查、分析和预测。对金融业的统计、调查、分析和预测是中国人民银行的一项基础性工作。中国人民银行通过对金融业的统计、调查、分析和预测,建立高效的金融运行和金融监管的预警系统,并为中央银行的货币政策决策提供科学的依据。

(12) 作为国家的中央银行,从事有关的国际金融活动。中国人民银行作为国家的中央银行从事国际金融活动,主要是代表政府参与世界银行、国际货币基金组织、亚洲开发银行等国际金融组织的活动,参与国际清算活动,发展与各国中央银行的对外金融关系等。

(13) 国务院规定的其他职责。这是一条弹性条款,即中国人民银行作为国务院的职能部门,有义务履行国务院规定的其他职责和部署的其他工作,如对信贷征信业进行管理等。

第二节　中国人民银行的组织机构

《中国人民银行法》对中央银行的组织结构作了原则性的规定,中国人民银行在组织结构上可分为三个层次:第一层次是行长,明确实行行长负责制;第二层次是内部职能机构,设立了作为货币政策决策部门的货币政策委员会;第三层次是分支机构,明确了总行与分支行的关系。

一、中国人民银行行长的任免与职责

(一) 中国人民银行行长的任免程序

中国人民银行是我国的中央银行,是我国金融事业的领导和管理机构。

作为中国人民银行核心领导人物的中央银行行长的任免程序是：根据国务院总理提名，由全国人民代表大会决定；全国人民代表大会闭会期间，由全国人民代表大会常务委员会决定，由中华人民共和国主席任免。

这里主要体现了以下几个方面的内容：一是提名权归国务院总理。中央银行是国务院组成部门之一，由于国务院实行总理负责制的领导体制，由此提名权归国务院总理是符合国家权力设置的要求的。二是决定权归全国人民代表大会；全国人民代表大会闭会期间，决定权归全国人民代表大会常务委员会。由全国人大行使决定权体现了国家最高权力机构对国家金融政策制定上的决定权，符合我国的根本政治制度的要求。三是任免权归中华人民共和国主席。根据我国宪法的规定，国家主席不独立决定任何国家事务。他只是在全国人民代表大会或全国人民代表大会常务委员会根据宪法规定的职权范围和程序，对国家事务作出决定以后，予以宣布或执行。而且这种宣布或执行是必须的，实际上是履行特定的法律程序，使国家事务的处理，无论在内容上还是在形式上都臻于完备。四是中国人民银行副行长的任免权由国务院总理行使。

（二）中国人民银行实行行长负责制

《中国人民银行法》规定："中国人民银行实行行长负责制。行长领导中国人民银行的工作，副行长协助行长工作。"中国人民银行行长有权召集和主持中国人民银行的行务会议，讨论决定中国人民银行工作中的重大问题，签署上报对国务院的重要请示、报告；根据国务院的有关行政法规、决定、命令等，在中国人民银行的权限内发布命令、指示和规章，对中国人民银行拥有领导和支配的权力。中国人民银行的副行长作为行长的助手，其主要职责是协助行长进行工作，负责某些方面的工作或者办理某些专项事务，在行长不在时，代替行长主持人民银行的工作。

二、我国的货币政策委员会

（一）货币政策委员会的性质

在《中国人民银行法》颁布之前，中国人民银行的最高权力机构是中国人民银行理事会。由于中国人民银行在制定货币政策过程中，重要问题都向国务院请示，因此，这个理事会并没有真正发挥作用。1995 年《中国人民银行法》出台，第一次明确规定设立货币政策委员会。1997 年 4 月 15 日，国务院发布了《中国人民银行货币政策委员会条例》，对货币政策委员会的设立、职责、组成和工作程序都作了明确的规定。

（二）货币政策委员会的组成

货币政策委员会最初由 11 人组成，后增加到 13 人，其中中国人民银行行长作为委员会的主席，另外还有中国人民银行副行长（2 人）、国家发展与改革委员会副主任、财政部副部长、国家外汇管理局局长、中国银行业监督管理委员会（银监会）主席、中国证券业监督管理委员会（证监会）主席、中国保险业监督管理委员会（保监会）主席、中国银行业协会会长、国务院副秘书长、国家统计局局长、金融专家等共同组成。鉴于该委员会的重要地位和工作的强度，委员的年龄一般不超过 65 周岁，且具有我国的国籍。他们应该公正廉洁、忠于职守、无违法和违反纪律的记录。同时，他们还要具有宏观经济、货币银行等方面的专业知识和实践经验，熟悉有关金融方面的法律和行政法规以及经济政策。

（三）我国货币政策委员会的职责

根据《中国人民银行货币政策委员会条例》，作为中国人民银行制定货币政策的咨询议事机构，货币政策委员会的主要职责是：在综合分析宏观经济形势的基础上，依据国家经济调控目标，讨论下列货币政策事项，并提出建议：(1)货币政策的制定与调整；(2)一定时期内的货币政策取向；(3)货币政策工具的运用；(4)货币政策与其他宏观经济政策的协调与配合。

（四）货币政策委员会的工作程序

货币政策委员会每季度召开一次会议，一般在每季度的第一个月中旬召开，三分之二委员出席为有效。委员会由主席主持，主席因故不能履行职责时，由副主席主持。委员会通过关于货币政策的议案时，应经过出席会议三分之二以上委员表决通过，然后形成委员会的建议书，向中国人民银行行长提交。当中国人民银行需要报请国务院批准货币政策的重要事项时，应该同时将货币政策委员会的建议书或会议纪要作为附件同时报送。

三、中国人民银行总行与分支机构的关系

《中国人民银行法》规定："中国人民银行根据履行职责的需要设立分支机构，作为中国人民银行的派出机构。中国人民银行对分支机构实行统一领导和管理。"中国人民银行设立的分支机构是中国人民银行总行的派出机构，没有独立的法人地位，不享有独立的权力。中国人民银行的分支机构是根据履行职责的需要而设立的，其职能必须经总行授权才能行使。因此，不同的分支机构所拥有的职权是不同的，这完全取决于总行根据实施货币政策和履行职责的需要而定。中国人民银行分支机构根据总行的授权开展工作，不接受当地政府的领导。

第三节　货币政策

货币政策是国家为实现特定经济目标而采取的调节货币供应量或控制信用规模的方针和措施的总称，是一国主要的宏观经济政策。货币政策是由最终目标、中介目标、政策工具和政策的作用过程及效果等要素构成的完整体系。

货币政策有以下特征：(1)货币政策是一种宏观经济政策；(2)货币政策是调控社会总需求的政策；(3)货币政策的实施以间接调控为主；(4)货币政策是一种长期目标与短期目标相结合的经济政策。

一、货币政策目标

货币政策目标是指中央银行采取调节和控制措施所应达到的目的。它分为最终目标与中介目标两个层次。

(一) 货币政策最终目标

货币政策最终目标是中央银行通过货币政策操作而最终要达到的宏观经济目标，主要包括物价稳定、经济增长、充分就业和国际收支平衡。我国的货币政策最终目标是"保持货币币值的稳定，并以此促进经济增长"。显而易见，这一表述是把物价稳定放在首位，在稳定物价的基础上促进经济增长。

(二) 货币政策中介目标

中央银行一般并不能对最终目标加以直接控制，而是通过货币政策工具对其施加间接影响和调节。为了及时准确地监测和控制货币政策的力度和效果，中央银行需要有一套便于控制的中介目标，将货币政策工具的操作与货币政策的最终目标联系起来。

货币政策中介目标是指与最终目标相关的、较短期的数量化的金融指标。中介目标作为货币政策工具与货币政策最终目标之间的中介与桥梁，在货币政策中起着承上启下的作用，使中央银行对宏观经济的调控更具弹性。作为中介目标，应具有可测性、可控性、相关性等特点。

货币政策中介目标具体又可分为操作指标和中间目标。操作指标与货币政策工具的联系最为紧密，是中央银行通过货币政策工具能够有效、准确实现的直接金融变量。我国目前的货币政策操作指标是基础货币和准备金。中间目标是离政策工具稍远而离最终目标较近的金融变量，它的变动可以预示最终目标的变动。我国目前的货币政策中间目标是货币供应量，同时监测信用总量。

二、货币政策工具

货币政策工具又称货币政策手段，是中央银行可以直接控制，其运用可以对货币供应量、利率以及金融机构的信用行为产生影响的各种政策措施。按照货币政策工具的用途和性质，可以把货币政策工具分为三类：

1. 总量调控工具

货币政策总量调控工具是中央银行对货币供应总量或信用总量进行调节和控制的政策工具，主要包括法定存款准备金政策、再贴现政策和公开市场业务三大政策工具，俗称“三大法宝”。总量调控工具的根本特点在于，它是针对需求总量进行调节的，对整个宏观经济运行产生影响。在我国现阶段，利率政策和再贷款也属于总量调控工具。

2. 结构性调控工具

结构性调控工具是中央银行通过资金用途、期限等有目的地进行规定，影响商业银行等金融机构的资金使用方向，从而调节货币供应量的结构。它包括消费者信用控制、证券市场信用控制、不动产信用控制和优惠利率等。

3. 其他调控工具

（1）直接信用控制。是指中央银行针对金融机构的信贷活动进行直接干预，主要包括信用分配、直接干预、流动比率、利率最高限额和特种存款等。

（2）间接信用控制。是指中央银行利用各种间接的措施对银行业的信用活动进行影响，具有非限制性的特点，主要包括道义劝告、窗口指导和公开宣传等。

第四节　人民币的发行与管理

一、人民币的法律地位

《中国人民银行法》规定：“中华人民共和国的法定货币是人民币。以人民币支付中华人民共和国境内的一切公共的和私人的债务，任何单位和个人不得拒收。”所谓法定货币，是指由国家用行政命令方式强制发行的，以法律赋予其具有购买与支付能力的，在商品交换中必须接受的货币。人民币的法律地位包括以下几层含义：

（1）人民币是法偿性货币。这就是说，凡在中华人民共和国境内的一切公私债务，均以人民币进行支付，任何债权人在任何时候均不得以任何理由拒绝接收。

（2）人民币发行权属于国家。国家授权中国人民银行统一发行人民币，任何单位和个人无权发行货币或变相货币。

（3）人民币是我国唯一的法定货币。国家禁止发行除人民币以外的其他货币或变相货币，禁止外国货币和金银在市场上流通。

（4）人民币是信用货币。国家发行人民币是通过国家信贷程序发行的。同时，人民币的发行是以国家信用和相应的商品物资作保证的。

二、人民币的发行原则

人民币的发行是指人民银行向流通领域投放人民币现金的行为。具体来说，就是人民银行通过发行库把发行基金投入商业银行业务库，通过商业银行柜台上的现金收付，使人民币进入流通领域。人民币发行是流通中货币的源头。人民币的投放与回笼与稳定币值有直接联系，而正常的货币流通是国民经济正常运行的重要条件。因此，在人民币的发行中，必须坚持以下三个基本原则：

（1）经济发行。即根据国民经济发展情况，按照商品流通的实际需要，通过银行信贷的渠道来发行，这是人民币发行的最基本原则。与经济发行原则相对应的是财政发行，即根据财政收支情况发行货币。财政发行虽然能起到弥补财政赤字的作用，但它破坏了币值稳定，是一种非理智的发行方法。

（2）计划发行。即货币的发行必须纳入整个国家的计划体系之中，按计划办理，以保证币值的稳定。每年年初由中国人民银行提出货币发行计划，报国务院批准后实施。

（3）统一发行。人民币由中国人民银行统一印制和发行，任何单位和个人不得印制、发售代币票券，代替人民币流通。这意味着无论纸币还是硬币，无论主币还是辅币，均统一集中由中国人民银行发行，中国人民银行具有垄断货币发行权。除此之外，财政部、其他金融机构以及其他任何单位和个人均无权发行货币和代用货币。

三、人民币发行基金的管理

（一）人民币发行库与业务库

人民币发行库是中国人民银行机构的重要组成部分，是中国人民银行为保管货币发行基金而设置的金库，由中国人民银行根据经济发展和业务需要决定设置。发行库依法办理发行基金的保管、调运，负责损伤、残缺人民币的兑换和销毁等工作。发行库的主要职能是：保管人民币发行基金；办理人民币发行基金出入库和金融机构的现金存取业务；负责回笼现金的整理清点等。中国人民银行总行设立发行总库；省会中心支行设立分库；地市中心支行设立中心支库；县支行设立支库。

业务库是各商业银行基层分支行、处、所为办理日常现金收付而设置的金库。业务库保管的货币是流通中的货币，处于周转状态。为了节约现金使用和减少现金调拨，控制货币发行的额度，在保证现金需要的前提下，中国人民银行对各商业银行业务库保留的现金，确定一个库存限额。库存现金超出限额时，超出部分要缴回发行库；不足限额时，发行库就发行一部分货币，补充业务库，使其恢复到正常水平。

（二）人民币发行基金及其调拨

发行基金是指中国人民银行为国家保管的、准备向市场发行的人民币票券，是调节市场货币流通的准备基金。其来源，一是中国人民银行所属印制企业按计划印制、送缴发行库的新人民币；二是商业银行缴存人民银行发行库的回笼款。发行基金和现金是两个不同的概念，它们之间既有联系，又有本质的区别。发行基金从发行库进入业务库时，发行基金就变成了现金；而当现金从业务库缴存到发行库时，现金就变成了发行基金。

为了保证货币发行的高度统一，国家规定了严格的货币发行制度和发行纪律，没有上级发行库批准的出库限额和调拨命令，任何地区、任何单位、任何个人都无权动用发行基金，擅自动用货币发行基金的，要受到国家法律的制裁。

（三）人民币的回收和销毁

人民币由中国人民银行发行库调拨到商业银行业务库后，投放到流通领域，发挥商品交换的媒介作用。货币在流通领域经不断周转使用，会因自然磨损或污染、油浸、水渍、变色、鼠咬、虫蛀、霉烂、火烧或人为损坏等原因而造成残缺损坏，这些货币质地受损，颜色变暗，图案不清晰，防伪功能下降，不宜再继续流通使用，应予剔除或兑换，最后统一集中收回到中国人民银行销毁。

货币的回收还包括收兑停止流通的人民币。迄今为止，中国人民银行已发行了五套人民币，前三套人民币的大部分券别已停止流通。人民币停止流通必须报国务院批准，中国人民银行向社会发布公告。金融机构利用其营业网点多的优势，按照中国人民银行的要求，从单位和公众手中收回停止流通的人民币，再缴存到中国人民银行。中国人民银行通过发行业务将流通中的残损人民币和停止流通的人民币及时回笼到发行库，集中销毁，补充新币，以保证人民币在流通中发挥职能作用。

四、人民币的法律保护

为保证人民币发行的集中统一，稳定物价，保障国民经济的健康发展，必须加强对人民币的保护。《中国人民银行法》对人民币的保护主要有以下方面的规定：

（1）禁止伪造、变造人民币；禁止出售、购买伪造、变造的人民币；禁止运输、持有、使用伪造、变造的人民币。所谓伪造人民币是指仿照中国人民银行发行的现行流通的纸币或铸币的形状、颜色、图案，制造伪币、冒充真币的行为。变造人民币是指把原人民币通过一定的加工处理，使原人民币发生变态升值的行为。买卖、运输伪造、变造的人民币是指出售、购买伪造、变造的人民币或者明知是伪造、变造的人民币而运输。非法持有、使用伪造、变造的人民币是指明知是伪造、变造的人民币而故意进行支付、汇兑、储蓄等使用，或者违反国家的有关规定进行非法保存、携带或者传递的行为。

（2）禁止故意毁损人民币。人民币是国家金融制度的体现，是国家保证市场商品流通的一种手段。公民和法人持有人民币，可以将其用于购物或其他消费，但不能故意将人民币毁损。毁损人民币会人为增加人民币发行基金，给国家造成浪费。

（3）禁止非法使用人民币图样。禁止非法使用人民币图样，既是为了保证国家货币的严肃性，也防止有人利用印有人民币图样的纸张冒充人民币，欺骗他人。未经中国人民银行批准，任何单位和个人均不得在宣传品、出版物及其他商品上印制人民币图样。凡未经中国人民银行批准，出版和销售印有人民币图样的宣传品、出版物及其他商品，一经发现，要立即查封，并就地销毁；对已经售出的，应没收非法所得，处以罚款，并追究有关单位直接负责人和经办人的责任。

（4）禁止印制、发售代币票券代替人民币在市场上流通。所谓代币票券实际上是一种变相货币。这种代币票券往往标示货币单位，在其指定的商场或其他营业场所使用。代币票券的发行，一是直接侵犯了中国人民银行独有的货币发行权；二是由于其充当支付手段，具有一定购买力，扩大了社会货币流通量，而又不在中国人民银行的监控之下；三是逃避了国家对工资和奖金的监督管理，扩大了消费基金支出。因此，对此行为必须坚决禁止。

第五节 中国人民银行业务

按照《中国人民银行法》的规定，中国人民银行业务主要包括三个方面：为执行货币政策需要开展的业务；为银行业金融机构提供服务开展的业务；为政府部门和其他机构提供服务开展的业务。《中国人民银行法》同时还明确规定了中国人民银行不能从事的业务。

一、执行货币政策需要开展的业务

（一）要求银行业金融机构按照规定的比例缴存存款准备金

中央银行依据法律，有权要求商业银行按规定的比率在其吸收的存款总额中提取一定的金额缴存到中央银行。保存商业银行的准备金，既是中央银行的负债业务之一，也是中央银行重要的政策工具之一。

商业银行的存款准备金由两部分组成：一是法定存款准备金；二是超额存款准备金。法定存款准备金是指以法律形式规定的缴存中央银行的存款准备金，中国人民银行通过调整商业银行上缴的存款准备金的比率，可以达到扩张或收缩商业银行的信贷能力，从而达到既定的货币政策目标。超额准备金是商业银行为应付可能的提款和支付清算所安排的除法定准备金之外的准备金，它是商业银行在中央银行的一部分资产。超额存款准备金包括两个部分：一是存入中央银行的准备金；二是商业银行营运资金中的现金准备。前者主要用于银行间的支付清算。

我国的法定存款准备金制度主要包括以下内容：

（1）存款准备金制度的实施对象。我国法定存款准备金制度的实施对象是银行业金融机构。包括商业银行、城乡信用社等吸收公众存款的金融机构均应向中国人民银行缴存法定存款准备金。

（2）存款准备金缴存范围。我国现行的存款准备金制度规定，商业银行等金融机构吸收的一般存款，即企业存款、储蓄存款、农村存款和信托存款需按法定比率提取准备金。

（3）规定和调整存款准备金率的机构。国家授权中国人民银行规定存款准备金率并根据放松银根或紧缩银根的需要进行调整，并组织分支机构具体实施。

（4）对未按规定缴存法定存款准备金的金融机构，中国人民银行有权对其进行处罚。

（二）确定中央银行基准利率

利率是指一定时期内利息额与存入或贷出本金额的比率。我国的利率分三种：一是中国人民银行对商业银行及其他金融机构的存、贷款利率，即基准利率；二是商业银行对企业和个人的存、贷款利率，称为商业银行利率；三是由资金供求双方自主议定的利率，称为市场利率。基准利率在整个利率体系中处于主导地位，其变化决定了其他各种利率的变化。中央银行通过提高或降低基准利率影响商业银行借入中央银行资金成本，以达到抑制或刺激对信贷资金的需求的目的。

（三）为在中国人民银行开立账户的银行业金融机构办理再贴现

再贴现是商业银行及其他金融机构将买入的未到期贴现票据向中央银行办理的再次贴现。再贴现政策的作用是通过变更再贴现率来影响商业银行向中央银行借贷的成本。当中央银行提高再贴现率时，商业银行向中央银行再贴现的资金成本上升，就会减少其向中央银行再贴现，这使商业银行的准备金相应缩减。如果准备金不足，商业银行就只能收缩贷款和投资规模，从而也就缩减了货币供应量。随着市场货币供应量的缩减，银根紧俏，市场利率也相应上升，社会对货币的需求也就相对减少；反之亦然。

（四）在公开市场上买卖国债、其他政府债券和金融债券及外汇

公开市场业务是指中央银行在金融市场上买卖有价证券和外汇的活动，是货币政策工具之一。中央银行买进或卖出有价证券或外汇意味着进行基础货币的吞吐，可以达到增加或减少货币供应量的目的。当金融市场上资金缺乏时，中央银行就通过公开市场业务买进有价证券，向社会投放基础货币，增加社会的货币供应量。相反，当金融市场上流动性过多时，中央银行可以通过公开市场业务卖出有价证券，收回基础货币，引起信用规模的收缩和货币供应量的减少。

中国人民银行公开市场操作的工具是国债、其他政府债券、金融债券、外汇和中央银行票据。中国人民银行在国债市场进行国债、金融债券的买卖，交易对手不是个人和一般企事业单位，而是国债一级交易商。国债一级交易商是指经中国人民银行审定的、具有直接与中国人民银行进行债券交易资格的商业银行、证券公司、保险公司、农村信用社等。中国人民银行通过在银行间外汇市场买卖外汇，同样会达到吞吐基础货币的作用。

（五）国务院确定的其他货币政策工具

由于我国的经济体制正处于向社会主义市场经济体制转变的过程中，

金融体制的改革也正处于深刻的变动之中，在这种环境下，经济、金融形势往往容易发生难以预料的变化。对于这种情况，中央银行应该采取灵活多样的货币政策工具，而不能仅限于法定的几种类型。对此，《中国人民银行法》作了灵活规定，即中国人民银行可以根据经济、金融形势的实际变化，采取及时、灵活、有效的货币政策工具，确保货币政策目标的实现。

二、为银行业金融机构提供服务需要开展的业务

（一）为银行业金融机构开立账户

中国人民银行作为银行的银行，负责各金融机构之间的资金清算，并保证不发生透支风险。为保证资金清算，金融机构必须在中国人民银行存有一定金额的备付金。因此，金融机构都在同级中国人民银行开有备付金账户。资金收付是银行业金融机构开展业务的必然结果，而账户则是资金流通的通道。金融机构为了系统内外款项的支付和清算，就必须在中国人民银行开立账户。金融机构的同城票据清算和异地支付清算，均使用在中国人民银行所开立的账户上的资金进行，中国人民银行不为金融机构支付清算垫款。另外，金融机构日常从中国人民银行发行库提取现金或缴存现金，也要通过在中国人民银行开立的账户进行。

（二）为银行业金融机构提供清算服务

现代社会各单位、集团和个人之间的资金往来和债权债务的结清，绝大部分是通过商业银行来实现的。因此，商业银行之间也随之而发生资金往来和债权债务关系。由于商业银行都在中央银行开立了存款账户，因此，商业银行之间发生的这些资金往来和债权债务关系，就可以通过中央银行划转结算。中央银行为银行业金融机构提供清算服务是通过组织同城票据清算和异地资金清算等方式进行的。

（三）向商业银行提供贷款

中央银行向商业银行提供的贷款称作再贷款。这一业务充分体现了中央银行作为“最后贷款人”的作用。中央银行的贷款对商业银行等金融机构获得必要的流动性支持、维护金融体系的安全、执行货币政策、保持货币币值稳定、促进经济发展都具有十分重要的意义。

三、为政府部门和其他机构提供服务开展的业务

（一）经理国库

我国目前国库资金的收付由中国人民银行代理。国库按照国家统一领

导、分级管理的财政体制设立,原则上一级财政设立一级国库。国库有总库、分库、中心支库和支库四级,分别设在中国人民银行总行、省会中心支行、地市中心支行和县支行。国库业务工作实行垂直领导。各级分支库,既是中央国库的分支机构,办理中央金库业务,也是地方国库,兼理地方国库业务。

国库工作主要有下列几项:(1)准确及时地收纳财政预算收入;(2)审查办理财政库款的支拨;(3)监督预算收入的退库;(4)组织管理下级国库和经收处的工作。

(二) 代理财政部门发行、兑付国债和其他政府债券

自我国发行政府债券以来,中国人民银行就始终承担着组织各金融机构代理发行、兑付政府债券的职能。在政府债券的发行过程中,中国人民银行参与政府债券发行方案的草拟工作,承担政府债券的印制、调运、销毁和票样管理等工作。在政府债券兑付过程中,中国人民银行负责政府债券兑付本息款项的清算工作。兑付工作结束后,中国人民银行组织各金融机构做好账务清理核对工作,待账、款、券核对相符后,由中国人民银行集中办理收回债券的销毁事宜。

四、中国人民银行不能从事的业务

(一) 不得对银行业金融机构的账户透支

所谓透支,就是指银行允许其往来存款户,在约定的范围内,超过其存款余额签发支票,并予以兑现的一种放款方式。商业银行在一定条件下允许客户进行一定额度的善意透支。但中央银行与商业银行性质不同,中央银行对金融机构透支,会增加中央银行对整个信贷规模和金融市场进行调控的困难。如果中央银行允许开立账户的银行业金融机构向其透支,则会导致商业银行及其他金融机构不加约束地扩大信贷规模,造成信用膨胀。另外,还会使中央银行的存款准备金率、再贴现率等货币政策工具失去调节作用,从而加剧金融市场的混乱。

(二) 不得对政府财政透支

中央银行和政府财政的收支都是货币收支,又都是整个社会货币流通的构成部分。因此,中央银行的货币政策应相互配合,共同维护货币收支的平衡和人民币币值的稳定。就一个财政年度来说,财政收支平衡的情况是少有的,一般结果不是收大于支,就是支大于收。我国的财政长期以来一直处于赤字的状态。弥补财政赤字的方式有两种:一是财政透支;二是发行国债和其他政府债券。财政透支是指财政部门在中央银行提取的款项超过了其在

中央银行的存款。由于中国人民银行负责经理国库,使财政部门的透支成为可能。财政透支会迫使中国人民银行增发货币,而这部分增发的货币是没有物资保证的,会致使社会总需求大于总供给,引起物价总水平普遍上升,导致通货膨胀。发行国债和其他政府债券弥补赤字,就是政府利用债券的形式将企业、个人手中持有的货币转移到政府手中,由政府使用。它只是调整货币持有的结构,货币的总量并没有发生变化,就总体来说并未发生国民收入额与使用额在总额上的超分配,不会引起总需求的膨胀、诱发通货膨胀。

（三）不得直接认购、包销国债和其他政府债券

中国人民银行直接认购、包销国债和其他政府债券将会导致通货膨胀的后果。所谓直接认购,是指中国人民银行动用其自身资本或信贷资金直接购买国债或者其他政府债券;所谓包销,是指中国人民银行直接负责国债和其他政府债券的销售,对于未能出售的国债和其他政府债券予以认购。这种直接认购、包销国债和其他政府债券的实质,是对财政的变相透支,是财政以国债和其他政府债券为抵押向中国人民银行借款。这部分借款是没有物资保证的,而且借款通过银行的货币扩张机制,成倍地扩张,将会导致通货膨胀的发生。

（四）不得向地方政府、各级政府部门及其他单位和个人提供贷款

中国人民银行作为我国的中央银行,货币政策目标是保持货币币值的稳定,基本职能是制定和实施货币政策。而地方政府、各级政府部门作为国家的行政机关,其活动是按照国家方针、政策,领导、组织、管理本地区、本部门的经济活动,而它本身并不是经济实体,不是银行的贷款对象,更不应成为中央银行融资的对象。中国人民银行不是商业银行,虽然法律规定,它可依法经营许多业务,但是它的服务对象主要是商业银行和非银行金融机构,它不但不向行政机关提供贷款,也不向其他单位和个人提供贷款。

（五）不得向非银行金融机构提供贷款(国务院批准的除外)

非银行金融机构是指不经营存款、贷款及结算等传统银行业务的金融机构。我国目前的非银行金融机构主要包括信托投资公司、租赁公司、财务公司、证券公司、典当行、城市信用合作社、农村信用合作社、融资中心等金融机构。为了保证中央银行的有限资金发挥更大的作用,不能对任何金融机构都加以保护。中国人民银行的资金运用不能面向社会各种金融机构,否则容易分散其精力和财力,中国人民银行要全力确保商业银行不发生倒闭,至于小的非银行金融机构,如果在经营中出现问题,就应当运用市场机制,该淘汰的要淘汰,该破产的就要破产。中国人民银行不得向非银行金融机构提供贷

款，但是对于那些国家支持发展的非银行金融机构，由于特殊的原因，为了维护金融稳定，在其资金周转发生困难时，经国务院批准，中国人民银行可以予以贷款支持。

（六）不得向任何单位和个人提供担保

担保是以第三人的身份，向债权人保证，在债务人不履行清偿债务责任时，由其承担清偿债务的承诺。禁止中国人民银行向任何单位和个人提供担保的意义在于，如果允许中国人民银行对外提供商业行为的担保，势必会扩大中央银行的对外债务。因为无论何种形式的担保都会有一定的风险，一旦这种风险出现时，它没有特定的资金来弥补这部分亏损。中央银行掌握的资金都是有特定用途的，在没有正当的资金来源的情况下，它只能靠多发行一部分货币来弥补亏损，而靠多发行货币来弥补这种亏损是要付出引发通货膨胀代价的。

第六节　中国人民银行的金融监督管理

金融监督管理是金融监管当局依据国家法律的授权对金融业（包括金融机构以及它们在金融市场上的业务活动）实施监督、约束、管制，从而保障金融业稳健运行。金融监管体制是指金融监管当局对金融机构和金融市场进行监督管理的组织结构。根据监管主体的多少，各国的金融监管体制大致可分为单一监管体制和多头监管体制。单一监管体制是由一家金融监管机构对金融业实施高度集中监管的体制；多头监管体制是根据从事金融业务的不同主体及其业务范围的不同，由不同的监管机构分别实施监管的体制。我国目前属于集权多头式监管体制的国家，由中国人民银行、银监会、证监会、保监会四方共同承担监管职责。依据《中国人民银行法》，目前中国人民银行担负着以下金融监管任务：对金融市场的监管、对金融机构及其业务活动的监管。

一、对金融市场的监管

（一）对同业拆借市场和银行间债券市场的监管

同业拆借市场和银行间债券市场是我国金融市场的重要组成部分，是金融机构之间融通短期资金的重要场所。同业拆借市场和银行间债券市场的资金交易多为无担保的信用交易，因而隐含着较大的市场风险和信用风险。

中国人民银行是金融稳定的维护者，监测金融市场的运行情况、对金融市场实施宏观调控、促进其协调发展是中国人民银行金融稳定职责的重要方面。因此，中国人民银行需要对同业拆借市场和银行间债券市场进行监督管理。另外，银行间债券市场还是中国人民银行公开市场操作的重要平台。鉴于银行间债券市场对中国人民银行通过公开市场执行货币政策有重大意义，中国人民银行有必要对其进行适当的行政管理。

中国人民银行对同业拆借市场和银行间债券市场监督管理主要体现在以下几个方面：一是依法制定同业拆借和银行间债券交易的有关管理制度；二是审核、批准有关金融机构成为同业拆借市场交易成员和银行间债券交易成员；三是对交易成员的行为进行监督、检查；四是授权中介机构发布市场信息等。

（二）对外汇市场的监管

一个主权国家通常需要拥有一定数量的外汇储备。中央银行作为政府的银行，有责任为国家保管和管理外汇储备。中央银行根据国内经济运行情况和国际收支情况，适时、适量购进或抛售外汇，可以起到稳定币值、稳定汇率、调节国际收支、保证国际收支平衡的作用。外汇监管是指一国依法对所辖境内的外汇收支、买卖、借贷、转移以及国际间的结算、外汇汇率和外汇市场所实施的限制性措施。中国外汇储备管理的战略目标是调整外汇供求，平衡外汇市场；加强风险防范，确保资金安全，保证资金的及时调拨和运用，建立科学的储备资产结构，提高储备经营水平，增加资产回报；合理安排投资，有重点地支持国内建设项目。

（三）对黄金市场的监管

为了充分发挥市场机制对黄金资源配置和调节的基础性作用，促进黄金生产、流通和消费的健康发展，我国于 2002 年 10 月成立了上海黄金交易所。这标志着我国黄金市场正式开放，黄金成为市场交易的一种特殊商品。中国人民银行对黄金市场的监督管理包括两个方面：一是对黄金交易所的监督管理。主要负责黄金交易所的规章制度建设，审核交易所的章程、交易规则、操作程序等；监测交易所交易运行情况；对运行中出现的重大问题进行协调或提出建议报国务院。二是对黄金进出口的监督管理。在人民币尚未实现可自由兑换、金融市场尚未全面对外开放的情况下，为避免用黄金来套汇而产生的不良影响，中国人民银行有权对黄金进出口进行管理。中国人民银行负责审批“黄金及其制品进出口业务”、许可“个人携带限额以上黄金进出境”和“保税区内生产加工的黄金制品内销”等事项，国家进口黄金由中国人民银行总行统一办理，各部门、单位进口黄金一律须经中国人民银行总行批准。

二、对金融机构及其业务活动的监管

（一）执行有关存款准备金管理规定的行为

依据法律，中国人民银行建立了存款准备金制度。我国现行的法定存款准备金制度包括下列基本内容：(1)规定缴存准备金对象。现有的存款货币银行和吸收公众存款的特定存款机构，均按统一的比例向中国人民银行缴存存款准备金。在华外资银行分行、独资和合资银行以及财务公司，也要对其外汇存款和人民币存款缴存外汇和人民币存款准备金。(2)规定缴存范围和可作为存款准备金的资产。金融机构按中国人民银行存款准备金制度的规定缴存存款准备金的资产，一般只能是金融机构的库存现金和在中央银行的存款。(3)规定存款准备金的计算方法、报酬及罚则。我国目前采用的是以金融机构存款余额来计算，中国人民银行按旬统一考核的方式。对不按要求缴存法定存款准备金的金融机构处以罚息，欠缴准备金的罚息率为万分之六。金融机构一般情况下不得动用存款准备金，特殊情况下申请动用，要经过中国人民银行相关部门批准。

（二）与中国人民银行特种贷款有关的行为

中国人民银行特种贷款，是指国务院决定的由中国人民银行向金融机构发放的用于特定目的的贷款。在现代市场经济中，中央银行担负着“最后贷款人”的职能，其责任是全力支持资金周转困难的商业银行及其他金融机构，以免银行挤兑风潮的扩大最终导致整个银行业的崩溃。《中国人民银行法》规定，中国人民银行不得向非银行金融机构以及其他单位和个人提供贷款，但国务院决定中国人民银行可以向特定的非银行金融机构提供贷款的除外。此种贷款通常与中央银行的宏观调控职能相关。因此，鉴于这种贷款的特殊性，为了严格规范中央银行的贷款行为和金融机构使用贷款的行为，必须加强对贷款申请、使用、偿还情况的检查监督。

（三）执行有关人民币管理规定的行为

人民币作为我国的法定货币，具有无限清偿能力，是我国境内唯一的合法货币。由于人民币的发行实际上是增加了基础货币的投放，而基础货币具有倍数扩张货币供应量的效应，直接关系到人民币币值的稳定和货币政策目标的实现，因此，必须依法加强对人民币发行的管理。中国人民银行作为中央银行，职能之一就是作为发行的银行，由其垄断全国钞票的发行权，根据国民经济发展的要求，发行全国统一的本位货币，并负责控制信用，调节货币流通。

（四）代理中国人民银行经理国库的行为

我国有关法律、法规规定，商业银行和其他金融机构可以在一定条件下代理经理国库。例如，为进一步加强对商业银行代理支库和商业银行、信用社办理国库经收处业务的监督和管理，规范国库代理和经收业务，确保国库资金安全，中国人民银行于2001年1月9日发布了《商业银行、信用社代理国库业务管理办法》。为了规范选择中央财政国库集中收付代理银行招投标程序，积极推进财政国库管理制度改革，确保中央财政资金运行安全、高效，财政部、中国人民银行于2003年3月7日制定了《中央财政国库集中收付代理银行招投标管理暂行办法》。其中规定了由中国人民银行国库部门负责对商业银行代理国库集中收付业务的资格进行认证、申请代理国库集中收付业务的投标银行应当具备的条件等等。对于此类规定的落实，中央银行要加强监督检查。

（五）执行有关清算管理规定的行为

清算是指各种支付结算行为最终的资金交割。在清算系统中，中央银行是社会资金清算服务的最终提供者。清算系统主要分为以下四个系统：商业银行行内资金汇划系统、同城票据交换所、中国人民银行全国电子联行系统和正在建设推广的中国现代化支付系统。中国人民银行对清算进行管理包括以下具体内容：组织建设金融机构相互之间的清算系统，协调金融机构相互之间的清算事项，提供清算服务；制定清算行为和清算系统的管理和服务规则；对清算行为的检查监督和对违反清算管理规定的行为的处罚。

（六）执行有关反洗钱的规定

洗钱通常以隐藏资产来源为目的。典型的交易分三个过程：(1)入账，即通过存款、电汇或其他途径把不法钱财放入一个金融机构；(2)分账，即通过多层次复杂的转账交易，使犯罪活动得来的钱财脱离其来源；(3)融合，即以一些显示合法的转账交易为掩护，隐瞒不法钱财。通过这些过程，罪犯就可把非法所得转移并融合到有合法来源的资金中。洗钱活动对一国金融体系的安全危害极大。反洗钱关系到国家的经济金融秩序和金融安全、关系到国家汇率的稳定和国家的经济利益。加大对洗钱的防治和打击力度，成为金融监管当局的一项重要职责。

为了加大反洗钱工作的力度，国务院决定将原由公安部承担的组织协调国家反洗钱工作的职责交由中国人民银行承担。中国人民银行作为金融机构反洗钱工作的监督管理机关，成立了反洗钱局和支付交易监测中心，专门负责反洗钱的具体工作。2003 年年初，中国人民银行发布了《金融机构反洗钱规定》、《人民币大额和可疑支付交易报告管理办法》和《金融机构大额和可疑外汇资金交易报告管理办法》，初步构建了我国金融领域反洗钱的法律框架。中国人民银行依法有权对金融机构、其他单位和个人执行反洗钱规定的行为进行检查监督。

（七）对金融机构进行检查或建议其他监管机构进行检查

《中国人民银行法》规定："中国人民银行根据执行货币政策和维护金融稳定的需要，可以建议国务院银行业监督管理机构对银行业金融机构进行检查监督。国务院银行业监督管理机构应当自收到建议之日起 30 日内予以回复。"由于我国目前实行的是金融业分业经营、分业监管的体制，对各类金融机构的日常监管，主要由银监会、证监会和保监会负责，中国人民银行在通常情况下不会对银行业金融机构进行全面的、日常性的监督检查，但如果为了实施货币政策和维护金融稳定，中国人民银行认为需要，则有权对银行业金融机构进行检查，或建议银监会对其进行监督检查。它体现了中央银行与银监会之间的分工协作关系。

第七节　违反《中国人民银行法》的法律责任

一、中国人民银行的法律责任

（一）中国人民银行的法律责任

根据《中国人民银行法》的规定，中国人民银行的相关工作人员违法向地方政府、各级政府部门、非银行金融机构以及其他单位和个人提供贷款或者担保，以及擅自动用发行基金，应当承担以下法律责任：

（1）行政处分。对于情节轻微的违法提供贷款或者担保以及擅自动用发行基金的行为，给予一般的行政处理，即只对与违法提供贷款或者担保以及擅自动用发行基金行为有关的负有直接责任的主管人员和直接责任人员予以行政处分。行政处分的方式包括警告、严重警告、记过、记大过、通报批评、降级、降职、撤职、留用察看、开除等方式。

（2）赔偿责任。凡因违法提供贷款或者担保以及擅自动用发行基金而造成损失的行为，应当由负有直接责任的主管人员和责任人员承当部分或者全部赔偿责任。

(3) 刑事责任。对于情节严重,造成了很大社会危害的违法提供贷款或者担保以及擅自动用发行基金的行为,应当依法予以严惩。即当违法提供贷款或者担保以及擅自动用发行基金行为构成犯罪的,要依法追究负有直接责任的主管人员和责任人员的刑事责任。

（二）中国人民银行工作人员的法律责任

1. 泄露国家秘密和商业秘密

《中国人民银行法》规定:“中国人民银行的工作人员泄露国家秘密或者所知悉的商业秘密,构成犯罪的,依法追究刑事责任;尚不构成犯罪的,依法给予行政处分。”

中国人民银行的工作人员泄露国家秘密或者所知悉的商业秘密应承担以下法律责任:(1)给予行政处分。如果中国人民银行的工作人员仅仅是泄漏了一般的国家秘密或者所知悉的商业秘密,尚不构成犯罪的,可以由中国人民银行视违法行为的情节轻重,给予其行政处分。(2)追究刑事责任。中国人民银行的工作人员泄露在任期期间知悉的国家秘密或者所知悉的商业秘密,情节严重,构成犯罪的,应当依法追究刑事责任。

2. 贪污受贿、滥用职权和玩忽职守

《中国人民银行法》规定:“中国人民银行的工作人员贪污受贿、徇私舞弊、滥用职权、玩忽职守,构成犯罪的,依法追究刑事责任;尚不构成犯罪的,依法给予行政处分。”

中国人民银行的工作人员贪污行为的具体表现是利用职务上的便利,非法占有中国人民银行经营、管理和使用的财产。所谓利用职务上的便利,是指中国人民银行的工作人员利用其职权范围内的合法条件(如利用自己的经营账目和现金的职权等),而不是指利用中国人民银行工作人员的身份或对作案环境的熟悉等方便条件。中国人民银行工作人员的受贿行为表现为利用职务上的便利为行贿人谋取私利而非法索取、收受其财物或不正当利益的行为。所谓财物或不正当利益,指的是金钱或珍贵物品,或者是某种权利或利益。中国人民银行工作人员徇私舞弊行为的具体表现是:利用职务包庇违法行为人,并隐瞒、掩饰其违法事实。中国人民银行工作人员滥用职权和玩忽职守行为,在主观方面表现为中国人民银行工作人员的积极作为或不作为,在客观方面表现为该行为对公共财产、国家和人民的利益造成了损害。

中国人民银行工作人员有上述行为时,应当承担的法律责任有以下两种:(1)给予行政处分。对于情节轻微的贪污受贿、徇私舞弊、滥用职权、玩忽职守的行为，一般只对实施该违法行为的中国人民银行工作人员给予行政处分。(2)追究刑事责任。中国人民银行工作人员贪污受贿、徇私舞弊、滥用职权、玩忽职守等行为情节严重，构成犯罪的，就应当依法追究刑事责任。

二、金融机构的法律责任

根据《中国人民银行法》规定，金融机构的下列行为应当符合有关法律、行政法规的规定：(1)执行有关存款准备金管理规定的行为；(2)与中国人民银行特种贷款有关的行为；(3)执行有关人民币管理规定的行为；(4)执行有关银行间同业拆借市场、银行间债券市场管理规定的行为；(5)执行有关外汇管理规定的行为；(6)执行有关黄金管理规定的行为；(7)代理中国人民银行经理国库的行为；(8)执行有关清算管理规定的行为；(9)执行有关反洗钱规定的行为。

当金融机构的上述行为违反法律规定时，其应承担以下责任：(1)追究刑事责任。金融机构以及单位和个人的行为违反刑法规定构成犯罪的，应当依法承担刑事责任。(2)承担行政责任。可以由中国人民银行区别不同情况给予警告，没收违法所得。其中，违法所得为50万元以上的，并处违法所得1倍以上5倍以下罚款；对于没有违法所得或者违法所得不足50万元的，处50万元以上200万元以下罚款。

受到行政处罚的当事人如果不服，享有提起行政诉讼的权利。具体来说，一是申请行政复议，二是向法院提起行政诉讼。

三、其他单位和个人的法律责任

(一) 违反人民币保护的法律责任

其他单位和个人违反人民币保护的禁止性规定的，中央银行可对此作出行政处罚；构成犯罪的，则移交公安机关依法追究刑事责任。例如，以下几种行为即违反了人民币保护的禁止性规定：(1)伪造、变造人民币，出售伪造、变造的人民币，或者明知是伪造、变造的人民币而运输的。(2)购买伪造、变造的人民币或者明知是伪造、变造的人民币而持有、使用的。(3)在宣传品、出版物或者其他商品上非法使用人民币图样的。(4)印制、发售代币票券，以代替人民币在市场上流通的。(5)故意毁损人民币的。

(二) 强令中国人民银行及其工作人员违法提供贷款或担保的法律责任

地方政府、各级政府部门、社会团体和个人强令中国人民银行及其工作人员违反法律规定提供贷款或者担保的，对负有直接责任的主管人员和其他直接责任人员，依法给予行政处分；构成犯罪的，依法追究刑事责任；造成损失的，应当承担部分或者全部赔偿责任。

强令中国人民银行及其工作人员违法提供贷款或担保的具体表现是：(1)强令中国人民银行及其工作人员违法提供贷款或者担保的行为已经实施。(2)强令中国人民银行及其工作人员违法提供贷款或者担保的行为，干扰了中国人民银行依法独立执行货币政策和开展业务。(3)强令中国人民银行及其工作人员违法提供贷款或者担保的行为造成了经济损失和不良社会影响。

强令中国人民银行及其工作人员违法提供贷款或者担保行为所应承担的法律责任主要包括以下三种：(1)行政处分。强令中国人民银行及其工作人员违法提供贷款或者担保的行为，如果未造成严重的社会危害，可以对负有直接责任的主管人员和其他直接责任人员采取一般的行政处罚措施，如依法给予行政处分。(2)赔偿责任。强令中国人民银行及其工作人员违法提供贷款或者担保而造成损失的，应由负有直接责任的主管人员和其他直接责任人员承担部分或全部赔偿责任。(3)刑事责任。强令中国人民银行及其工作人员违法提供贷款或者担保造成严重社会危害，甚至构成犯罪的，对负有直接责任的主管人员和其他直接责任人员要依法追究刑事责任。

【本章小结】

中央银行法是确立中央银行的性质、地位与职责，规范中央银行的组织及其活动的法律规范的总称。中央银行是一国金融体系中居于核心地位的机构，是依法制定和实施货币政策，进行金融调控与管理的特殊国家机关。中国人民银行是中华人民共和国的中央银行。中国人民银行在国务院领导下，制定和执行货币政策，防范和化解金融风险，维护金融稳定。中国人民银行根据履行职责的需要设立分支机构，中国人民银行对分支机构实行统一领导和管理。

中国人民银行具有货币政策的决策权和执行权。货币政策是国家为实现特定经济目标而采取的调节货币供应量或控制信用规模的方针和措施的总称，是一国主要的宏观经济政策。货币政策是由最终目标、中介目标、政策工具和政策的作用过程及效果等要素构成的完整体系。

中国人民银行业务主要包括三个方面：为执行货币政策需要开展的业务；为银行业金融机构提供服务开展的业务；为政府部门和其他机构提供服务开展的业务。

中华人民共和国的法定货币是人民币。中国人民银行垄断我国货币的发行权,并对货币流通进行管理。为保证人民币发行的集中统一,稳定物价,保障国民经济的健康发展,必须加强对人民币的保护。禁止伪造、变造人民币。

中国人民银行还担负着一些金融监管的职责,如对金融市场的监管、对金融机构及其业务活动的监管等。中国人民银行及其工作人员、金融机构、社会公众违反了《中国人民银行法》,均应承担相应的法律责任。

【复习思考题】

一、名词解释

中央银行　货币政策　货币政策最终目标　外汇储备　法定货币　发行库　法定存款准备金　基准利率　再贴现　公开市场业务　再贷款　金融监督管理

二、问答题

1. 与一般金融机构相比,中央银行的特殊性表现在哪些方面?
2. 怎样理解中国人民银行的相对独立性?
3. 什么是货币政策工具?货币政策工具包括哪些类型?
4. 简述人民币的法律地位。
5. 中国人民银行为银行业金融机构提供服务需要开展的业务有哪些?
6. 目前中国人民银行担负着哪些金融市场监管任务?

三、论述题

1. 中国人民银行应履行哪些职责?
2. 综述《中国人民银行法》对人民币的保护规定。
3. 阐述中国人民银行为执行货币政策需要开展的业务。
4. 阐述中国人民银行不能从事哪些业务。

四、案例分析题

案例一　金融机构工作人员以假币换取货币案

(一) 案例资料

李某是某市商业银行的一名工作人员。其妻是经营服装的个体户。其妻在做服装生意的过程中不慎收取了他人支付的假人民币10 000元。夫妻二人商议，由李某在柜台业务中把假币换成真币。

资料来源：金时网。

（二）分析提示

金融工作人员购买假币、以假币换取货币罪，是指银行或者其他金融机构的工作人员购买伪造的货币或者利用职务上的便利，以伪造的货币换取货币的行为。

为保证人民币发行的集中统一，稳定物价，保障国民经济的健康发展，必须加强对人民币的保护。《中国人民银行法》对人民币保护的规定中包括禁止购买伪造的人民币。个人违反人民币保护的禁止性规定的，中央银行可对此作出行政处罚；构成犯罪的，则移交公安机关依法追究刑事责任。

根据《刑法》第 171 条第 2 款的规定，银行或者其他金融机构的工作人员购买伪造的货币或者利用职务上的便利，以伪造的货币换取货币的，处 3 年以上 10 年以下有期徒刑，并处 2 万元以上 20 万元以下罚金；数额巨大或者有其他严重情节的，处 10 年以上有期徒刑或者无期徒刑，并处 2 万元以上 20 万元以下罚金或者没收财产；情节较轻的，处 3 年以下有期徒刑或者拘役，并处或者单处 1 万元以上 10 万元以下罚金。

（三）回答问题

按照有关法律，李某应承担什么样的法律责任？

案例二　商场没收并销毁顾客假币案

（一）案例资料

2007 年 3 月，秦某到某商场购物，看中一套价值1 000元的套装后，即到收款台交款。收款员接过秦某交来的1 000元钞票，点钞、验钞后，称有两张假钞并予以没收，以商场名义开出没收收据。秦某认为，商场无权没收假钞，要求收款员返还没收的 200 元钞票，收款员不给，双方发生争执，引来顾客围观。收款员称，没收假钞人人有责，随即将没收的 200 元钞票当众撕毁，秦某不服，坚持要求商场赔偿。双方争执不下，诉至法院。

资料来源：法制网。

（二）分析提示

本案涉及的主要是鉴定和没收假币的机关和程序的法律问题。根据《中国人民银行法》的相关规定，我国禁止使用假币，只有中国人民银行及其授权的金融机构、公安机关及其他机关对假币可以予以没收。其他机关主要是指海关及工商行政管理部门。中国人民银行拥有对假币的统一管理、最终鉴定权和销毁权。商场等办理日常现金收付的部门，没有没收假币的权力，而应扣留假币，并填写代没收假币的凭据，注明该钞票的面值、号码及拟上交银行的名称等内容，并加盖收款人单位和收款人名称的签章。

（三）回答问题

商场是否有权没收秦某的人民币？本案应当怎样处理？

案例三　林某购买、贩运伪造货币案

（一）案例资料

林某于2007年4月间，在河北石家庄市某旅馆用10 000元人民币购买了面值为100元的伪造人民币1 000张，总值100 000元。然后携假人民币到了山西省太原市，采用以整换零的手段（即通过买少量物品让卖主找钱），以便将假人民币换成物品或真人民币。共用去假人民币2 000元，得物价值200余元，得人民币1 700余元。当林某在某超市用假币付款时，被收银员识破，并报告了公安机关。案发后，林某剩余的假人民币98 000元全部被查获。

资料来源：金时网。

（二）分析提示

本案中，林某的行为已构成购买、运输伪造货币罪。所谓购买、运输伪造货币罪，是指购买伪造的货币或者明知是伪造的货币而运输、数额较大的行为。根据最高人民法院的有关解释，出售、购买或者运输伪造的货币总面值在1 000元以上或者假币量在100张以上的，即可视为达到"数额较大"的标准。林某用10 000元购买伪造的货币100 000元，并由河北携带至山西，数额较大，符合购买、运输伪造货币罪的行为特征。

（三）回答问题

对林某的行为应如何定罪量刑？

第三章 商业银行法

◆ 学习目标 ◆

通过本章的学习,了解商业银行的法律地位、商业银行及其分支机构的设立条件和程序;重点掌握商业银行的资产业务、负债业务、中间业务、商业银行资产风险管理的主要内容、商业银行的贷款流程;明确商业银行的经营原则、商业银行客户的权利和义务;掌握商业银行资产负债比例监控指标、禁止商业银行投资的风险项目、商业银行贷款制度的主要内容,以及商业银行、社会公众违反法律规定所应承担的法律责任。

第一节　商业银行的组织与职能

一、商业银行的特征与职能

（一）商业银行

我国的商业银行是依照《中华人民共和国商业银行法》（以下简称《商业银行法》）和《中华人民共和国公司法》（以下简称《公司法》）设立的吸收公众存款、发放贷款、办理结算等业务的企业法人。商业银行具有以下特征：

（1）商业银行是企业法人。商业银行和所有现代企业一样，是依法成立的，有独立的财产，有自己的名称、组织机构和营业场所，能够独立承担民事责任的法人。

（2）商业银行是经营货币的特殊企业。商业银行是以经营金融资产和金融负债等特殊的借贷资金为主的特殊企业，并为客户提供多种金融服务。而一般工商企业主要经营的是普通的以使用价值形态存在的商品。

（3）商业银行经营的根本目的是利润最大化。商业银行的每项业务都是为了追求利润而开展的。这也是它区别于中央银行和政策性银行最明显的特征。

（二）商业银行的职能

1. 信用中介职能

商业银行通过吸收存款等形式把社会上闲散的货币资金集中到银行里来，再通过贷款和投资等形式，将资金投向国民经济各部门，以此实现资金的融通，并从吸收资金的成本和发放贷款的利息收入、投资收益的差额中获取利润。商业银行通过这种信用中介职能，使资金从盈余单位转向赤字单位，为社会扩大再生产提供所需的资金。

2. 支付中介职能

商业银行通过为客户在银行开立存款账户、为客户办理货币收付和货币结算等业务，成为企事业单位和个人的货币保管者、出纳者和收付代理人。商业银行的这种支付中介职能，使现金的使用量大为减少，支付清算方便而快捷，节约了社会流通费用，加速了资金结算和货币资金的周转。

3. 信用创造职能

商业银行在吸收存款的基础上发放贷款，又在支票流转和转账结算的基础上将贷款转化为存款。在实行部分准备和辗转贷存的基础上，商业银行体系可以创造出超过原始存款倍数的派生存款，增加了社会信用总量，从而具有信用创造职能。

4. 金融服务职能

商业银行以其先进设施和专业知识等优势，为客户提供各种金融服务，如支付结算、票据承兑、代收代付、代客买卖、信托租赁、咨询服务、代客理财、保证付款等中间业务，一方面满足了客户生产和生活方面的融资需求，一方面也增加了吸引客户的手段。

（三）商业银行法

1. 我国的《商业银行法》

为了规范商业银行的行为，保证其信贷资产的质量，维护商业银行的稳健运行，保护商业银行、存款人、借款人及其他客户的合法权益，1995 年 5 月 10 日第八届全国人民代表大会常务委员会第十三次会议通过了《商业银行法》。随着金融改革的推进和金融业的开放，以及金融监管体制的变革，为适应商业银行健康发展的需要，2003 年 12 月 27 日第十届全国人民代表大会常务委员会第六次会议通过了新修订的《商业银行法》，并于 2004 年 2 月 1 日起实施。

《商业银行法》是规定商业银行设立、变更、终止、组织机构、业务范围及其基本业务的法律规范的总称。《商业银行法》不属于基本法律，所以其效力不及属于调整金融关系的基本法律——《中国人民银行法》，其内容和规定不能与《中国人民银行法》相抵触。

2.《商业银行法》的适用范围

概括来说，我国《商业银行法》适用如下金融机构的活动：(1)商业银行（国有商业银行、其他商业银行）的一切经济活动和管理，都适用于本法。(2)在华外国商业银行、中外合资商业银行、外国商业银行在华分支机构，适用于本法。(3)城乡信用社办理存款、贷款、结算等中间业务，适用于本法。但城乡信用社在设立、解散、组织机构等方面不受本法的约束。(4)邮政企业办理的邮政储蓄、小额抵押贷款、汇款业务，适用于本法。但邮政企业的其他活动，不受本法的约束。

二、商业银行的设立与组织机构

（一）商业银行的设立

《商业银行法》明确规定了国务院银行业监督管理委员会（银监会）对商业银行及其分支机构的设立实施许可管理制度，规定了设立商业银行应当具备的条件：

(1) 有符合《商业银行法》和《公司法》规定的章程。商业银行章程是商业银行依照法定程序制定的以书面形式记载的有关商业银行组织机构和行为的基本准则，对股东、董事、监事、行长具有普遍的约束力，是他们必须遵守的行为准则。商业银行章程应当载明下列事项：商业银行名称和住所；经营范围；注册资本；股东姓名或者名称；股东的权利和义务；股东的出资方和出资额；股东转让出资的条件；商业银行机构产生办法、职权、议事规则；商业银行的法定代表人；商业银行的解散事由与清算办法；股东认为需要规定的其他事项。

(2) 有符合《商业银行法》规定的注册资本最低限额。设立商业银行的注册资本最低限额为：全国性商业银行为 10 亿元人民币，城市商业银行为 1 亿元人民币，农村商业银行为5 000万元人民币。注册资本应当是实缴资本。

(3) 有具备任职专业知识和业务工作经验的董事、高级管理人员。商业银行是特殊企业，经营的对象是货币资金，这种极强的专业特征要求商业银行必须有懂得金融专业知识、熟悉金融业务、工作经验丰富的金融管理人员，特别是高级管理人员。否则，就不能有效地开展经营活动。根据相关法律要求，商业银行的董事和高级管理人员应符合以下条件：①国籍要求，担任商业银行法定代表人，应是中华人民共和国公民。②政治要求，能正确贯彻执行国家的经济、金融方针政策，熟悉并遵守有关经济、金融法律法规。③业务要求，具有与担任职务相适应的专业知识和工作经验，具备与担任职务相称的组织管理能力和业务能力。④道德要求，具有公正、诚实、廉洁的品质，工作作风正派。

(4) 有健全的组织机构和管理制度。商业银行的组织机构一般应当包括决策机构、执行机构和监督机构，即股东大会、董事会和监事会。商业银行的管理制度是保证商业银行正常经营的制度，具体可分为经营与管理两个方面，主要包括各种业务规则、办事程序、财务会计、风险管理以及内部控制等规章制度。

(5) 有符合要求的营业场所、安全防范措施和与业务有关的其他设施。营业场所是商业银行开展业务活动的必要前提。作为经营货币的特殊企业，通信、消防、防盗、防抢、报警、保安、计算机网络等是商业银行正常经营必不可少的条件。

(二) 商业银行设立的程序

商业银行设立的程序如下：

(1) 提出申请。设立商业银行应向银监会提出申请。申请书应当载明拟设立的商业银行名称、住所、注册资本、业务范围等重要事项以及其他需要特别说明的事项。

(2) 填写正式申请表。申请人应当填写正式申请表，并向银监会提交下列文件、资料：①章程草案；②拟任职的董事、高级管理人员的资格证明；③法定验资机构出具的验资证明；④股东名册及其出资额、股份；⑤持有注册资本 5%以上的股东的资信证明和有关资料；⑥经营方针和计划；⑦营业场所、安全防范措施和与业务有关的其他设施的资料；⑧银监会规定的其他文件、资料。申请设立商业银行的文件和资料提交银监会后，银监会开始审批工作。

(3) 办理开业登记，领取营业执照。经批准设立的商业银行，由银监会颁发经营许可证，并凭此向工商行政管理部门办理登记，领取营业执照。经营许可证是银监会统一印制和颁发的，准许商业银行按照《商业银行法》的规定开办银行业务的法定证明文件。取得许可证的申请人应当在获得许可证之日起 30 日内到当地工商行政管理局办理开业登记手续，领取营业执照。营业执照的签发日期为商业银行的成立日期。

(三) 商业银行的组织机构

商业银行的组织机构是指商业银行为保证其正常经营，并执行出资人决策而设立的有关机构。商业银行的组织机构包括股东大会、董事会、监事会及行长。

(1) 股东大会。股东大会是商业银行的决策机关，也是最高权力机构，由全体股东组成。股东大会是非常设的会议机关，对商业银行的重大事务行使决议权，股东通过股东大会行使自己的股权。

(2) 董事会。董事会是商业银行的业务执行机关，由股东大会选举产生的董事组成，其成员为 5—19 人。董事会执行股东大会的决议，向股东大会负责并报告工作。董事会负责制定银行的有关经营方案，对银行的经营活动负责。由董事会聘任或者解聘行长，根据行长的提名，聘任或者解聘副行长、财务负责人，决定其报酬事项。董事会设董事长 1 人，设副董事长1—2 人。董事长为商业银行的法定代表人。

(3) 监事会。监事会是商业银行的内部监督机构，其成员由股东大会选举产生的监事组成。监事会的主要职责是代表股东大会检查商业银行的财务，对董事、行长执行职务时违反法律、法规或银行章程的行为实施监督，对董事和行长损害银行利益的行为予以纠正，确保出资人的资产及其权益不受侵犯。

(4) 行长。商业银行行长是商业银行的行政主管，是负责银行业务活动的高级职员。行长由董事会聘任或者解聘，并对董事会负责。行长可以列席董事会会议。行长的主要职责是组织实施董事会决议，主持银行的日常经营管理工作，拟定银行内部机构设置方案和有关管理制度。

(四) 商业银行的分支机构

1. 商业银行分支机构的设立

《商业银行法》规定:"商业银行根据业务需要可以在中华人民共和国境内外设立分支机构。"商业银行的分支机构,是指在它的总行机构以外,依法在境内外各地设立的营业场所或者办事处。

商业银行设立分支机构应具备以下条件:(1)申请设立分支机构的银行,必须是已经设立1年以上,经营业绩良好,无违反金融监管法规的银行;(2)申请设立分支机构的银行,在拟设分支机构地区已经发生的贷款业务应不少于5 000万元人民币;(3)拟设立的分行,应由其总行拨给不少于1亿元人民币的营运资金;(4)拟设立的支行,应由其总行拨给不少于5 000万元人民币的营运资金;(5)设立分支机构的银行拨给各分支行营运资金总和,不得超过总行资本金总额的60%;(6)申请设立分支机构的银行,其资产负债比例,应达到银监会规定的各项管理指标。

商业银行设立分支机构必须经银监会审查批准,并提交下列文件和资料:(1)申请书;(2)申请人近二年的财务会计报告;(3)拟任职的高级管理人员的资格证明;(4)经营方针和计划;(5)营业场所、安全防范措施和与业务有关的其他设施的资料;(6)国务院银行业监督管理机构规定的其他文件、资料。经批准设立的商业银行分支机构,由国务院银行业监督管理机构颁发经营许可证。

2. 商业银行分支机构的地位

商业银行分支机构是商业银行的下属机构,是商业银行实现其经营方针和目标的工具。商业银行必须对分支机构实行集中管理,统一领导。商业银行对分支机构的管理主要是财务管理,实行全行统一核算、资金统一调度、财务分级管理。

商业银行的分支机构是商业银行的组成部分,分支机构不具备法人资格。分支机构不能有独立于本商业银行的法人地位;不能有独立于本商业银行的名称;不能有独立于本商业银行的资产;不能独立承担民事责任,其债务由商业银行总行负责清偿。

第二节 商业银行的业务范围与经营原则

一、商业银行的业务范围

目前,我国采取金融分业经营的政策。根据《商业银行法》的规定,我国的商业银行主要经营四大类业务。

(一) 传统业务

1. 吸收公众存款

吸收公众存款是指商业银行以承诺随时或定期偿付为条件接受存款人货币的行为。它是商业银行接受企事业单位、机关团体、工商户和公民个人存入货币或者转账支票,存款人可以随时或者按照约定时间提取款项的一种信用业务。吸收公众存款是商业银行开展其他业务的基础,是满足商业银行资金来源的主要渠道。

2. 发放短期、中期和长期贷款

发放贷款是指商业银行以借款人偿还本息为条件将货币资金提供给借款人的行为,是商业银行获取利差的业务。根据其期限长短,可以分为短期、中期和长期贷款三种。短期贷款是指期限在1年以内(含1年)的贷款。中期贷款是指期限在1年以上5年以内(含5年)的贷款。长期贷款是指期限在5年以上的贷款。

3. 办理国内外结算

结算是基于商品交易、提供劳务等原因进行的货币收付活动。商业银行可以接受客户的委托,通过结算存款账户转账划拨办理货币的收付。办理国内外结算是商业银行的主要中间业务之一,商业银行按规定收取结算服务费。

4. 办理票据承兑与贴现

承兑是指汇票付款人承诺在汇票到期日支付汇票金额的票据行为。此处所说的汇票付款人是指商业银行,即商业银行为承兑主体。贴现是指商业银行为了向票据持有人提供短期资金融通,而预收利息购入未到期商业票据的行为。

(二) 特定业务

1. 发行金融债券

金融债券是商业银行为筹集中长期资金而面向社会发行的有价证券。商业银行发行金融债券或者到境外借款,应当依照法律、行政法规的规定报经批准。

2. 代理发行、代理兑付、承销政府债券

商业银行可以接受委托代理政府销售政府债券,或者向政府债券的持有人支付到期本息,同时收取手续费。

3. 买卖政府债券、金融债券

是指商业银行在证券市场上通过买入或者卖出政府债券、金融债券而获利的行为。它是商业银行的一种投资行为，有利于保持商业银行资产的流动性。商业银行通过买入和卖出政府债券、金融债券，可以有效地分散风险，获得收益。

4. 从事同业拆借

同业拆借是商业银行之间以借贷的方式融通短期资金的行为。商业银行在金融市场上向其他金融机构按照约定的利率借入、借出短期资金，旨在弥补头寸不足和实现资金的有效周转。

（三）中间业务

1. 买卖、代理买卖外汇

是指商业银行以自身的名义或者以客户的名义在外汇市场上卖出人民币资金、买入外汇资金或者卖出外汇资金、买入人民币资金，以获利或收取手续费的行为。

2. 银行卡业务

银行卡是商业银行向公众发行的具有消费信贷、转账结算、存取现金等功能，作为结算支付工具的各类信用卡的统称。商业银行通过办理银行卡业务，可以增加资金来源，方便快捷地为客户提供小额贷款和各类服务，并收取管理费用以获得收益。

3. 提供信用证服务及担保

所谓信用证，是指商业银行应买方的请求，开给卖方的一种银行保证付款的凭证。开证银行授权卖方在符合信用证规定的条件下，以该行或者指定银行为付款人，开具不超过所定金额的汇票，并按规定的随附单据，按期在指定地点收款。提供信用证服务是商业银行以银行自身的信用来弥补开证申请人信用的不足，因而具有担保履约的功能。

4. 代理收付款项及代理保险业务

代理收付款项是指商业银行利用单位、个人在其开立账户的便利，接受客户的委托，代理客户办理收付款项事宜。代理保险业务是指商业银行接受保险企业的委托，按照事先双方约定的合同代为从事保险经营活动的行为。

5. 提供保管箱服务

保管箱业务是银行接受客户申请，按照业务章程和协议条款，以出租保管箱的形式代客户保管各类物品（违禁品除外）的中间业务。

（四）其他业务

为了适应时代的发展和新的业务需求，商业银行也可以经营上述业务以外的、经银监会批准的其他业务。

二、商业银行的经营原则和经营方针

(一) 商业银行的经营原则

《商业银行法》规定,商业银行的经营管理必须遵循安全性、流动性、效益性原则。

1. 安全性原则

商业银行业务涉及公众利益,与社会的稳定、政治的安定和经济的发展都有密切的关系。《商业银行法》规定了许多措施来保证银行经营过程中的安全性,有关存款准备金、备付金、资本充足比例、流动资金比例、分业经营、限制银行进入证券业和信托业以及房地产业等的法律规定,都是为了确保银行经营的安全、保护存款人的利益、保证金融市场的稳定。

2. 流动性原则

是指商业银行的资金要保持较高程度的经常流动的状态。无论存款人到期支取,还是提前支取,商业银行都要保证支付。如果商业银行不能支付存款人取款,就会引发大规模的挤兑。相反,商业银行贷款一般都要等到合同到期时才能收回,商业银行在借款人没有违约的情况下,不能提前收回贷款。商业银行既要保证支付存款人取款,又不能提前收回贷款,而其库存现金是有限的。所以,为了保证商业银行的支付能力,商业银行必须保证资产的适度流动性。资产的流动性是安全性的基础,没有流动性,商业银行经营不可能安全。

3. 效益性原则

效益性不仅包括商业银行本身的经济效益,而且包括国家宏观经济政策和产业政策指导下的金融业整体效益。商业银行以盈利为目的,效益性应该作为商业银行的重要经营原则之一。

(二) 商业银行的经营方针

1. 自主经营

是指商业银行有权按照自己的意志依法开展经营活动,不受各级政府、政府部门、社会团体、企事业单位及个人的干涉。在依法经营的前提下,商业银行有权自主选择投资项目,自主决定是否发放贷款及贷款数额。

2. 自担风险

就是商业银行用自身的资产来承担债务,商业银行的法律性质是企业,以其全部资产对企业的债务承担责任。

3. 自负盈亏

既然商业银行自主进行经营,理所当然地应享有经营所带来的利润,同时也要承担经营损失。

4. 自我约束

商业银行的自我约束主要体现在两个方面：一是商业银行组成的同业公会或协会组织制定相应章程，参加同业组织的成员都要自觉遵守；二是银行内部必须实行严格的风险管理，建立健全内部规章制度和稽核体系，降低经营风险。

（三）商业银行与客户业务往来所应遵循的原则

商业银行与客户的关系是平等经济主体间的合同关系，在与客户的业务往来中，应当遵循以下原则：

1. 平等、自愿原则

平等原则是指法律地位平等的合同当事人，在权利义务对等的基础上，经过充分协商达成一致，以实现互利互惠的经济利益目的。自愿原则是指商业银行与客户在建立信用关系、办理存贷款等业务活动中，当事人有权自主订立合同并确定合同的内容，一方不得将自己的意志强加给另一方，任何单位和个人不得非法干预合同的订立。

2. 公平和诚实信用原则

公平原则作为合同法的基本原则，要求合同主体本着公平的态度从事合同活动，正确行使权利和履行义务；要求在实现自身权利和利益的同时，履行相应的义务，兼顾他人的权利和社会公共利益。诚实信用原则要求当事人在订立合同时，应陈述真实情况，不得有任何隐瞒、欺诈；在合同履行过程中，应当认真按照合同规定全面履行约定或法定义务；当事人一方因不可抗力不能履行合同或者不能按期履行合同时，应及时通知对方，对方也应积极采取措施减少损失；当事人行使权利，应以善意的方式，在获取利益的同时，应充分尊重他人利益和社会公共利益；发生争议时，当事人要实事求是地协商解决，或按照合同订立时的真实意思，配合法院和仲裁机构进行裁决。

三、对存款人的保护

存款是商业银行接受客户存入资金，并在存款人支取存款时支付本息的一种信用业务。在存款关系中，存款人是债权人，依法享有收回本金和取得利息的权利；商业银行是债务人，负有依法按期支付存款本息的义务。存款人的利益依法受到保护。

（一）对个人储蓄存款的保护

《商业银行法》规定："商业银行办理个人储蓄存款业务，应当遵循存款自愿、取款自由、存款有息、为存款人保密的原则。”储蓄存款是个人将属于其所有的人民币或者外币存入储蓄机构，由储蓄机构开具存折或者存单作为凭证，个人凭存折或者存单可以支取存款本金和利息，储蓄机构依照规定支付存款本金和利息的民事法律行为。在居民储蓄存款活动中，商业银行应遵循以下原则：

1. 存款自愿

储蓄存款是商业银行与居民个人之间形成的一种债权债务关系，是一种借贷协议，因此必须遵循当事人双方自愿的原则。在这一协议中双方当事人的地位是平等的，不允许出现威胁、强迫等违背当事人意愿的情形。

2. 取款自由

这一原则是指储户对于自己的存款有自由支取的权利，即在存款人要求支取存款时，只要符合国家的有关规定和存款人与储蓄机构之间协议的约定，商业银行必须无条件付款，不得以任何理由加以拒绝。

3. 存款有息

这一原则是指储户把自己所有的货币资金暂时让渡给商业银行，商业银行必须按照双方约定的利率、存款种类、存款期限向储户支付利息，不得以任何理由拖延或拒绝支付。

4. 为储户保密

这一原则是指商业银行及其工作人员对储户的存款情况，诸如存款人姓名、账号、存款数额、存款种类、期限、支取、签章式样等有保密的义务。除非有法律、法规的规定，任何单位和个人都不能查询储户的存款情况。个人存款属于私有财产，商业银行有义务尊重这一财产权利，这样才有利于保障存款安全。如果公检法或国家安全机关等因侦察、起诉、审理案件涉及个人存款，需要查询的，有关单位必须依照法律规定进行。

（二）对单位存款的保护

《商业银行法》规定：“对单位存款，商业银行有权拒绝任何单位或者个人查询，但法律、行政法规另有规定的除外；有权拒绝任何单位或者个人冻结、扣划，但法律另有规定的除外。”所谓单位存款是指企业、机关、事业单位和社会团体等在商业银行办理的人民币或外币存款。各单位在商业银行的存款所有权属于存款单位，其依法享有自由支配的权利。作为存款的经营者和保管者，商业银行有义务保障存款单位的合法权益。同时，从维护自身权益的角度来讲，商业银行也有权拒绝任何单位和个人查询、冻结或扣划单位存款。

根据我国有关法律规定，公检法等机关在办理案件或执行公务时有权查询机关、团体、企事业单位有关银行存款或查阅银行相关的会计凭证、账簿等资料。公检法等机关根据侦查犯罪的需要,可以依照法律规定冻结、扣划犯罪嫌疑人的存款。冻结是指有关国家机关向存有被执行人款项的商业银行发出通知,不准许其支取和转移该款项的一种措施。在冻结期间,商业银行不得向被执行人支付该款项,被执行人也无权支配该款项。扣划是指人民法院将被执行人在商业银行的存款强制转划给权利人的一种措施。人民法院采取上述措施,只限于在义务人应履行义务的范围内,并作出裁定,以通知书的形式要求商业银协助执行,商业银行有义务协助执行。

第三节 商业银行的贷款管理

一、商业银行的贷款审查

《商业银行法》规定:"商业银行贷款,应当对借款人的借款用途、偿还能力、还款方式等情况进行严格审查。商业银行贷款,应当实行审贷分离、分级审批的制度。"商业银行受理借款人的申请后,应当对借款人的情况进行全面审查,综合评定信用等级和风险。对借款人提供的情况和资料,特别是对其自有资金、负债程度、借款用途、担保方式等情况,需要调查核实,以测定贷款的风险度。商业银行应该设立贷款审查委员会,对下属分支机构和银行内部机构要实行明确的授权和责任制。商业银行根据贷款的条件和程序自主审查和决定贷款,有权拒绝任何单位和个人强令其发放贷款。

(一) 贷款的审查重点

1. 借款用途

重点审查借款人的用款项目是否明确、是否合法、是否符合国民经济和社会发展的要求、是否与国家产业政策相一致;对国家明令限制的产业和产品,要严格控制贷款的发放;对国家明令禁止生产的产品,不得发放贷款。

2. 偿还能力

重点审查借款人的财务状况,是否有还款保证。例如,借款人能否提供真实可靠的担保,借款人是否处于良好的经营状况、经营管理水平如何,借款人的投资项目能否取得预期利润等。

3. 还款方式

主要是看借款人还款的资金来源是否稳定、充分和合法。

此外,商业银行在贷款时,对借款人的主体资格是否合法、借款人在同行业中的地位如何等情况也要审查,这些情况对借款人能否按期还款也会产生影响。

(二) 审贷分离与分级审批

根据贷款审查管理制度,商业银行的贷款发放部门与贷款审批部门应该分开,即实行审贷分离。贷款发放部门接触客户,审查客户申请贷款的资料,保证资料的真实性,但不能直接决定是否贷款,而应将客户申请贷款资料连同贷前调查资料提交给贷款审批部门。贷款审批部门是一个不能接触客户的部门,它们对申请资料和调查资料进行客观审查,然后决定贷款与否及贷款多少。

分级审批是指商业银行根据其分支机构的资产和负债规模以及经营管理水平确定与其状况相适应的贷款审批权限。商业银行通常以授权的方式确定其分支机构的贷款审批权限。各分支机构只能在上级行核定的权限之内审批贷款。

实行严格的审贷分离和分级审批制度,一是有利于银行内部管理,明确审批责任制;二是有助于控制和约束对关系人的贷款,降低贷款风险;三是避免盲目决策和个人决策重大贷款事项。

二、贷款安全的保证措施

(一) 贷款的担保

《商业银行法》规定:"商业银行贷款,借款人应当提供担保。商业银行应当对保证人的偿还能力,抵押物、质物的权属和价值以及实现抵押权、质权的可行性进行严格审查。经商业银行审查、评估,确认借款人资信良好,确能偿还贷款的,可以不提供担保。"商业银行从事贷款业务,以提供担保贷款为原则。担保贷款是指贷款人向借款人发放贷款时,需要借款人提供一定的物的担保或人的担保作为该项贷款的保证,在借款人不能履行合同义务时,为其担保的保证人必须代为清偿债务,或贷款人将借款人或第三人提供的担保物作价处理并从中得到清偿的一种贷款方式。担保贷款有以下三种形式:保证贷款、抵押贷款、质押贷款。

除担保贷款外,商业银行也可以发放信用贷款。信用贷款是不需要担保和抵押,仅凭借款人的信用就可以得到的贷款。贷款人对借款人发放信用贷款,必须以借款人的营业状况、还款能力、还款意愿等作为条件。商业银行在信用贷款中面临的风险要远大于担保贷款。减少商业银行在信用贷款中面临的风险，关键是在办理信用贷款前，对借款人的状况进行认真审查。

（二）贷款合同的订立

商业银行贷款，应当与借款人订立贷款合同。贷款合同是借款人向贷款人借款，到期返还借款并支付利息的合同。贷款合同采用书面形式。贷款合同应包括以下主要条款：贷款种类、贷款用途、贷款金额、贷款利率、贷款期限、还款方式、违约责任、当事人双方商定的其他条款。

贷款合同订立后，贷款人未按照约定的日期、数额提供贷款，造成借款人损失的，应当赔偿损失。借款人未按照约定的日期、数额收取借款的，应当按照约定的日期、数额支付利息。贷款人按照约定可以检查、监督借款的使用情况。借款人应当按照约定向贷款人定期提供有关财务会计报表等资料。借款人未按照约定的借款用途使用借款的，贷款人可以停止发放借款、提前收回贷款或者解除合同。借款人提前偿还借款的，除当事人另有约定的以外，应当按照实际贷款的期间计算利息。借款人可以在还款期限届满之前向贷款人申请展期。贷款人同意的，可以展期。

三、贷款的禁止性规定

（一）禁止向关系人发放信用贷款

所谓关系人，是指与商业银行有着利害关系的个人，这些人可以凭借这种利害关系或者特殊身份影响商业银行的经营或者管理活动。关系人主要包括两种：一是具有特殊身份的关系人，包括商业银行的董事、监事、管理人员、信贷业务人员及其近亲属；二是与商业银行具有特殊利益关系的人，包括商业银行的董事、监事、管理人员、信贷业务人员及其近亲属投资或者担任高级管理职务的公司、企业和其他经济组织。《商业银行法》严禁商业银行向关系人提供信用贷款的目的，在于防止银行工作人员滥用职权、徇私舞弊，从而造成大量不良资产，使商业银行遭受重大经济损失。同时，也是为了创造公平、公正的贷款环境，防止信贷活动中的内幕交易。

（二）向关系人发放担保贷款的条件限制

《商业银行法》规定："商业银行不得向关系人发放信用贷款；商业银行向关系人发放担保贷款的条件不得优于其他借款人同类贷款的条件。"所谓"优于其他借款人同类贷款的条件"，是指在发放贷款额度、担保贷款条件等方面违反公平原则给予关系人较一般借款人优越的条件。商业银行向其他借款人发放担保贷款，是商业银行与借款人在平等互利、公平自愿和诚实信用的基础上达成的。如果向关系人发放担保贷款的条件优于其他借款人的同类贷款条件，将违反贷款活动的公平原则，也违反市场竞争的基本规则。向关系人发放担保贷款之所以要作出条件限制，是为了保证商业银行贷款的安全性、资产的充分流动性，防止关系人和银行工作人员利用条件优越的贷款谋取个人的利益，给商业银行经营带来风险。

（三）对强令商业银行贷款或提供担保的禁止

《商业银行法》规定："任何单位和个人不得强令商业银行发放贷款或者提供担保。商业银行有权拒绝任何单位和个人强令要求其发放贷款或者提供担保。"商业银行是经营货币的企业法人。无论是单位还是个人，强令商业银行发放贷款或提供担保，会出现以下问题：第一，强令商业银行发放贷款和提供担保，侵犯了商业银行的自主经营权，具有明显的违法性。第二，强令商业银行发放贷款或提供担保，难以符合银行的经营需要，从而违反了商业银行的经营原则，损害了商业银行的利益。第三，强令商业银行发放贷款，不仅违反了平等自愿的原则，而且可能使贷款担保条件明显不公平，从而严重损害银行的利益。第四，强令商业银行发放贷款或提供担保，可能影响银行经营的安全，从而影响银行业甚至整个金融业的稳定，扰乱经济发展的正常秩序。

四、资产负债比例管理制度

所谓资产负债比例管理，是指以商业银行的资本及其负债制约其资产总量及结构。它是以一定的指标来监测的。《商业银行法》规定了具体的资产负债比例管理指标。加强资产负债比例管理，是商业银行防范信贷风险，提高资产质量最有效的方法。资产负债比例管理制度的主要内容如下：

（一）资本充足率

资本充足率是指商业银行的资本应当保持既能经受坏账损失的风险，又能正常营运，达到盈利水平，它是衡量一家银行业务经营状况是否稳健的一个重要标志，直接决定商业银行的最终清偿能力和抵御各类风险的能力。资本是商业银行赖以生存和从事一切业务活动的基础。资本的构成以及它与各种风险资产的比例关系，是资本充足率管理的基本内容。商业银行资本分为核心资本（包括实收资本、资本公积、盈余公积和未分配利润）和附属资本（贷款呆账准备）。资本充足率是指银行资本与经过风险加权后的资产之比。根据《商业银行法》的规定，我国商业银行的资本充足率不得低于8%。如果低于这个比例标准，只能采取两种办法解决：一是增加资本金；二是降低资产水平，减少高风险的资产。

(二) 存贷款比例

存贷款比例是商业银行贷款余额与存款余额的比例。对这一比例进行规定,目的在于控制贷款规模。《商业银行法》规定:"贷款余额与存款余额的比例不得超过75%。"对实行余额考核的商业银行,各项贷款旬末平均余额与各项存款旬末平均余额之比不得超过75%;对于实行增量考核的商业银行,各项贷款旬末平均增加额与各项存款旬末平均增加额之比不得超过75%。我国商业银行资产的主要来源是吸收公众存款,银行在日常经营中必须保证存款人提款。由于法律限制贷款余额不得超过存款余额的75%,所以,当存款余额数量减少时,贷款余额也要相应减少。

(三) 资产流动性比例

资产的流动性是指商业银行为资产的增长筹集资金和履行合同承诺、支付到期债务的能力,即通常所说的商业银行在不发生损失的情况下资产迅速变现的能力。《商业银行法》对资产流动性比例的规定是:"流动性资产余额与流动性负债余额的比例不得低于25%。"流动性资产指1个月内(含1个月)可变现的资产,包括库存资金、在人民银行的存款、存放同业款、国库券、1个月内到期的同业净拆出款、1个月内到期的贷款、1个月内到期的银行承兑汇票、其他证券等。流动性负债指1个月内到期的存款、同业净拆入款。

(四) 对同一借款人的贷款比例

贷款风险往往表现为企业由于各种原因而无力清偿到期银行贷款本息,使银行贷款无法收回,形成坏账损失。商业银行防范这种风险的一个重要措施就是不要将贷款集中于少数几个客户,甚至同一个客户。这样就可以避免商业银行由于少数几个客户的破产倒闭而遭受重大财产损失。因此,《商业银行法》规定:"对同一借款人的贷款余额与商业银行资本余额的比例不得超过10%",以此来分散商业银行贷款的风险。

五、建立内部控制制度

内部控制是商业银行为实现经营目标,通过制定和实施一系列制度、程序和方法,对风险进行事前防范、事中控制、事后监督和纠正的动态过程和机制。商业银行内部控制的目标如下:一是认真贯彻执行国家法律规定和商业银行内部规章制度;二是全面实施和充分实现商业银行的发展战略和经营目标,确保风险管理体系的有效性;三是确保业务记录、财务信息和其他管理信息的及时、真实和完整。

（一）健全法人治理结构

商业银行应当建立良好的公司治理以及分工合理、职责明确、报告关系清晰的组织结构，为内部控制的有效性提供必要的前提条件。商业银行董事会、监事会和高级管理层应当充分认识自身对内部控制所承担的责任。

董事会负责审批商业银行的总体经营战略和重大政策，确定商业银行可以接受的风险水平，批准各项业务的政策、制度和程序，任命高级管理人员，对内部控制的有效性进行监督；董事会应当就内部控制的有效性定期与管理层进行讨论，及时审查管理层、审计机构和监管部门提供的内部控制评估报告，督促管理层落实整改措施。

高级管理层负责执行董事会批准的各项战略、政策、制度和程序，负责建立授权和责任明确、报告关系清晰的组织结构，建立识别、计量和管理风险的程序，并建立和实施健全、有效的内部控制，采取措施纠正内部控制存在的问题。

监事会在实施财务监督的同时，负责对商业银行遵守法律规定的情况以及董事会、管理层履行职责的情况进行监督，要求董事会、管理层纠正损害银行利益的行为。

（二）健全授信内部控制制度

商业银行授信内部控制制度的重点是：实行统一授信管理，健全客户信用风险识别与监测体系，完善授信决策与审批机制，防止对单一客户、关联企业客户和集团客户风险的高度集中，防止违反信贷原则发放关系人贷款和人情贷款，防止信贷资金违规投向高风险领域和用于违法活动。商业银行应当设立独立的授信风险管理部门，对不同币种、不同客户对象、不同种类的授信进行统一管理，避免信用失控。商业银行授信岗位设置应当做到分工合理、职责明确，岗位之间应当相互配合、相互制约。

商业银行应当建立有效的授信决策机制，包括设立审贷委员会，负责审批权限内的授信。审贷委员会审议表决应当遵循集体审议、充分发表意见、多数同意通过的原则，全部意见应当记录存档。被审贷委员会两次否决的贷款申请半年内不得提交审贷委员会审议。

商业银行应当对授信实行统一的法人授权制度，上级机构根据下级机构的风险管理水平、资产质量、所处地区经济环境等因素，合理确定授信审批权限。商业银行应当根据风险大小，对不同种类、期限、担保条件的授信确定不同的审批权限。商业银行各级机构应当明确规定授信审查人、审批人之间的权限和工作程序，严格按照权限和程序审查、审批业务，不得故意绕开审查人、审批人。

（三）健全资产质量监测报告体系

商业银行应严格监测资产质量的变化，分析不良资产形成的原因，及时制定防范和化解风险的对策。为此，应当建立贷款风险分类制度，规范贷款质量的认定标准和程序，确保贷款质量的真实性。商业银行应当建立完善的客户管理信息系统，全面集中掌握客户的资信水平、经营财务状况、偿债能力等信息，对客户进行分类管理，对已列入"黑名单"、有逃废银行债务等行为的资信不良的借款人实施授信禁入。

第四节　商业银行的接管、解散、破产与终止

一、商业银行的接管

（一）接管的目的

所谓商业银行的接管，是指商业银行在运行过程中，发生信用危机或可能发生信用危机，严重影响存款人的利益时，银监会可以对该银行实行接管。接管的目的是对被接管的商业银行采取必要措施，以保护存款人的利益，恢复商业银行的正常经营能力，稳定金融市场秩序，维护社会安定。被接管的商业银行的债权债务关系不因接管而变化。

根据《商业银行法》的规定，银监会在两种情况下可以接管商业银行：(1)该商业银行已经发生了信用危机，严重影响了存款人的利益；(2)该商业银行可能发生信用危机，严重影响存款人利益时。信用危机是指商业银行不能清偿到期债务，陷入经营困境。导致商业银行信用危机的原因是多方面的，例如管理不善、决策严重失误、违法经营等。通过对商业银行的接管，依法控制其业务，并进行业务整改，有可能使商业银行恢复正常经营，从而保护存款人的利益。

接管不是终止被接管的商业银行的经营活动，而是由接管机构采取一定的措施，使其恢复正常的经营能力，其原有业务继续开展，因此，商业银行在被接管期间，其债权债务关系不变，特别是对未到期的债务，债权人不能要求提前清偿。但对到期债务，被接管的商业银行有义务清偿，特别是对到期存款，必须按规定支付本金及利息。接管发生信用危机的商业银行对社会公众影响大、波及面广，因此接管决定应当由银监会予以公告，以便公众知晓和配

合接管工作。

(二) 接管的期限与终止

自接管开始之日,接管机构行使商业银行的经营管理权。在接管期间内,被接管的商业银行原来的管理人员暂时停止工作,由接管机构指定的人员接替他们的管理工作。商业银行是企业法人,即使被接管机构接管后,一切债权债务都由其自身承担,因此接管不能是无期限的。接管期限的长短,应当根据被接管商业银行的实际情况由银监会确定,但接管期限最长不得超过两年。在接管期限内被接管商业银行若不能恢复正常经营能力,则只能让其破产或与其他商业银行合并。

接管终止有两种情况:(1)接管期限届满前,被接管的商业银行由于接管机构采取必要措施,信用危机消除,恢复了正常经营能力,继续接管已经没有必要,此时接管可以终止。(2)接管期限届满前,该商业银行被合并或者被依法宣告破产。如果被接管的商业银行经过一定时期的整顿,银行财务状况继续恶化,不能清偿到期债务,商业银行可以进行合并或者被依法宣告破产。被接管的商业银行债权、债务转移给合并后的或新成立的商业银行,或者由人民法院依法宣告破产,进行债务清理。

二、商业银行的解散

商业银行的解散是指商业银行因出现银行章程规定的解散事由等致使法人资格消灭的行为和事实。另外,商业银行还可能因为合并、分立而解散。

(一) 商业银行解散的原因

1. 合并

合并有两种情形:一是新设合并,两家或两家以上的商业银行合并为一家银行,参加合并的商业银行宣告解散。因合并而解散的银行要向银监会提出申请,说明解散的理由和保证支付存款本息等债务的计划。二是吸收合并,一家商业银行将另一家商业银行合并,被吸收方解散。商业银行应当自作出合并决议之日起10日内通知各债权人,于30日内公告三次,债权人自接到通知书之日起30日内,未接到通知书的自第一次公告之日起90日内,有权要求商业银行清偿债务或者提供相应的担保,不清偿债务或者不提供相应的担保的,商业银行不得合并。

2. 分立

分立是指一家商业银行按照法律的规定和协议的约定分散为两家或两家以上商业银行的法律行为。它包括两种形式:派生分立和新设分立。派生分立是指一家商业银行用其部分财产和业务另设一家或一家以上的新商业银行，原商业银行继续存在。派生分立不存在解散的问题，对新设立的商业银行而言，属于设立的问题；对原商业银行而言，属于变更的问题，需按规定办理变更的手续。新设分立是指一家商业银行的全部财产分别归入两家或两家以上的新商业银行，原商业银行解散。商业银行应当自作出分立决议之日起 10 日内通知债权人，并于 30 日内公告三次，债权人自接到通知书之日起 30 日内，未接到通知书的自第一次公告之日起 90 日内，有权要求商业银行清偿债务或者提供相应的担保，不清偿债务或者不提供相应的担保的，商业银行不得分立。

3. 出现章程规定的解散事由。例如，商业银行章程规定，当银行开业满两年时，仍不能实现盈利，在报经批准后，商业银行可以解散并进行清算。

（二）商业银行解散的程序

1. 向银监会提出申请

商业银行出现合并、分立或者章程规定的解散事由时，应当向银监会提出解散申请，并附上解散理由和债务清偿计划。

2. 审查批准

银监会在审查商业银行提交的解散申请时，要考虑解散的理由是否充分、是否符合法律的规定、是否严格依照法律规定的程序办理。

3. 清算

商业银行经银监会批准解散后，应当进入解散清算程序，即应当依法成立清算组，按照清偿计划及时偿还存款本息等债务。银监会监督清算过程。

三、商业银行的破产

商业银行破产是指商业银行在资不抵债、不能支付到期债务的情况下，依照法定程序由人民法院参与处理债务清偿事宜，从而终止商业银行经营的一项法律制度。

（一）破产条件

商业银行的破产条件比一般企业的破产条件严格，包括以下方面：

(1) 不能支付到期的债务。商业银行发生严重的信用危机，不能清偿到期债务，即不能及时支付存款人的本息，而且丧失正常经营能力，意味着其达到了法律规定的破产界限。

(2) 银监会审批。商业银行是经营货币业务的特殊企业法人，其债权人范围之广、社会影响之大是其他企业法人所无法比拟的。因此，它的破产条件更严格。无论是债权人申请破产，还是商业银行自己申请破产，都必须经银监会审批，不能直接向人民法院申请破产。

(3) 由人民法院宣告破产。根据《民事诉讼法》的规定，只有人民法院有权宣告商业银行破产，其他任何单位或个人均无权宣告商业银行破产。

(二) 破产清理

根据法律规定，商业银行被宣告破产后的财产清偿顺序如下：(1)清算费用；(2)破产商业银行所欠职工工资和劳动保险费用；(3)居民储蓄存款本息；(4)破产商业银行所欠税款；(5)其他债务。上述工作结束后，进行注销登记和注销公告。

四、商业银行的终止

商业银行的终止，又称商业银行的消灭，是指商业银行因出现法律规定的或者章程约定的情形，其主体资格归于消灭的法律行为。能够引起商业银行终止的法定原因有以下三种情形。

(一) 商业银行的解散

商业银行的解散是指商业银行因分立、合并，或者出现公司章程规定的解散事由而主动申请消灭其主体资格的行为。因解散而引起的商业银行的终止属自动终止的范畴，它须经申述理由、上报批准，才能停止营业，予以终止。

(二) 商业银行的撤销

商业银行的撤销是指商业银行在经营活动中因连续停业、连年亏损、在申请设立过程中提供虚假材料或实施了严重违法行为，严重损害了国家、集体和社会公众利益，而依法被金融管理机关勒令停业，强制取消其主体资格的行为。

(三) 商业银行的破产

商业银行被宣告破产是指商业银行因严重亏损，无力清偿到期债务，经过债权人或者自己的申请，经银监会批准，由人民法院裁定宣告破产，并以商业银行的全部资产清偿债务的情况。

商业银行的终止，表明商业银行法人资格的丧失并从市场中退出。商业银行的终止是重大的金融市场活动，必须经银监会批准，并按照有关法律法规的规定办理。

第五节　违反《商业银行法》的法律责任

法律责任是指违法者对违法行为所承担的具有强制性的法律上的责任。法律责任同违法行为紧密相连，只有实施某种违法行为的人（包括法人），才承担相应的法律责任。《商业银行法》规定的法律责任主体包括商业银行、商业银行的工作人员、借款人以及其他单位和个人；法律责任形式包括民事责任、行政责任和刑事责任。

一、民事责任

根据《商业银行法》的规定，商业银行有下列情形之一，对存款人或者其他客户造成财产损失的，应当承担支付迟延履行的利息以及其他民事责任。

1. 无故拖延、拒绝支付存款本金和利息的

存款期限届满，存款人有权选择是否续存、续存款的数量，以及续存的时间。这是存款自愿原则的体现。《商业银行法》规定："商业银行应当保证存款本金和利息的支付，不得拖延、拒绝支付存款本金和利息。"无故拖延、拒绝支付存款本金和利息，是商业银行的一种违约行为，由此给客户造成财产损失的，应当承担违约责任。

2. 违反票据业务规定，不予付款、不予入账，压单、压票、退票的

票据以其流通性为其本质特征。如果商业银行无故压单、压票或随意退票，必然影响票据的合法正常使用和流通。《商业银行法》规定："商业银行办理票据承兑、汇兑、委托收款等结算业务，应当按照规定的期限兑现，收付入账，不得压单、压票或者违反规定退票。有关兑现、收付入账期限的规定应当公布。"凡因违反结算业务规定，对票据不予兑现、不予入账，压单、压票或者违反规定退票，给当事人造成损失的，应负赔偿责任。

3. 非法查询、冻结、扣划个人储蓄存款或者单位存款的

居民的储蓄存款是公民个人财产的重要组成部分，公民的合法财产受法律保护，禁止任何组织或者个人非法冻结、没收。商业银行办理个人储蓄存款业务，应当遵循为存款人保密的原则。除法律有规定的外，商业银行有权拒绝任何单位或者个人查询、冻结、扣划。如果商业银行未经法定程序，允许其他单位或者个人查询、冻结、扣划存款人的储蓄存款，例如允许没有法律、行政法规授权的单位或者个人进行上述行为，从而泄露存款人的隐私，或者

使存款非法被冻结、扣划，从而给存款人的财产造成损失，商业银行必须向存款人承担损害赔偿责任。如果商业银行违反法定程序，允许没有法律、行政法规授权的单位或者个人查询、冻结、扣划单位的存款，从而侵犯单位的商业秘密，或者使存款单位蒙受经济损失的，商业银行应承担损害赔偿责任。

4. 违反法律规定对存款人或其他客户造成损害的其他行为

由于商业银行的资金主要来源于客户的存款，保护存款人或者其他客户的利益至关重要。只要商业银行有故意损害存款人利益的行为，都应当依法承担违约责任。例如，当出现客户信用卡上的存款被人划转的情况，尽管出现这种情况的原因可能与刑事犯罪有关，但与商业银行的管理不善也有直接关系，因此，商业银行也应承担一定的责任。

二、行政责任

（一）承担行政责任的违法行为

《商业银行法》规定，商业银行有下列情形之一，应承担相应的行政责任。

1. 在组织机构方面的违法行为

（1）未经批准设立分支机构的。商业银行设立分支机构必须经银监会审查批准。因此，对商业银行擅自设立分支机构的，银监会有权依照法律规定对其给予行政处罚。

（2）未经批准分立、合并的。商业银行的分立、合并应当经银监会审查批准。商业银行未经批准分立、合并的，银监会有权依照法律规定对其给予行政处罚。

（3）违反规定对变更事项不报批的。商业银行变更名称、注册资本、总行或者分支行所在地、调整业务范围、变更持有资本总额或者股份总额5%以上的修改章程等事项，应当经银监会批准。商业银行未经批准变更上述事项的，银监会有权依照法律规定对其给予行政处罚。

2. 在经营业务方面的违法行为

（1）违反规定提高或者降低利率以及采用其他不正当手段，吸收存款，发放贷款的。《商业银行法》规定，商业银行不得违反规定提高或降低利率以及采取其他不正当手段，吸收存款，发放贷款。商业银行违反此项规定的，银监会有权依照法律规定对其给予行政处罚。

（2）出租、出借经营许可证的。《商业银行法》规定，商业银行应当依照法律、行政法规的规定使用经营许可证，禁止出租、出借经营许可证。商业银行违反此项规定的，银监会有权依照法律规定对其给予行政处罚。

（3）未经批准买卖、代理买卖外汇的。商业银行从事买卖、代理买卖外汇的业务，应当报经银监会批准。商业银行未经批准从事此项业务的，银监会有权依照法律规定对其给予行政处罚。

(4) 未经批准发行金融债券、买卖政府债券或者金融债券的。《商业银行法》规定，商业银行发行金融债券或者买卖政府债券、金融债券，应当报经银监会批准。商业银行未经批准发行金融债券或者买卖政府债券、金融债券的，银监会有权依照法律规定对其给予行政处罚。

(5) 违反国家规定从事信托投资和证券经营业务、向非自用不动产投资或者向非银行金融机构和企业投资的。《商业银行法》规定，商业银行在中华人民共和国境内不得从事信托投资和证券经营业务，不得向非自用不动产投资或者向非银行金融机构和企业投资，但国家另有规定的除外。商业银行违反上述规定的，银监会有权依照法律规定对其给予行政处罚。

(6) 向关系人发放信用贷款或者发放担保贷款的条件优于其他借款人同类贷款的条件的。《商业银行法》规定，商业银行不得向关系人发放信用贷款；向关系人发放担保贷款的条件不得优于其他借款人同类贷款的条件。商业银行违反此项规定的，银监会有权依照法律规定对其给予行政处罚。

(二) 行政处罚的具体形式

(1) 责令改正。责令改正是银监会依法对有违法行为的商业银行所采取的一种行政处罚措施，一般是要求商业银行将违法行为恢复到违法以前的合法状态。

(2) 没收违法所得。根据《商业银行法》的规定，商业银行如果通过实施违法行为而获得收益的，该收益将被视为违法所得而予以没收。

(3) 罚款。根据《商业银行法》的规定，凡商业银行实施了上述所列违法行为的，无论是否有违法所得，银监会都可以予以罚款。罚款与没收违法所得可以并用，监管机构一般是根据违法所得确定罚款的标准。根据《商业银行法》的规定，商业银行因实施了上述违法行为而有违法所得，监管部门要没收违法所得，并处以违法所得 1 倍以上 5 倍以下的罚款；违法所得不足 50 万元的，没收违法所得，并处以 50 万元以上 200 万元以下罚款；对没有违法所得的，处以 50 万元以上 200 万元以下的罚款。

(4) 责令停业整顿。责令停业整顿是对实施上述所列违法行为的商业银行的一种更为严厉的惩罚。这种行政处罚只在两种情况下适用，一是违法行为情节特别严重。所谓情节特别严重，是指行为人实施违法行为的手段特别恶劣，违法行为所造成的社会影响特别重大；二是商业银行受到责令改正的行政处罚后，逾期仍不改正其违法行为。

（5）吊销经营许可证。根据《商业银行法》的规定，对实施上述所列违法行为情节特别严重或逾期不改正违法行为的，银监会可以吊销商业银行的经营许可证，终止其经营活动。

（6）对主要负责人和责任人的纪律处分。商业银行在实施上述违法活动中，情节轻微、未造成重大社会影响的，对主要负责人及责任人应给予纪律处分，纪律处分的种类包括：警告、记过、记大过、降级、撤职、开除等。是否给予纪律处分，应由商业银行所在金融机构或者上级金融机构决定。商业银行的工作人员如果受到纪律处分，就会直接关系到他的任职资格，以及能否继续从业。按照有关规定，金融机构的工作人员受到开除的纪律处分的，终身不得在金融机构工作。

商业银行在实施上述违法行为过程中，如果情节特别严重，并造成重大社会影响，构成犯罪的，应依法追究主要负责人及责任人的刑事责任。

三、刑事责任

刑事责任指犯罪人因实施犯罪行为所应承担的法律后果。追究刑事责任是通过对行为人实施刑罚处罚来实现的。商业银行实施下列行为，应追究刑事责任。

（1）拒绝或者阻碍监管部门检查监督。商业银行拒绝或者阻碍银监会、中国人民银行检查监督的，如果情节严重，例如以暴力、威胁方法阻碍银监会、中国人民银行工作人员依法开展检查工作，按照我国《刑法》的规定，构成妨害公务罪。

（2）提供虚假的或者隐瞒重要事实的财务会计报告。商业银行为了逃避监管，欺骗银监会，而向银监会提供虚假的或者隐瞒重要事实的财务会计报告、报表和统计报表。依照我国《刑法》的规定，追究直接负责的主管人员和其他直接责任人员的刑事责任。

（3）非法吸收或者变相吸收公众存款。未经银监会批准，擅自设立商业银行并非法吸收公众存款、变相吸收公众存款，构成非法吸收或者变相吸收公众存款罪，应依法追究刑事责任。

（4）伪造、变造、转让商业银行经营许可证。所谓“伪造”，是指仿照金融机构经营许可证的格式、内容等，擅自制作不真实的金融机构经营许可证的行为；所谓“变造”，是指采用涂改、擦抹、拼接等方法，对真实的金融机构经营许可证进行加工、改制，改变其本来内容或形式，使之适合自己或他人需要的行为；所谓“转让”，是指把金融机构经营许可证交给他人使用，它既可以是有偿的(如出租、买卖等),也可以是无偿的(如出借等)。上述行为违反了国家金融管理制度,扰乱了正常的金融秩序,应依法追究刑事责任。

(5) 商业银行的工作人员在金融业务活动中利用职务上的便利,索取他人财物的,或者非法收受他人财物,为他人谋取利益的,构成受贿罪。违反国家规定,收受各种名义的回扣、手续费,归个人所有的,以受贿罪论处。

(6) 商业银行的工作人员利用职务上的便利,挪用本单位或者客户资金归个人使用,进行非法活动的;或者挪用公款数额较大、进行盈利活动的;或者挪用公款数额较大、超过三个月未还的,以挪用公款罪论处。

(7) 商业银行的工作人员利用职务上的便利,侵吞、窃取、骗取或者以其他手段非法占有公共财物的,构成贪污罪。

(8) 商业银行的工作人员违反规定,玩忽职守造成重大经济损失的,应追究刑事责任。例如,商业银行直接负责的主管人员在签订、履行合同过程中,因严重不负责任被诈骗,致使商业银行利益遭受重大损失的,构成玩忽职守罪。

(9) 借款人采取欺诈手段骗取贷款的,构成贷款诈骗罪。欺诈手段主要是采取虚构事实或隐瞒真相。虚构事实是指编造客观上不存在的事实,以骗取银行或者其他金融机构的信任;隐瞒真相是指有意掩盖客观存在的某些事实,使银行或者其他金融机构产生错觉。行为人诈骗贷款所使用的方法主要有以下几种形式:一是编造引进资金、项目等虚假理由;二是使用虚假的经济合同;三是使用虚假的证明文件;四是使用虚假的产权证明作担保或者超出抵押物价值重复担保;五是以其他方法诈骗贷款。由于行为人采用上述方法申请贷款,必然使银行或者其他金融机构对行为人的实际借款用途、偿还能力、资信状况、担保的真实可靠性等情况产生错误判断,从而相信行为人符合贷款条件而发放贷款。根据《商业银行法》的规定,借款人以非法占有为目的,采取虚构事实、隐瞒真相的方法诈骗银行或其他金融机构贷款,数额较大的,构成贷款诈骗罪,应依法追究刑事责任。

【本章小结】

商业银行是依照《商业银行法》和《公司法》设立的吸收公众存款、发放贷款、办理结算等业务的企业法人。其组织机构包括股东大会、董事会、监事会及行长。

商业银行依照安全性、流动性、效益性原则开展经营活动。商业银行的经营方针是自主经营、自担风险、自负盈亏、自我约束。商业银行与客户业务往来应遵循平等、自愿、公平和诚实信用原则。

商业银行贷款,应当对借款人的借款用途、偿还能力、还款方式等情况进行严格审查,并实行审贷分离、分级审批的制度。商业银行应该设立贷款审查委员会,对分支机构和银行内部机构要实行明确的授权和责任制。商业银行根据贷款的条件和程序自主审查和决定贷款,有权拒绝任何单位和个人强令其发放贷款。

商业银行作为金融企业,当其发生信用危机,严重影响客户的利益时,由银监会负责进行接管,接管期限届满,不能恢复正常经营能力,该商业银行将被合并或依法宣告破产。

【复习思考题】

一、名词解释

商业银行　商业银行法　自主经营　结算　贴现　贷款合同　关系人　内部控制　分立　接管

二、问答题

1. 设立商业银行应当具备哪些条件?
2. 简述商业银行的组织机构。
3. 商业银行的经营原则是什么?
4. 简述商业银行的审贷分离和分级审批制度。
5. 商业银行怎样对存款人的利益进行保护?
6. 简述商业银行的破产条件。

三、论述题

1. 综述我国商业银行的业务范围。
2. 阐述资产负债比例管理制度的主要内容。
3. 综述商业银行贷款的禁止性规定。
4. 商业银行工作人员实施哪些行为应追究刑事责任?

四、案例分析

案例一　金融机构工作人员挪用储户存款案

(一) 案例资料

王某在担任某银行代办员期间,利用为储户存款的机会,采用虚报的手法,挪用10户居民的10笔存款中的现金共计50 000元。该行为被发现后，王某于2005年2月潜逃外地，后回到工作地向检察机关投案自首，供述了其挪用存款的全部事实。此后他退还银行20 000元，尚有30 000元无力归还。2006年2月王某所在地人民法院以挪用资金罪依法判处王某有期徒刑6个月，并判令对其未归还的挪用款30 000元予以追缴，返还银行。被挪用存款的储户之一李某多次找该银行要求兑付其存款4 000元，银行以存款被王某挪用、王某应返还款尚未到位为由拒绝兑付存款。2006年4月，李某将该银行诉至法院。

资料来源：《金融时报》。

（二）分析提示

该案是由银行代办员违法挪用银行存款资金引发在储户和银行之间的一起存单纠纷案件。当储户将钱款交付给银行，银行给储户出具存单后，双方即形成存款合同关系，根据“存款自愿、取款自由”的储蓄原则，银行有义务随时兑付存款。

本案中原告李某提供的存款单是真实有效的，银行不能向人民法院提供该存款关系不真实的证据，反而以存款已被代办员王某挪用、王某返还款尚未到位为由拒绝兑付存款，系违约行为，应当承担违约责任；代办员王某挪用银行存款，系金融机构的内部行为，司法机关已追究其刑事责任并判令其将挪用款返还银行，无论王某是否已将挪用款返还完毕，均不影响银行履行对储户负有的兑付存款的义务。

（三）回答问题

银行代办员王某应承担什么法律责任？李某的行为所造成的损失应由谁来承担？

案例二　某商业银行与客户存单纠纷案

（一）案例资料

某市商业银行营业员刘某在2006年5月的一天在前台营业厅值班时，卢某拿来60万元现金办理为期一年的定期存款，刘某办好储蓄存款手续后，将一张面额60万元、为期一年的人民币定期存单交给了卢某。随后刘某神秘失踪。一年后，卢某持60万元定期存单要求银行支付本金和利息，银行人员进行查对后，发现银行的进账单及相应手续上均记载卢某只存款30万元，而不是60万元，因此，银行拒绝支付，卢某与银行协商未果，遂将银行作为被告向法院起诉，要求法院判令被告立即支付原告60万元的本金及相应的利息。

资料来源：金时网。

（二）分析提示

《商业银行法》第33条规定，商业银行应当保证存款本金和利息的支付，不得拖延、拒绝支付存款本金和利息。存单是原告与被告之间存款合同的有效证明。只要存单形式要件齐全，银行不能提供否定存单记载内容的有力证据，就应依存单记载承担责任。本案中，银行提供的相应手续上的记载是银行的自制凭证，不能单独作为存款合同内容的有效证明。因此银行不能依据进账单及相应手续上的记载内容抗辩卢某存单上的内容。

（三）回答问题

卢某的定期存单是否真实有效？银行是否应承担还本付息的责任？

案例三　张某诈骗贷款案

（一）案例资料

张某系某市商业银行会计。2005年12月，张某的弟弟所开办的个体企业需50万元流动资金，遂委托张某帮助办理此事。因金融系统规定贷款必须有担保，张某为达到给其弟贷款的目的，利用职务之便，伪造了两张本银行的假存折，共计金额60万元，以其做抵押物，于2006年1月从与其所在的商业银行无隶属关系的另一家商业银行贷款50万元，并划入其弟的个体企业账户。贷款到期后，由于该个体企业不景气，贷款银行经多次催要，到2007年1月，仅归还本金10万元及贷款利息，其余40万元本金无力偿还。贷款银行遂把借款人告上法院，法院在案件审理过程中，发现了存折伪造的问题。

资料来源：中国法制网。

（二）分析提示

本案中，张某以欺骗的手段骗取商业银行贷款，侵犯了商业银行对贷款的所有权，同时也侵犯了国家金融管理制度。本案中，张某故意以假存折骗取贷款，以达到让其弟暂时非法占有商业银行贷款的目的，其行为已构成诈骗贷款罪。所谓诈骗贷款罪，是指以非法占有为目的，编造引进资金、项目等虚假理由，使用虚假的经济合同，使用虚假的证明文件，使用虚假的产权证明作担保、超出抵押物价值重复担保或者以其他方法，骗取银行或者其他金融机构的贷款，数额较大的行为。本案中，张某为了获取银行贷款提供虚假存折做抵押物，目的在于隐瞒事实真相，使贷款银行的工作人员产生一种错误判断，即相信贷款到期后借款人具有偿还贷款能力，从而骗取贷款。

（三）回答问题

张某的行为是否构成犯罪？应受何种法律制裁？

第四章 票据法

◆ 学习目标 ◆

通过本章的学习，了解票据的概念和特征、票据法律关系的概念和种类、本票和支票制度的主要内容；掌握票据权利的种类和票据权利的行使，汇票的基本特征和当事人，汇票的背书、承兑制度，涉外票据的法律适用范围；重点掌握票据行为制度的主要内容、票据抗辩的概念，以及汇票的付款和追索权制度。

第一节 票据法概述

我国的票据承兑和贴现业务是从20世纪80年代开始的。1981年,上海开始试办贴现业务。1985年,全国各地开展了票据承兑和贴现业务。1986年,中国人民银行开始办理再贴现业务。在此期间,中国人民银行颁发了若干票据流通方面的管理办法,对票据行为进行规范。1995年5月10日,第八届全国人民代表大会常务委员会第十三次会议通过了《中华人民共和国票据法》(以下简称《票据法》),自1996年1月1日起施行。《票据法》全面规范了票据当事人的权利、义务关系,为促进票据的正常使用和流通提供了法律保障,标志着我国票据活动进入到法制化管理的轨道。

一、票据概述

(一) 票据及其法律特征

1. 票据

票据是出票人依据票据法签发的,由自己或委托他人于票据到期日或见票时无条件支付一定金额给收款人或持票人的一种有价证券。

各国票据立法对票据的种类均采取法定主义,即由票据法对票据的种类作出明确的规定,不允许有法律规定以外的票据存在。根据票据法的规定,我国的票据分为汇票、本票和支票三种。

2. 票据的法律特征

(1) 票据是设权证券。即票据权利的产生必须首先做成票据。在票据做成之前,票据权利是不存在的。票据权利是随着票据的做成同时发生的。没有票据,就没有票据权利。票据的签发,不是为了证明已经存在的权利,而是为了创设一种权利。这就是票据的设权性。

(2) 票据是要式证券。票据法严格规定了票据的做成格式和记载事项。不按票据法的规定进行票据事项的记载,就会影响票据的效力甚至会导致票据的无效。此外,在票据上所发生的一切行为,如出票、承兑、保证、背书、付款、追索等,也必须严格按照票据法规定的程序和方式进行,否则无效。这就是票据的要式性。

(3) 票据是文义证券。票据的一切权利义务必须严格依票据上记载的文字而定,不得以票据以外的任何事由变更其效力。

(4) 票据是无因证券。票据的持票人行使票据权利时，不必证明其取得票据的原因，仅依票据上所载文义就可以请求给付一定金额的货币。

(5) 票据是金钱证券。票据是以支付一定金额货币为目的的有价证券，凡以金钱以外的物品为给付标的的，都不是票据法所称的票据。

(6) 票据是流通证券。票据的一个基本功能就是流通，经背书或单纯交付即可让与他人。一般说来，无记名票据可以单纯交付而转让；记名票据须经背书交付才能转让，且转让时无须通知债务人，这就是票据的流通性。

(7) 票据是返还证券。票据债权人获得了票据金额后，必须将票据交还。付款人是主债务人时，付款后票据关系消灭；付款人为次债务人时，付款后可向其前手追索。

（二）票据法及其特征

1. 票据法

广义的票据法是指涉及票据关系调整的各种法律规范，既包括专门的票据法律、法规，也包括其他法律、法规中有关票据的规范。一般意义上所说的票据法是指狭义的票据法，即专门的票据法律规范，它是规定票据的种类、形式和内容，明确票据当事人之间的权利义务，调整因票据而发生的各种社会关系的法律规范。

2. 票据法的特征

(1) 票据法是强制法。第一，票据的种类是法定的，不得由当事人任意创设；第二，票据上记载的事项是法定的，绝对事项不能随意减少；第三，票据行为的方式是法定的。

(2) 票据法具有高度的技术性。票据法中的规定大多都是技术性的，如承兑必须在票据的正面进行，背书必须在票据的背面或粘单上进行。当事人要使用票据就必须遵循这些技术性要求，否则就要承担不利的后果。

(3) 票据法是本国法，但包含着国际统一性。一国的票据法是由本国的立法机关制定的，是为本国经济服务的，因而是国内法。但由于商贸活动无国界，票据会随着商业信用活动而流通到他国。要促进本国商贸的发展，更好地融入国际经济生活，必须使本国的票据法与国际性票据法相一致。

二、票据法律关系

（一）票据法律关系及其分类

票据法律关系是指有关当事人之间因设立、变更或消灭票据上的权利义务而表现的一种票据债权债务关系，以及与票据相关的法律关系。票据法律关系可分为票据关系和非票据关系。

1. 票据关系

票据关系是基于票据行为人产生的权利义务关系。例如,出票人与收款人之间的关系,收款人与付款人之间的关系,背书人与被背书人之间的关系等。

2. 非票据关系

非票据关系是基于票据法和其他法律的规定而产生的权利义务关系,包括票据原因关系、票据资金关系和票据预约关系。票据原因关系是指票据当事人之间授受票据的理由,如出票人与收款人之间签发和接受票据的理由、背书人与被背书人之间转让票据的理由等。票据资金关系是指汇票出票人和付款人、支票出票人与付款银行或其他资金义务人所发生的法律关系,即出票人之所以委托付款人进行付款的原因。一般说来,资金关系的存在或有效与否,均不影响票据的效力。票据预约关系是指票据当事人在授受票据之前,就票据的种类、金额、到期日、付款地等事项达成协议而产生的法律关系。

根据《票据法》的有关规定,票据关系和原因关系是分离的。例如,甲和乙进行商品的买卖,甲交付了一批货物,乙开出转账支票和甲进行交易。只要乙的支票开出,乙就是出票人,在甲和乙之间形成了两种关系:一种是甲和乙之间就购买货物所形成的买卖关系,此时甲是卖主,乙是买主;另一种是甲和乙之间的票据关系,乙是出票人,甲是持票人。如果甲将这张转账支票进行背书,转让给丙,此时丙成为持票人。如果甲和乙之间的买卖关系由于甲不能及时交货或者交付的货物不符合质量要求,买卖合同的履行出现了问题,但是这种问题并不影响票据的效力,对于票据产生的原因关系——买卖关系在此时效力的欠缺,票据是可以不受影响的。因此,在理论上是将票据关系和产生票据的原因关系相区分的,这样做有利于票据的流通。

(二) 票据法律关系的当事人

1. 基本当事人

是指在票据发行时就已存在的当事人,包括出票人、收款人与付款人三种。汇票及支票涉及的当事人有出票人、付款人与收款人,本票涉及的当事人有出票人与收款人。基本当事人是构成票据上的法律关系的必要主体,这种主体不存在或不完全,票据上的法律关系就不能成立,票据也就无效。

2. 非基本当事人

是指在票据发出后通过各种票据行为而加入票据关系中成为票据当事人的人,如承兑人、保证人、背书人、参加付款人、预备付款人等。

(三) 票据法律关系的构成要素

票据法律关系由票据关系的主体、客体和内容三大要素构成。

1. 票据关系的主体

是指在票据关系中享有票据权利、承担票据责任的人，即票据当事人，如出票人、收款人、付款人、背书人、承兑人、保证人、持票人等都是票据当事人。

2. 票据关系的客体

是指票据当事人的权利义务所指向的对象，即票据上载明的金额。

3. 票据关系的内容

在票据关系中，票据当事人享有的票据权利、承担的票据义务是票据关系的内容。票据关系的内容分为两类：一类是债权人的付款请求权与债务人的付款义务；一类是债权人的追索权与债务人的偿付义务。

三、票据行为

(一) 票据行为及其特征

1. 票据行为

票据行为是指设立、变更或消灭票据法律关系的合法活动，包括出票、背书、承兑、保证、付款等活动。所有的票据行为均以出票为其他票据行为产生的前提条件，所以，人们将出票行为称为主票据行为，将在主票据行为的基础上产生的背书、承兑和保证等行为称为从票据行为。当主票据行为有效时，从票据行为才能有效存在；当主票据行为无效时，从票据行为也得不到法律的保护。

2. 票据行为的特征

票据行为除了具有前述票据所具有的要式性、无因性和文义性三个特征之外，还有独立性这个特征。独立性是指在同一票据上有多种票据行为存在时，各种票据行为依据各自在票据上所记载的文义内容，独立发生效力，一种行为的无效，不影响其他行为的效力。例如，甲是无民事行为能力人，在某票据上进行了签章并背书转让给了乙，乙又背书转让给了丙，丙又背书转让给了丁。对于此张票据上所载的责任的承担，由于甲是无民事行为能力人，甲的记载是无效的，因此甲无需承担票据上的责任，但是在甲以后签章的乙、丙、丁等人应当履行自己的票据责任，同时不能提出抗辩。

(二) 票据行为的种类

1. 出票

指行为人在统一规定样式的专用票据上，按《票据法》规定填写绝对必须记载的事项，签章并将其交给收款人的票据行为。出票的行为人为出票人；

接受票据交付的人为收款人或持票人。

2. 背书

是以转让票据权利或者将一定的票据权利授予他人行使为目的，在票据背面或粘单上记载有关事项并签章的票据行为。背书的行为人称为背书人，接受其交付的人称为被背书人。

3. 承兑

是付款人对出票人在出票时在票据上所作的付款委托经过选择后作出的承诺，承诺在票据到期日支付票据金额的票据行为。

4. 保证

指票据债务人以外的人为担保票据债务的履行，在已发行的票据上(或粘单上)所作的、承诺愿意与被保证人负相同票据责任的票据行为。保证具有增强票据信用、确保交易安全的作用。

(三) 票据行为人的责任

1. 出票人的责任

按照《票据法》的规定，出票人应当在出票时按照法律的规定进行记载、签章，并且按照票据记载的事项承担票据责任。如必须填写真实姓名，不得使用假名；法人和其他单位在票据上签章，应是法人或者其他单位的印章加上法定代表人或者其授权的代理人的签章。同时，出票人应当对票据上记载的内容负责。

2. 持票人的责任

持票人在行使票据权利时，一方面应该在票据上进行签章，另一方面应该出示持有的票据，以此来证明自己是票据的权利人，而无须其他证明。

3. 其他票据债务人的责任

只要在票据上进行了相关的记载，就应当承担相应的责任。同时其他票据债务人仅仅就自己的记载承担责任，而其他任何书面材料都无法增加或者减少其权利的享有和义务的承担。

(四) 票据行为要求

1. 签名盖章的要求

签名盖章是票据上重要的内容之一，因为在票据上的签名盖章直接影响到票据的效力问题。《票据法》规定，行为人的签名是票据的绝对必须记载事项之一，如果缺少相应的签名，则票据行为就会无效；如果假冒他人的签名，就会导致伪造票据的出现。对于自然人，签章可以是手写的，也可以是加盖自己的印章。法人或者其他使用票据的单位签章，应该是该法人的印章，在实践中应加盖法人的财务专用章，同时还应加盖法定代表人或者代理人的签章。此处法定代表人或代理人的个人签章可以是手写的签章，也可以是加盖个人的私人用章。

2. 票据金额的书写要求

票据金额是票据上的必要记载事项，如果缺少，将会导致票据的无效。在书写票据金额的时候，应该注意以下几点：(1)书写中文数字和阿拉伯数字时应该工整，字迹清楚，不能用草书或者行书书写，一般应该使用楷书书写。在书写时不应涂改、粘贴。(2)书写时应该使用钢笔或碳素笔书写，一般不使用铅笔或圆珠笔书写。使用的墨水最好是碳素墨水。(3)中文数字和阿拉伯数字的大小写应该一致。

四、票据权利

(一) 票据权利及其特征

票据权利是指持票人向票据债务人请求支付票据金额的权利，包括付款请求权和追索权。票据权利具有以下特征：

1. 票据权利是金钱债权

债务人履行义务时，不能以货物、劳务或其他无形财产权利来代替支付金钱的义务。

2. 票据权利的行使范围限定在票据的当事人中

当事人包括出票人、背书人、承兑人、保证人、付款人，这些人在票据中的地位均处在持票人之前，即持票人有权向这些人中的付款人或任何一个人请求实现自己的票据权利，不受被请求人所处票据活动中的阶段的限制，但是，持票人不得向处在自己后面的当事人追索。

3. 票据权利具有确定性

出票人签发票据时须根据《票据法》的规定将确定的金额、收款人的名称、出票日期、本人的签章和无条件承诺的事项填写在票据上，之后该票据无论流通到何人手中，无论持票人与付款人之间存在着何种关系，该票据上所确定的票据种类、金额和支付日期是不会有任何改变的，不但持票人不能改变票据上的内容，就是出票人在票据签发后也不得改变票据的金额、日期和收款人名称这些最基本的事项，如果有所更改，被更改的票据无效。

(二) 票据权利的种类

1. 付款请求权

《票据法》规定，持票人最基本的权利是请求付款人按票据金额支付款项。付款请求必须符合以下条件：(1)持票人持有处在有效期内的票据。其中，汇票和本票的有效期为自票据到期日起2年以内；见票即付的汇票和本票的有效期为自出票日起2年以内；支票的有效期为自出票日起6个月以内。(2)持票人必须将原始票据向付款人提示付款，如果不能提供票据原件的，不能请求付款，付款人也不得付款。(3)持票人只能请求付款人支付票据上确定的金额，付款人必须一次性将债务履行完毕。(4)持票人得到付款后，必须将票据移交给付款人，原票据上的权利由付款人承受，付款人向其他债务人请求付款，从而使付款请求权呈持续状态。(5)付款人支付票据金额后，如果发现该票据有伪造、变造情况的，有权向持票人请求返还所给付的金额。

2. 追索权

指持票人行使付款请求权遭到拒绝承兑或拒绝付款时，向其前手请求支付票据金额的权利。由于这一请求是在第一次请求未果后的再次请求，所以将其称为第二次请求权，是票据权利的再次行使。追索权的追索对象视票据种类的不同，可以分别包括出票人、背书人、保证人、承兑人和参加承兑人，这些人在票据中的身份是连带债务人，持票人可以不按票据债务人的先后顺序，对其中的任何一人、数人或全体行使追索权；被追索人清偿债务后，对其他票据债务人仍可行使追索权。

（三）票据权利的取得与行使

1. 票据权利的取得

票据权利一般可以从以下三个途径取得：(1)从出票人处取得；(2)从背书人处取得；(3)依照法定方式，如因税收、继承、赠与、投资分红等原因取得。凡取得票据时是善意或无重大过失的，持票人就合法地取得票据权利。《票据法》规定，以欺诈、偷盗或胁迫等手段取得票据的，或明知有前列情形，出于恶意取得票据的，持票人不得享有票据权利。持票人因重大过失取得不符合法律规定的票据，也不得享有票据权利。

2. 票据权利的行使

(1) 提示承兑。提示承兑是指持票人向付款人出示票据，并要求付款人承诺付款的行为。定日付款或出票后定期付款的票据持票人，应在票据到期日前向付款人提示承兑；见票后定期付款的票据，持票人应当自出票日起1个月内向付款人提示承兑，这是付款人行使票据权利的必经程序。

(2) 提示付款。是指持票人在法定期间内，向付款人提示票据请求付款的票据行为。其中，支票自出票日起10日内向付款人提示付款；本票自出票日起2个月内向付款人提示付款；见票即付的汇票自出票日起1个月向付款人提示付款;定期付款或见票后定期付款的汇票,自到期日起 10 天内向付款人提示付款。

(3) 行使追索权。票据到期被拒绝付款的,持票人可以对背书人、出票人以及票据的其他债务人行使追索权。在票据到期日前,如票据被拒绝承兑的,付款人死亡、逃匿的,付款人被依法宣告破产的,付款人因违法被责令终止业务活动的,持票人均可以行使追索权。

(四) 票据权利的时效

所谓权利时效,是指法律确认的某种权利得以行使的时间范围。为了有利于票据的有序流通,《票据法》对票据权利的行使时间作了规定。如果持票人在法定时间内不行使票据权利,其票据权利即告消灭。

票据权利消灭的日期为:(1) 票据自到期日起已届 2 年;(2) 见票即付的汇票和本票,自出票日起已届 2 年;(3) 支票自出票日起已届 6 个月;(4) 持票人对前手的追索权,自被拒绝承兑或拒绝付款之日起已届 6 个月;(5) 持票人对前手的再追索权,自清偿日或被提起诉讼之日起已届 3 个月。

(五) 票据的丧失及其补救

票据丧失是指持票人并非出于本人的意愿而丧失对票据的占有。票据的丧失分为票据的绝对丧失和票据的相对丧失。绝对丧失是指票据本身不存在了,又称为票据的灭失。相对丧失是指持票人将票据丢失或者因为被盗窃而丧失了对票据的占有。对于票据的丧失,我国规定了三种补救的办法:

1. 挂失止付

是指丧失票据的人将票据丧失的事实通知票据的付款人,并且要求付款人停止支付票据款项的一种票据丧失的补救办法。付款人收到挂失止付的通知以后,应当立即停止支付所挂失的票据的款项,否则,由于付款人的过错造成的损失,应当由付款人进行赔偿。

2. 公示催告

是人民法院根据票据权利人的申请,以向社会公示的方法,将丧失的票据告知各界,催促不明利害关系的有关当事人在一定的期间向法院申报,否则就不能以有关的票据权利请求法律保护。《票据法》规定,票据因被盗、遗失或灭失,可以向票据支付地的基层人民法院申请公示催告。法院受理公示催告后,应当立即通知支付人停止支付,并在通知后 3 日内发出公告,催促利害关系人在 3 个月内申报权利,公告期间,票据权利被冻结,不能承兑、不能付款、不能贴现、不能转让,有关当事人对票据的任何处分均没有法律效力。公示催告期届满,没有人提出权利申报或者提出相关的票据,则依申请人的申请，由法院作出判决，宣告票据无效。法院作出的除权判决，是公示催告的最终结果，是对公示催告申请人票据权利恢复的确认。自该判决作出之日起，申请人就有权依该判决，行使其付款请求权和追索权；而已作出除权判决的票据，则丧失其效力，持有人不能再依此票据行使任何票据权利。

3. 诉讼

失票人在丧失票据后，可以直接向法院提起民事诉讼，请求法院判令票据债务人向其支付票据金额。失票人应该提供证据证明自己是票据权利的享有者，证明票据的记载内容和丧失票据的事实。

五、票据瑕疵

（一）票据瑕疵及其种类

票据瑕疵是指由于票据存在一定的问题，而使票据不再是一般意义上的票据，或者不能再作为正常的票据流通使用。需要指出的是，有瑕疵的票据并不是在任何情况下均属无效，也不是任何人都不能主张票据权利。票据瑕疵有以下三种：

1. 票据伪造

是指伪造人假冒出票人或其他票据当事人的名义进行签章和票据其他记载事项的行为。

2. 票据变造

是指采用技术手段改变票据上已经记载事项的内容，或增加、减少票据记载事项内容，从而达到变更票据权利义务关系的目的。

3. 票据的更改和涂销

票据的更改是指更改票据上记载事项的行为。票据的涂销是指将票据上的签名或其他记载事项加以涂抹消除的行为。合法地更改票据上的记载事项，必须是有法定更改权限的人依法更改票据上可以更改的记载事项。《票据法》规定，票据金额、日期、收款人名称不得更改，更改的票据无效。对票据上的其他记载事项，原记载人可以更改，更改时应当由原记载人签章证明。可以更改的其他记载事项包括付款人名称、付款日期、付款地、出票地等事项。

（二）票据瑕疵的效力

一般来讲，伪造、变造的票据是无效的。但是由于票据是高度流通的有价证券，如果严格采用无效的方法，有碍票据的流通，而且对于社会经济生活将产生不利影响，所以《票据法》规定了伪造、变造票据的效力和法律责任的问题。

伪造票据的效力对不同的当事人有不同的责任：(1)对于伪造者来说，由于伪造者并没有在票据上留下自己的真实姓名，所以无法要求其承担责任。但这并不是说伪造者不用承担法律责任。根据《票据法》的规定：票据上记载的事项应该是真实的，不能伪造或者变造。违反法律规定的，应当承担法律责任。在伪造票据的情况下，有可能构成票据诈骗罪的，应当承担刑事责任；也有可能给其他当事人造成损失的，应当承担民事责任。(2)对于被伪造者来说，由于票据是文义证券，只有在票据上进行了记载的人才有可能承担票据责任，而被伪造者并没有在票据上进行任何记载，所以不应该承担责任。(3)对于在票据上签字的其他人来说，由于票据具有独立性和文义性的特点，所以票据行为都是独立的，相互并不受影响。行为人只要在票据上签章，就应该对票据所记载的事项承担责任。所以《票据法》规定，票据上有伪造、变造的签章的，不影响票据上其他真实签章的效力。(4)对于持票人来说，如果在其之前，有真实的签章人，则可以向其行使票据的追索权，要求履行票据权利；如果在其之前没有真实的票据签章人，则不能够对票据上的被伪造者行使票据权利，也不能要求伪造者履行票据义务，但是由于其和票据伪造者之间肯定有基础关系，则可以要求票据伪造者承担相应的民事责任。对于票据的变造来讲，其效力基本上和票据的伪造相同。

票据的更改和涂销分为故意所为和非故意所为。权利人故意所为的票据的更改和涂销就其实质来说是票据内容的更改，应负票据更改的法律后果。权利人非故意所为的更改和涂销，更改和涂销行为无效，票据依其未涂销时的记载事项发生法律效力。

第二节　汇票

一、汇票概述

（一）汇票及其特征

1. 汇票

我国《票据法》规定，汇票是由出票人签发的，委托付款人在见票时或在指定日期无条件支付确定的金额给收款人或持票人的票据。

2. 汇票的特征

(1) 汇票是一种金钱证券，也是一种支付工具，为了保证使用可靠，在该票据上必须表明“汇票”的字样，以利于使用者和其他利害关系人了解这种支付工具。

(2) 汇票须有无条件支付一定金额的委托的字样，以使这种支付工具在经济活动中有较高信用。

(3) 汇票是确定一定的日期才履行支付义务的票据。汇票有见票即付和指定日期支付两种。

(二) 汇票的种类及汇票当事人

1. 汇票的种类

我国《票据法》把汇票分为银行汇票与商业汇票。

(1) 银行汇票。是指汇款人将款项交存当地银行，由银行签发给汇款人持往异地办理转账结算或支取现金的票据。单位和个人均可使用银行汇票。在我国根据银行汇票的用途，又分为现金银行汇票和转账银行汇票。现金银行汇票在出票金额前填写"现金"字样，并且只有在申请人和收款人都为个人时才能够使用。转账银行汇票只能够用于转账方式付款。

(2) 商业汇票。是指由收款人或付款人签发，由承兑人承兑，并于到期日向收款人或被背书人支付款项的票据。商业汇票按承兑人的不同，分为商业承兑汇票和银行承兑汇票。商业承兑汇票是指由收款人签发，经付款人承兑，或由付款人签发并承兑的票据。银行承兑汇票是指由收款人或承兑申请人签发，并由承兑申请人向开户银行申请，经银行审查同意承兑的票据。

2. 汇票当事人

出票、背书、承兑汇票等活动称为汇票行为，因汇票行为产生的法律关系称为汇票法律关系，在汇票法律关系中享有票据权利和承担票据责任者称为汇票当事人。享有票据权利者称为汇票权利人，承担汇票责任者称为汇票债务人。汇票权利人就是持票人，汇票债务人可包括汇票上载明的付款人、背书人、保证人。在汇票法律制度中，基本当事人是出票人、收款人和付款人。出票人指签发汇票的人。收款人指汇票上记载享有票据权利的人。付款人指履行汇票支付责任的人。

二、出票

(一) 出票

出票是指出票人依照《票据法》规定的格式和记载事项做成汇票，并将其交付收款人的票据行为。出票实际包括两个行为：一是做成票据，即在原始票据上记载法定事项并签章；二是交付票据，即将做成的票据交付给他人占有。由此可见，出票行为是签发票据和交付票据两种行为的结合。如果在票据签发完毕、交付之前不是出于当事人自己的意思转移了票据的占有，则可视为该出票行为还没有完成。例如在出票人签发票据以后，将该票据转移给其他人占有之前，票据被第三人所盗窃，则此时并不认为出票行为已经完成。

（二）汇票的记载事项

汇票的记载事项可分为绝对应记载事项、相对应记载事项和非法定记载事项。

1. 绝对应记载事项

所谓绝对应记载事项，是指《票据法》规定必须在票据上记载的事项，如果在出票时欠缺记载，则该票据无效。

绝对应记载事项包括以下内容：(1)表明“汇票”的字样。为了方便使用者辨认，同时也是为了防止伪造汇票，我国一直都是在汇票的上方标明“汇票”的字样，将其作为标题。(2)无条件支付的委托。无条件支付是指付款人在见到票据以后进行无条件的支付。在票据上，一般是使用“凭票付款”或者“请于到期日无条件支付”的字样来表示的。(3)确定的金额。票据上的金额必须确定，如果不确定，则票据无效。(4)付款人名称。付款人是票据出票人委托支付票据金额的人。(5)收款人名称。在我国是不允许使用无记名汇票的。(6)出票日期。指汇票签发的日期。(7)出票人签章。通常情况下，在票据上签章的是一个人，但是在数人签章的情况下，应该由此数人对票据上的债务承担连带责任。

2. 相对应记载事项

汇票的相对应记载事项也是汇票应记载的内容，但是，相对应记载的事项未在汇票上记载，并不影响汇票本身的效力，汇票仍然有效。也就是说，在一般情况下，当事人应当把相对应记载该事项记载清楚。在当事人出票时没有对应记载事项进行记载时，应该依照法律的规定进行补充，使其明确、清楚。

相对应记载事项包括以下内容：(1)付款日期。是指汇票上记载的应当支付汇票金额的日期，也就是到期日。如果在汇票上没有记载汇票的付款日期，持票人则可以随时要求付款，付款人在见到票据时应当立即付款。(2)付款地。指支付汇票金额的地点。如果没有记载汇票的付款地点，则付款人的营业场所、住所、经常居住地为付款地点。(3)出票地。指汇票上记载的出票行为的地点。如果没有记载出票地，则出票人的营业场所、住所、经常居住地为出票地点。

3. 非法定记载事项

汇票的非法定记载事项，是指根据《票据法》的规定，汇票上可记载法律规定事项以外的其他事项，但是此类记载事项不具有汇票上的效力。这里应注意的是，该类记载事项只是不发生票据法上的效力，但还可能发生其他法律上的效力。例如，在汇票上记载了签发汇票的原因或签发汇票的用途等，虽然不发生票据法上的效力，但是这些事项可以在民法上起到作用，比如说证明当事人之间的关系、证明合同的存在等等。

（三）出票的效力

出票人按照《票据法》的规定完成出票行为后，即产生票据上的效力。这一效力表现为创设票据权利和引起票据债务的发生。这种权利和义务因汇票当事人的地位不同而不同。

1. 对出票人的效力

出票人委托他人付款，一旦该行为成立，就必须保证该付款能得以实现。如果付款人不予付款，出票人就应该承担票据责任。

2. 对付款人的效力

出票行为是单方行为，付款人并不因此而有付款义务，只有付款的权限。但出票人的付款委托使付款人具有承兑人的地位，在付款人对汇票进行承兑后，即成为汇票上的主债务人。

3. 对收款人的效力

收款人取得出票人发出的汇票后，即取得了票据权利：一方面就票据金额享有付款请求权，另一方面在该请求权不能实现时，享有追索权。

三、背书

（一）背书与票据转让

背书是指在票据背面或者粘单上记载有关事项并且签章的票据行为。背书是票据转让的一种方式，通过背书可以将票据上记载的权利转让给他人行使，或者将一定的票据权利授予他人行使。背书是持票人所为的法律行为。背书的主要目的是转让票据上的权利。通常在票据的背面，都事先印制好若干背书栏，载明表示将票据权利转让给被背书人的文句，并留出空白，供背书人进行背书时填写。票据法一般并不限制进行背书的次数，在背书栏或票据背面写满时，可以在票据上粘贴“粘单”进行背书。

在汇票持票人背书转让汇票权利时，按照《票据法》的规定，应当按照法律的规定进行有关的记载，并且应该将汇票进行交付。如果背书人不愿意将此汇票继续背书流通下去，也可以在汇票的背面记载“不得转让”的字样，此汇票就属于不能够背书转让的汇票。一般情况下此种汇票是不能够继续转让的,但是如果被背书人继续转让此汇票,则背书人对在记载"不得转让"的字样以后取得票据的权利人不承担义务。

(二)背书的要求

背书是一种要式行为,所以应符合法定形式,即必须做成背书并交付,才能有效成立。从背书的记载事项来看,应符合《票据法》的以下规定:

(1)背书签章。背书人背书时,必须在票据上签章,背书才能成立,否则背书行为无效。背书签章是确定背书的债务人地位及其担保责任的依据,所以背书人的签名是绝对应记载的事项,如果缺少,则会导致该背书行为无效。

(2)背书日期的记载。背书日期是相对应当记载事项,在一般情况下,应该进行记载。如果背书人没有进行记载,并不发生背书无效的法律效果,而是由法律进行推定。在背书时没有记载日期的,可以推定为在到期日之前背书。

(3)被背书人名称的记载。《票据法》规定,票据的背书转让,必须记载被背书人名称。这一规定表明,我国《票据法》不承认不记名背书。如果背书人不记载被背书人名称,汇票转让将不能成立,背书行为无效。因此,被背书人名称是背书绝对应记载的事项。

(4)禁止背书的记载。在背书中当事人可以记载相应的禁止事项。如果当事人不想让此汇票继续流通转让,则背书人可以在背书中记载"不得转让"的字样。在背书人记载禁止转让的有关字样以后,该票据还是可以依法背书转让的,只是背书人对于禁止背书转让以后取得票据的人不承担保证责任。

(三)粘单的使用

实践中,在汇票上记载所有事项有时候会显得背书栏过小,所以应该允许背书人在背书时另外增加纸张,此种纸张就是粘单。《票据法》规定,在增加粘单时,粘单上第一个记载的人应该在汇票和粘单之间的连接处签章,以此证明粘单的有效性。粘单上的记载事项与汇票上的记载事项具有相同的法律效力,如果粘单上第一记载人没有在连接处签章,粘单上记载的事项无效。

四、承兑

(一)承兑及其特点

承兑是指汇票付款人接受出票人的委托,同意承担在汇票到期日支付汇票金额的一种票据行为。

承兑的主要特点是:(1)承兑是一种附属票据行为,须先有出票,然后才有承兑;(2)承兑的行为主体是汇票的付款人;(3)承兑的内容是付款人表示愿意支付汇票金额的行为;(4)承兑是一种要式的法律行为。在汇票、本票和支票三种票据种类中只有汇票才有承兑制度,即承兑是汇票特有的行为。

承兑是明确出票人在汇票中所记载的事项是否为付款人所确认,付款人是否愿意支付该汇票的金额。如果愿意,付款人在加盖"承兑"印章并签章后,就成为该汇票的主债务人,即为现实意义上的第一债务人。

(二) 提示承兑

提示承兑是指持票人向付款人出示汇票,并且要求付款人承诺付款的行为。在提示承兑时,由于汇票具有严格的形式要件的要求,所以应该将汇票提示给付款人,而不能够使用口头的形式。

(三)承兑的时效及例外

1. 承兑的时效

见票后定期付款的汇票,持票人应当自出票日起 1 个月内向付款人提示承兑。汇票未按照规定期限提示承兑的,持票人丧失对其前手的追索权。《票据法》规定,提示承兑是赋予持票人的一种票据权利,是为了使持票人在一定的期间证实自己的票据权利,如果持票人不按时行使,就是对自己权利的放弃,也属于一种权利处分。

2. 承兑的例外

见票即付的汇票无须承兑,付款人不得以该汇票未经承兑而拒绝立即付款,否则就构成拒绝付款,并须承担相应的行政责任和财产责任。

(四) 付款人的承兑程序

1. 承兑的时间

是指持票人向付款人提示承兑以后,付款人决定是否承兑的考虑时间。在此考虑时间中,付款人可以了解出票人的资金状况,同出票人联系确认票据的真实性,作出承兑或者拒绝承兑的决定。《票据法》规定,付款人对向其承兑的汇票,应当自收到提示承兑的汇票之日起 3 日内承兑或者拒绝承兑。汇票上未记载承兑日期的,以付款人收到提示承兑的汇票之日起第三日为承兑日期。

2. 承兑的记载事项

付款人在收到提示承兑的汇票以后,决定进行承兑的,应该按照法律规定的格式进行记载。在汇票上的记载事项中应该注意:(1)法律规定的是在汇票的正面进行记载,记载的内容是"承兑"的字样。(2)应该在汇票上记载付款人的签章。(3)如果是见票以后定期付款的汇票,应该在承兑时记载付款日期。

3. 承兑的附加条件

我国《票据法》规定,承兑必须是无条件的。如果在承兑时附加了条件,则该承兑被视为拒绝承兑。所谓附加条件,就是以将来不确定发生的事件作为确定法律行为是否生效的条件。如果在承兑时附加了条件,则承兑的效力是不确定的,还要取决于将来的条件是否发生这个因素,这种不确定性与承兑需要确定票据权利人的权利的目的不一致,所以承兑是不能够附加条件的。因此,在承兑中,附加条件的语句是不得记载的事项,如果记载,将会导致承兑行为的无效。

(五) 承兑的效力

承兑的效力发生,是在付款人在汇票上进行了承兑的有关记载,并且将汇票交付给持票人以后开始生效。此时,票据的付款人变成了承兑人,在票据关系中变成了票据债务的第一负责人。也就是说,持票人在要求取得票据金额时,首先应该向承兑人行使权利。在没有向付款人(承兑人)提示承兑之前,持票人不能向其他票据债务人行使追索权。

五、保证

(一) 保证及保证格式

1. 保证

是指汇票债务人以外的第三人以担保特定的汇票债务人承担汇票付款为目的,在汇票上签章及记载必要事项的票据行为。《票据法》规定,保证人必须由汇票债务人以外的第三人担任,在票据上签章的背书人和出票人等票据债务人是不能够进行保证的。

2. 保证的格式

汇票的保证应该记载在汇票或者粘单上面。一般来讲,如果是对出票人、承兑人的保证,则应该记载在汇票的正面;如果是对背书人的保证,则应该记载在汇票的背面。

保证的记载事项分为绝对应记载事项与相对应记载事项两种。绝对应记载事项主要有:表明“保证”的字样、被保证人的名称、保证人签章。相对应记载事项主要有:保证人的名称、地址、保证日期。《票据法》规定,保证不能附加条件,附加条件的,不影响对汇票的保证责任。在现实情况中也可能产生在票据保证中附加条件的情况,并且当事人在票据上进行了票据保证附加条件的记载。如果出现了这种情况,则可以视为没有进行过任何有关条件的记载,保证人仍然需要承担相应的保证责任。

（二）保证的法律效力

1. 保证责任

保证一旦成立,即在保证人与被保证人之间产生了法律效力,保证人必须对保证行为承担相应的责任。保证行为成立后,保证人就成为票据上的债务人,必须向被保证人的一切后手承担票据责任,即满足被保证人后手票据权利的实现。但是,如果被保证人的债务因形式要件欠缺而无效,保证人承担的保证责任也归于无效。

我国《票据法》规定,保证人承担的是和被保证人一样的责任,而且保证人和被保证人承担的是连带责任。在票据债务人不能及时履行自己的债务时,票据债权人可以向票据债务人直接请求票据权利,或者直接向票据保证人要求其承担票据保证的责任,而不必要求票据权利人必须首先向票据债务人请求以后才能够向票据保证人请求承担保证责任。

如果保证人为两个以上,这种保证称为共同保证。在共同保证的情况下,持票人可以不分先后向保证人中的一人或者数人就全部票据金额及有关费用行使票据权利,共同保证人不得拒绝。

2. 保证责任的特点

保证责任具有以下特点:(1)保证具有从属性。保证人的保证责任从属于或者决定于被保证人的责任。如果被保证人是承兑人,则保证人同样承担承兑的责任;如果被保证人是出票人或者背书人,则保证人就应该承担票据担保承兑和付款的责任。(2)保证具有独立性。在票据债务人的债务由于种种原因导致无效的情况下,如果保证人在票据上进行了相关的票据保证记载,即使在民事上的基础关系无效,票据保证人仍然应该承担保证责任。

3. 保证人的权利

保证人的权利主要是指保证人的追索权。如果持票人向保证人要求承担保证责任,保证人支付了所有的票据金额,取得了汇票以后,保证人就成为票据的持有者。在此情况下,保证的债务已经消灭,但是保证人为消灭票据债务而支付了相当于票据金额的资金,应该向被保证人要求偿还。同时,由于票据行为的原因,在保证人所保证的被保证人之前签章的背书人、出票人、保证人等都应当对其后手承担票据付款或者承兑的责任,所以此时保证人可以向被保证人前手行使追索权。保证人行使这一权利时,被保证人及其前手不得以对抗持票人的事由而对抗保证人。

六、付款

（一）付款及其特点

付款是指汇票的承兑人或者付款人向持票人支付汇票金额的票据行为。付款的特点是：(1)付款是付款人的行为，即付款是汇票债务人的责任。(2)付款是支付汇票金额的行为，是汇票债务人对持票人所作的金钱给付。(3)付款是终止或者解除票据关系的行为，付款人足额付款后，全体汇票债务人的责任解除。

（二）付款的程序

1. 付款的期限

我国《票据法》规定，持票人应当按照下列期限提示付款：(1)见票即付的汇票，自出票日起一个月内向付款人提示付款。见票即付的汇票由于付款日和提示日是一致的，所以付款提示日就是付款日。在超过了出票日一个月的期限以后，持票人的付款请求权没有履行，对前手的追索权也就没有办法保留，只有依据民法上的请求权来保护资金的权利。(2)定日付款、出票后定期付款或者见票后定期付款的汇票，自汇票到期日起 10 日内向承兑人提示付款。如果超过了法律规定的期限，也会丧失票据的追索权。(3)持票人未按照《票据法》规定的期限提示付款的，在作出说明后，承兑人或者付款人仍应当继续对持票人承担付款责任。

2. 提示付款

提示付款是指持票人向付款人或者承兑人出示汇票，要求其付款的行为。在汇票关系中，出票人出票并不是都通知付款人的，而且对于付款人来说，汇票到期日也是无法详细了解到的。因此，只有持票人向付款人提示付款，付款人才能够了解票据的情况，做好准备，在到期日之时进行付款。提示付款人应为合法持票人。

3. 付款程序

付款的程序如下：(1)持票人在规定的提示期限内提示付款的，付款人必须在当日足额付款。(2)持票人获得付款的，首先应在票据上进行签收，即在票据上记载收到票据金额的内容，表明收到了全部的票据金额，然后将票据交给付款人。(3)持票人委托银行收款的，受委托的银行将代收的汇票金额转账收入持票人账户，视同签收，持票人不必亲自前往付款人所在地点进行签收。(4)付款人及其代理付款人付款时，应当审查汇票背书的连续性，并审查提示付款人的合法身份证明或者有效证件。(5)汇票金额为外币的,一般按照付款日的市场汇价,以人民币支付。如果当事人对于汇票支付的货币种类是有约定的,则尊重当事人的约定。

(三) 付款损失的承担

付款人在进行付款时,只需对所提示的票据进行形式审查,并无实质审查义务。付款人在履行法定审查义务后进行的付款是有效付款,即使发生错付,亦可善意免责。但在下列情况下,付款人须承担付款的损失:

(1) 付款人在付款时应对持票人的合法身份证明或有效证件进行审查。如果此时的持票人不是真正的票据的权利人,而付款人未进行认真审查就支付了票据金额,则当真正权利人要求行使票据权利时,付款人不能够以已经支付了票据金额为由进行抗辩,付款人的付款责任不能被免除。

(2) 对定日付款、出票后定期付款或者见票后定期付款的汇票,付款人在到期日前付款的,如果发生错付,付款人应承担相应的责任。

(3) 付款人在付款时应当审查汇票背书的连续性。如果汇票上的背书人与被背书人之间的签章是前后连续的,则付款人应当向持票人付款;如果汇票在背书的连续性上存在问题,付款人可以拒绝付款。如果付款人没有尽到义务,如付款人明知汇票的背书没有连续而进行了付款,应承担相应的责任。

(4) 付款人对在公示催告期间的汇票进行付款的,或在收到止付通知后进行付款的,均应自行承担责任。

七、追索权

(一) 追索权

1. 追索权的定义

是指持票人在汇票到期被拒绝付款或者在汇票到期日之前有法定的情况出现,持票人在依法行使或者保全了票据权利以后,可以向其前手请求偿还汇票金额、利息以及取得有关拒绝证明和发出通知书等费用的票据权利。

追索权是在票据权利人的付款请求权得不到满足之后,法律赋予持票人对票据债务人追偿的权利。这种权利的行使,是持票人在第一次请求付款遭到拒绝后行使的第二次请求权。第一次请求主债务人付款,这是持票人享有的基本票据权利,在主债务人拒绝付款或无力付款时,持票人可行使第二次请求权,要求所有在汇票上签名的人中一人、数人或全体人员偿付汇票金额。持票人行使票据追索权时,可以不按照票据债务人的先后顺序,直接指向任何一个票据债务人。

2. 追索权行使的原因

行使追索权的原因如下:(1)汇票到期被拒付的,或虽然付款人表示可以付款,但是要满足其一定的条件,均视为拒绝付款。(2)汇票未到期,但是被拒绝承兑的,被拒绝承兑的汇票必须在形式上符合《票据法》规定,不缺少必要的记载事项,且持票人的票据身份没有缺陷等。(3)承兑人或付款人死亡、逃匿的。(4)承兑人或付款人被依法宣告破产的,或因违法被责令终止业务活动的,在此情况下,持票人有两种选择:第一种是行使追索权,请求其他债务人履行汇票义务;第二种是放弃追索权,以汇票金额向破产清算组提出破产债权申报,从破产人处得到汇票金额的偿还。

(二) 追索的条件及程序

1. 追索的条件

(1) 持票人提供被拒绝承兑或被拒绝付款的有关证明,即承兑人或付款人开出的拒绝承兑证书或拒绝付款证书。拒绝证书是持票人行使追索权的法律根据之一,没有拒绝证书就不能向除承兑人或付款人以外的其他汇票债务人请求偿还汇票金额。在持票人因为不能够出示拒绝证明时丧失了对前手的追索权的情况下,承兑人或者付款人仍然应当对持票人承担责任。

(2) 因承兑人或付款人死亡、逃匿或其他原因,不能取得拒绝证明的,可以依法取得其他有关证明,包括医院、公安机关等部门出具的死亡证明书,司法机关出具的失踪证明(如宣告失踪和宣告死亡判决书等)等。

(3) 承兑人或付款人被法院宣告破产的司法文书、被企业登记管理机关注销企业法人资格,以及被解散、歇业在企业登记管理机关登记文件的正、副本等文件,均具有拒绝证明的效力。

2. 通知

(1) 通知的内容。通知是持票人提示承兑或请求付款遭到拒绝后,行使追索权前,将遭到拒绝的事实书面告诉其前手及所有汇票债务人的一种票据行为。其内容应当记明汇票的主要记载事项,并说明该汇票已经被退票的事实。

(2) 通知的期限。持票人应当自收到被拒绝承兑或被拒绝付款的有关证明之日起 3 日内,将被拒绝事由书面通知其前手;其前手应当自收到通知之日起 3 日内书面通知其再前手,以此类推。为了节省时间,持票人可以同时分别通知票据各个债务人,以减少通知环节。

(3) 延期通知的后果。未按上述期限通知的,持票人仍可行使追索权。但是,因延期通知给其前手造成损失的,须承担相应的赔偿责任,赔偿金额以汇票金额为限。

（三）追索与再追索

1. 被追索人

《票据法》规定，汇票的出票人、背书人、承兑人和保证人对持票人承担连带责任。之所以这样规定，是因为出票人是票据的主要债务人之一，所以应当由其承担被追索的义务；背书人在背书的过程中，只要没有记载票据不得进行再次背书转让的有关记载，则背书人应当承担票据承兑付款的责任；承兑人是在票据承兑以后的票据债务的主要负责人，票据被拒绝付款以后，则承兑人应当对其所作的承兑负责；在承担票据保证责任以后，保证人和票据债务人承担的是同样的责任，而且同样负连带责任，所以持票人也可以向保证人行使追索权。

2. 追索

被追索人清偿债务时，持票人应当交出汇票和有关拒绝证明，并出具所支付利息和费用的收据。

3. 再追索

被追索者清偿债务后，有权再向其他汇票债务人行使追索权。依此顺序，直至该汇票的债权债务关系因履行或其他法定原因而消灭为止。

4. 变更追索

持票人对汇票债务人中的一人或者数人已经行使过了票据追索权，还可以向其他的票据债务人行使票据追索权。这种行为称作变更追索权。这样的规定可以使持票人获得更多的追索权机会，使持票人的权利能够得到最充分的保证。

5. 追索的例外

当持票人为出票人的，对其前手无追索权；当持票人为背书人的，对其后手无追索权。

第三节　本票与支票

一、本票

（一）本票的含义与特征

1. 本票

本票是由出票人签发的，承诺自己在见票时无条件支付确定的金额给收款人或持票人的票据。我国《票据法》所称的本票是指银行本票。我国法律规定只允许银行本票的使用,而排除了商业本票的使用。银行本票是银行签发的,承诺自己在见票时无条件支付确定的金额给收款人或持票人的票据。银行本票分为定额银行本票和不定额银行本票。定额银行本票分为1 000元、5 000元、1 万元和 5 万元几种面额。

2. 本票的特征

本票具有以下特征:(1)本票是自付票据,是由出票人本人对持票人付款。(2)基本当事人少。本票的基本当事人只有出票人和收款人两个。出票人和付款人是同一个人,这是本票区别于其他票据的显著特点。(3)无须承兑。本票是由出票人本人承担付款责任,无须委托他人付款。

(二) 本票的出票

1. 出票人的资格与义务

本票出票人必须符合两个要求:具有支付本票金额的可靠资金来源和保证支付本票。在我国本票只规定了银行本票,最主要的原因是为了保证票据的信用。在本票出票时,出票银行应该具有支付本票金额的可靠的资金来源,只有这样才能保证本票的付款。同时,本票的出票人应该保证支付。

2. 本票必须记载的事项

《票据法》规定,本票必须记载以下事项,缺少任何一项,本票无效。(1)表明"本票"的字样。这是表明票据性质的字样,如果没有记载,票据就会无效。(2)无条件支付的承诺。本票是出票人签发的,承诺自己在见票时无条件支付确定的金额给收款人或者持票人的票据。本票不得有支付附加条件。(3)确定的金额。包括确定的货币种类、确定的货币金额。(4)收款人名称。本票必须填写收款人的真名及全称,不允许签发无记名的本票。(5)出票日期。这是关系到收款人票据权利开始计算的起点,也是关系到持票人本票权利的基准点。出票日关系到本票的付款日的确定,因此是十分重要的。我国规定本票的付款期限最长不得超过 2 个月,因此,出票日期对于付款日期的确定就具有更加重要的意义了。(6)出票人签章。银行本票的出票人签章,应为该银行的公章或财务专用章并加盖法定代表人或其授权经办人的名章。

3. 本票可任意记载的事项

本票上可以记载必须记载事项以外的事项,目的在于提高本票的信用和保证其流通的顺利进行。可任意记载的事项包括:本票到期后的利率、利息的计算;本票是否允许转让、是否缩短付款的提示期限;在发生拒绝付款时,对其他债务人通知事项的约定等。但是可任意记载的事项并不具有本票的法律效力。

（三）本票的付款

1. 提示付款

本票的出票人在持票人提示本票时，必须承担付款的责任。本票中的出票人同时扮演着付款人的角色，本票出票人承担付款责任的时间是见票时。所谓见票，是指本票的持票人按照规定的期限，向本票的出票人提示本票，由出票人在本票上记载“见票”字样、见票日期并且签名的票据行为。由于在本票中没有承兑的制度，因此见票就是本票支付票据金额中的一个十分重要的程序。只有在本票规定的期限内，出票人记载了见票的事宜以后，本票金额才有可能获得支付。

2. 付款期限

本票自出票日起，付款期限最长不超过 2 个月。本票持票人没有在规定的期限内将本票进行提示，则丧失对出票人以外的前手的追索权。

3. 提示付款的权利

提示付款是持票人请求出票人履行义务的要式表示行为，持票人在一定的期限内提示可获得确定的本票金额。当不能获得本票金额时，提示就成为持票人曾经行使过第一次付款请求权的证明，接着便可以行使第二次请求权，向本票的其他债务人追索。没有按期提示的本票，持票人不能向其前手追索。

二、支票

（一）支票及支票种类

1. 支票及其特征

支票是由出票人签发的，委托办理支票存款业务的银行或者其他金融机构在见票时无条件支付确定的金额给收款人或者持票人的票据。

支票具有以下特征：

(1) 支票的出票人身份与付款人身份不重合。支票是出票人预先把款项存入银行，然后在存款余额内开出支票，委托银行见票即付给持票人指定的金额。所以，支票有三个当事人，除收款人外，出票人与付款人分属两个主体。

(2) 支票付款人的资格有所限制。《票据法》规定，支票的付款人是银行和其他金融机构，不能是其他法人或自然人。

(3) 支票的付款时间只有见票即付一种形式。支票见票即付免去了承兑程序，即使支票上缺少必须记载的事项，法律上仍可视其为合法票据，付款人仍然要支付确定的金额给持票人。

(4) 支票是支付证券。与汇票相比,支票更强调出票人的资金储备,而汇票则强调付款人的信用。

2. 支票的种类

(1) 以支票的付款方式为标准,可以分为现金支票、转账支票和普通支票。现金支票专门用于支取现金。这种支票在印制时,已在支票的上端印明了"现金"字样。转账支票专门用于转账,不得用于支取现金。这种支票在印制时,已在支票的上端印明了"转账"字样。普通支票既可以转账,也可以支取现金。用于转账的,可在普通支票左上角加划两条平行线,亦称为划线支票;未划线的普通支票,可用于支取现金。

(2) 以支票当事人是否兼任为标准,可以分为一般支票和变式支票。变式支票又分为对己支票(出票人自己为付款人)、指己支票(出票人自己为收款人)、付受支票(付款人也是收款人)。

(二) 支票的出票

1. 出票人的资格

我国《票据法》规定,支票的出票人只有符合下列条件,才能签发支票:

(1) 开立账户。申请开立支票存款账户的申请人,必须先在银行开立活期存款账户,开户时必须使用本名,不能使用假名、曾用名、笔名或他人的名称。同时还应该向银行提交有关合法的身份证件。

(2) 存入款项。开立支票存款账户和领用支票,应当有可靠的资信,即申请支票存款账户时应该在开户银行存有一定的资金。

(3) 禁止开空头支票。空头支票是指出票人签发的支票金额超过其付款时在付款人处实有的存款金额的支票。如果出现了空头支票根,应当由银行退票,并且处以一定金额的罚款。对于屡次签发空头支票的,银行应根据情节给予警告、通报批评、停止使用支票等处罚。如果签发空头支票的情节符合刑法中有关票据诈骗罪规定的,则应追究刑事责任。

(4) 预留印鉴。为便于付款银行在付款时进行审查,同时免除付款银行善意付款的责任,开立支票存款账户的申请人应该在银行留下其本人的签名样式和印鉴样式。

2. 支票的记载事项

(1) 支票绝对应记载事项有:表明"支票"的字样;无条件支付的承诺;确定的金额;收款人名称;出票日期;出票人签章。支票上未记载上述事项的,支票无效。

(2) 支票相对应记载事项有:付款地和出票地。未记载付款地的,以付款人的营业场所为付款地;未记载出票地的,以出票人的营业场所、住所或经常居住地为出票地。

3. 出票的效力

(1) 出票人必须按照签发的支票金额承担向持票人付款的保证责任,包括保证自己在付款银行有足够的存款、未签发空头支票等。

(2) 出票人在付款银行的存款足以支付支票金额时,付款人应当在持票人提示付款的当日足额付款,使持票人能够及时得到票款。

(三) 支票的付款

1. 提示付款

支票的持票人应当在出票日起 10 日内提示付款;异地使用的支票,付款提示期限由金融监管部门另行规定。超过付款提示期限的,付款人可以拒绝付款。

2. 逾期提示的后果

因超过提示付款期限付款人不予付款的,持票人仍享有票据权利,出票人仍应对持票人承担票据责任,支付票据所载金额。

3. 付款的后果

付款人依法支付支票金额的,对出票人不再承担委托付款的责任,对持票人不再承担付款责任。但是,付款人以恶意或重大过失付款的除外。

4. 出票人过失

因出票人签发空头支票或者签发与其签名样式或预留印鉴不符的支票,给他人造成损失的,支票的出票人应当依法承担民事责任。

第四节 涉外票据的法律适用范围和违反《票据法》的法律责任

一、涉外票据的法律适用范围

(一) 涉外票据

所谓涉外票据,是指在出票、背书、承兑、保证、付款等行为中,既有发生在中国境内的,又有发生在中国境外的票据。

由于票据是在商业流通中使用的,同时现在各国之间的商业交往又比较频繁,各国对于票据的法律适用的规定有所不同,所以在涉及两个国家之间的票据使用上，应该有相应的规范进行调整，确保票据法律制度的适用。《票据法》规定，中华人民共和国缔结或者参加的国际条约同本法有不同规定的，适用国际条约的规定。但是，中华人民共和国声明保留的条款除外。

（二）涉外票据的法律适用范围

1. 适用出票地法律

如汇票、本票、支票出票时的记载事项，票据追索权的行使期限等，在一般情况下，应该适用出票地的法律。所谓出票地，就是进行出票行为所在的地点。

目前，各国对于票据追索权行使的期限规定不尽相同，有的国家规定适用退票地法律或者行为地法律，有的国家规定适用出票地法律。根据我国《票据法》规定，出票地法律决定票据行使追索权的期限。

2. 适用行为地法律

如票据债务人的民事行为能力一般适用本国法，但如果依本国法为无民事行为能力或限制民事行为能力，而依行为地法律为完全民事行为能力的，适用行为地法律。票据的背书、承兑、付款和保证行为也适用行为地法律。

3. 适用付款地法律

如票据的提示期限、有关拒绝证明的方式、出具拒绝证明的期限等，适用付款地法律。支票出票时的记载事项经当事人协议，也可适用付款地法律。适用付款地法律的主要原因是：付款地是票据债务履行地，与其他行为地明显不同；同时付款人是所有票据债务人中首要的债务人，应该适用主要债务人所在地的法律。

在我国，如果票据丧失，可以通过挂失支付、公示催告、诉讼三种方式解决，但是有的国家仅仅规定了其中的一种或者两种，因此，在票据丧失时，应该按照付款地的法律规定对失票人请求保全票据的权利进行处理。这样的规定是符合实际情况的，同时也是和国际票据法律制度相衔接的。

二、违反《票据法》的法律责任

（一）票据欺诈行为的法律责任

我国《票据法》规定，有下列票据欺诈行为的，依法追究刑事责任。

(1) 伪造、变造票据的行为。票据的伪造是指假冒他人的名义在票据上签章，其目的是为了行使票据上的权利或义务。票据的变造是指依法没有更改权的人，在有效的票据上，变更票据上除签章以外的其他记载事项，从而使得票据上的权利义务内容发生变更的行为。

(2) 故意使用伪造、变造票据的行为。在我国《刑法》中规定了金融诈骗的罪名，其中之一是犯罪分子利用伪造或者变造的票据进行诈骗活动。该罪必须是由主观故意构成，过失或者不知不能构成该罪。

(3) 签发空头支票或者故意签发与其预留的签名或者印鉴不符的支票，骗取资金的行为。

(4) 签发无可靠资金来源的汇票、本票，骗取资金的行为。这是对于《票据法》中规定的签发汇票和本票需要有可靠资金来源的一种保障。

(5) 汇票、本票的出票人在出票时作虚假记载，骗取资金的行为。

(6) 冒用他人的票据或者故意使用过期作废的票据骗取资金的行为。冒用他人的票据，是指占有票据的人不是票据的所有人，冒用真正的持票人的名义行使票据权利的行为；故意使用过期作废的票据，是指明知票据已经超过法定的权利行使期限或者是无效的废票而故意使用的行为。

(7) 付款人和出票人、持票人恶意串通，实施前六项规定的行为。

对于金融票据诈骗活动，数额较大，构成犯罪的，应追究刑事责任；情节轻微不构成犯罪的，应依照国家有关规定予以行政处罚，包括警告、罚款、拘留等。

(二) 票据付款人违法行为的法律责任

票据付款人的违法行为主要表现为工作人员玩忽职守、故意压票、拖延支付等。

所谓玩忽职守，是指金融机构工作人员不履行或者不正确履行职责，致使金融机构或票据当事人的利益遭受损失的行为。如金融机构工作人员在办理票据业务过程中违反《票据法》的规定，对有问题且稍加注意就可以发现的票据进行承兑、付款或者保证等，要对直接责任人给予行政处分；构成犯罪的，应追究刑事责任；给当事人造成损失的，应依法承担赔偿责任。

对于见票即付或已经到期的票据，《票据法》规定了应该及时付款，并且对于付款的期限作出了明确的规定。这样做的目的是为了避免票据被付款人人为压票，造成持票人的损失，同时也是为了维护票据的信用。如果作为票据付款人的金融机构有故意压票、拖延支付的行为，应由金融监管部门对违法金融机构和直接责任人员给予经济处罚和行政处罚；由于故意压票、拖延支付给持票人造成经济损失的，应依法承担赔偿责任。

【本章小结】

票据是出票人依据票据法签发的，由自己或委托他人于票据到期日或见票时无条件支付一定金额给收款人或持票人的一种有价证券。我国的票据分为汇票、本票和支票三种。

票据法是规定票据的种类、形式和内容，明确票据当事人之间的权利义务，调整因票据而发生的各种社会关系的法律规范。票据法律关系是指有关当事人之间因设立、变更或消灭票据上的权利义务而表现的一种票据债权债务关系，以及与票据相关的法律关系。

票据行为是指设立、变更或消灭票据法律关系的合法活动，包括出票、背书、承兑、保证、付款等活动。票据权利是指持票人向票据债务人请求支付票据金额的权利，包括付款请求权和追索权。

我国《票据法》规定，汇票是由出票人签发的，委托付款人在见票时或在指定日期无条件支付确定的金额给收款人或持票人的票据。出票、背书、承兑汇票等活动称为汇票行为，因汇票行为产生的法律关系称为汇票法律关系，在汇票法律关系中享有票据权利和承担票据责任者称为汇票当事人。享有票据权利者称为汇票权利人，承担汇票责任者称为汇票债务人。

本票是由出票人签发的，承诺自己在见票时无条件支付确定的金额给收款人或持票人的票据。我国《票据法》所称的本票是指银行本票。支票是由出票人签发的，委托办理支票存款业务的银行或者其他金融机构在见票时无条件支付确定的金额给收款人或者持票人的票据。

涉外票据是指在出票、背书、承兑、保证、付款等行为中，既有发生在中国境内的，又有发生在中国境外的票据。票据行为人有欺诈行为、票据付款人有违法行为均应承担相应的法律责任。

【复习思考题】

一、名词解释

票据　票据法　票据关系　票据行为　背书　承兑　追索权　票据瑕疵　汇票　本票　支票　涉外票据

二、问答题

1. 简述票据的法律特征。
2. 简述票据行为的种类。
3. 票据权利应如何行使？
4. 简述我国汇票的种类。

5. 本票有哪些特征？

6. 简述支票及其特征。

7. 支票的出票有哪些要求？

8. 简述票据付款人违法行为的法律责任。

9. 票据丧失后可以采取哪些措施进行补救？

10. 综述追索权及其行使。

11. 汇票的绝对应记载事项有哪些？

12. 综述票据欺诈行为的法律责任。

三、案例分析

案例一　E公司依法行使追索权案

（一）案例资料

A公司与B公司在2006年9月1日订立汽车购销合同一份，约定：B公司出售给A公司轿车两台；总价款40万元；以3个月后付款的汇票方式付款。B公司送货至A公司，A公司立即签发给B公司一张金额为40万元的汇票，并称该汇票已经由其开户银行C银行承兑。该汇票上没有注明付款日期。

B公司于9月5日将该汇票背书转让给D公司。D公司又于9月10日将该汇票背书转让给E公司。E公司于票据到期日前五天到A公司的开户银行C银行提示付款。C银行以“已经和A公司没有业务来往”和“当时并未有过为A公司付款的承兑”为由拒绝付款。E公司在无奈之下，请当地某公证处的两名公证员将C银行拒绝付款的事实做成拒绝付款证书，并通知了A、B、D三个公司。

E公司于2006年12月20日向A公司追索，要求其偿还40万元的票据金额。A公司拒绝了E公司的要求，理由是：第一，A公司和E公司没有任何业务往来，A公司没有向E公司签发过汇票；第二，A公司和该汇票上的收款人B公司正在交涉轿车的质量问题，A公司已经请求法院撤销与B公司的买卖合同，法院正在审理此案。

资料来源：中国普法网。

（二）分析提示

汇票付款日期是指票据债务人付款的日期，汇票的付款日期有四种，没有记载付款日期的视为见票即付，出票人和受托付款的银行都不得提出异议。C银行拒绝承兑本案中的汇票是合法的，理由是：根据自由承兑原则，是否对持票人（E公司）提示的汇票进行付款，是付款人（C银行）的权利，C银行既然当初没有对A公司承兑，当然可以拒绝付款。

（三）回答问题

A公司拒绝向E公司付款的理由能否成立？为什么？

案例二 姚某票据诈骗案

（一）案例资料

姚某，某市企业财务人员，2005年姚某以项目融资、支付高额利息为诱饵，先后诱使六家单位在其指定的某商业银行分理处开立账户，分别存入资金300万元、200万元、300万元、100万元、200万元、500万元。后姚某从某商业银行分理处骗得上述六家单位的开户印鉴卡复印件，并以此为样本伪造了上述单位的印鉴，用假印鉴填制了12张上述单位的转账支票，于2006年11月至2007年3月依次从上述单位在某商业银行分理处的账户上划走资金1 500万元，转入姚某妻子开办的公司账户上，非法占有。2007年4月案发后，司法机关追缴姚某赃款及赃物折款计人民币800余万元，尚有600余万元不能追回。

资料来源：中国法制教育网。

（二）分析提示

姚某以非法占有为目的，采用欺骗手段，并以高息回报为诱饵，致使六家单位在姚某指定的银行存入巨额资金，后又伪造存款单位印鉴和转账支票将款项转移，其行为已构成票据诈骗罪。

（三）回答问题

姚某应受到何种法律制裁？

案例三 A公司未交付票据被人伪造承兑案

（一）案例资料

2007年2月6日，某市A公司签发了一张以B公司为收款人的汇票。由于会计人员不慎，该汇票在交付给B公司之前遗失。A公司发现汇票遗失后，认为可能是会计人员不小心将该汇票与其他已经失效的票据一起销毁了，就给B公司重新开具了一张相同内容的汇票。后来查明，A公司遗失的汇票被个体户刘某拾得。刘某伪造A公司签章后于2月18日将该汇票背书转让给C公司。2月28日，C公司持汇票到汇票上指定的银行F银行承兑。

F银行审查后给予承兑。3月4日,B公司也持A公司签发的相同内容的汇票到F银行要求承兑,被F银行拒绝,B公司遂持票向A公司追索。A公司表示:B公司持有的汇票真实有效,应该得到F银行的承兑和付款。C公司持有的汇票因缺乏交付,票据行为并未完成,因此本公司不承担票据责任;F银行为C公司持有的伪造汇票进行承兑,其损失由自己承担,与本公司没有关系。F银行在票据到期后,因A公司告知该汇票系遗失后被他人持有,故拒绝向B公司付款。B公司遂起诉到法院,要求A公司承担该被伪造汇票的损失。同时,B公司所持有的票据一直得不到承兑和付款,也以A公司为被告提起了诉讼。法院审查后将两案合并审理。

资料来源:法制网。

(二) 分析提示

本案事实审查中,首先要理清A公司填写的两张同样内容的票据实际上分属不同的流程。第一张属于票据遗失,第二张属于票据交付。这是本案非常重要的两个事实环节。《票据法》第20条规定,"出票是指出票人签发票据并将其交付给收款人的票据行为。"出票行为是一种交付行为。票据行为人在完成票据记载与签章之后,还必须以自己的意思,将其交付给收款人,实现其票据占有的实际转移,从而完成出票行为。因此,票据交付是票据行为最终有效的特殊形式要件,缺乏交付的票据行为是无效的。据此,A公司签发的第一张汇票因欠缺交付而无效,A公司不承担票据责任。

(三) 回答问题

A公司应否对伪造后的票据承担票据责任?

第五章 担保法

◆ 学习目标 ◆

通过本章的学习，了解担保的概念、特征及担保法的适用范围，明确担保法律关系的概念及构成要素，重点掌握保证、抵押、质押、留置与定金的概念和主要内容，在此基础上明确保证、抵押、质押、留置与定金的有关法律规定。

第一节 担保法概述

一、担保概述

(一) 担保及其作用

1. 担保的含义

担保是指在特定财产上设定权利或以债务人以外的第三人的信用来确保特定债权人债权实现的法律制度。

担保包括三方面的含义:(1)担保的目的是保障特定债权人的债权实现,一般所称的担保,是指债的特别担保。(2)担保的标的可以是第三人的信用,也可以是第三人或者债务人的特定财产,但不能是债务人的信用。(3)担保是对债的效力的一种加强和补充,是对债务人信用的一种保证措施。

在市场经济条件下,存在着大量的信用活动并由此建立起广泛的信用关系。信用关系的双方当事人互为债权人和债务人。由于部分债务人的失信行为,使得债权人的债权难以实现。如银行贷款后难以收回而形成不良贷款,供货企业赊销后货款不能按时收回而形成货款拖欠,等等。为了保证债权人债权的实现,经济主体在建立信用关系时可以采取事先约定的方式,让债务人提供担保,当债务人不按约定履行债务时,债权人可依法强制实现其债权。因此,各国都建立了担保法律制度来约束和督促债务人履行债务,促进信用活动的开展,保障债权的顺利实现。我国于 1995 年 6 月 30 日第八届全国人民代表大会常务委员会第十四次会议通过了《中华人民共和国担保法》(以下简称《担保法》),并于同年 10 月 1 日起施行。

2. 担保的作用

在社会经济活动中,担保发挥着促进商品流通和资金融通,扩大信用活动规模,规范信用关系的建立,保障社会经济稳定有序发展的作用。

(1) 担保是确保债权实现的法律手段。因为担保的设定,或是以第三人的信用作保证,使担保人与债务人一同就某一债务向债权人负清偿责任,从而等于扩大了债务人的责任财产范围,使债权人的债权实现有了更多的客观保障;或是以特定财产上设定的权利作保证,使债权人在债务人不履行债务时可以从担保物的变现中获得补偿,从而使债权得到实现。

(2) 担保是维护市场经济秩序的有效措施。在一定意义上讲,市场经济是信用经济。市场经济的有序发展首先表现为信用关系的正常建立和债权债务的顺利履行。如果债务人不履行债务也不承担相应的责任，债权人的利益得不到有效的保障，就会失去交易安全，信用关系会难以建立，信用活动会出现萎缩，这对经济的发展是十分有害的。有了担保制度，可以加强债务人的信用，债权人的利益可以得到确保，从而可以避免或减少纠纷，增强交易的安全，维护市场经济秩序。

（3）担保制度可以充分发挥财产效益。担保制度的这一作用主要体现在物的担保上。物的担保，尤其是抵押担保，使当事人一方面可以继续利用其物进行生产经营活动，同时又可以利用其物的价值作信用担保得到所需资金。例如，企业以其厂房设备抵押担保贷款时，既不会失去对厂房设备的使用权，又可以得到所需资金。这样，既能发挥物的使用价值（用于生产），又能发挥物的价值（用于设定担保贷款），从而使财产的效益得到最大的发挥。

（二）担保的特征

1. 从属性

担保是以一定的债权关系的存在为前提的，是一种从属于主债权关系的法律关系。《担保法》规定："担保合同是主合同的从合同，主合同无效，担保合同无效。"这表明，主合同的存在是担保合同存在的前提条件，如果主合同不存在，则担保合同不会发生；主合同无效，则担保合同也无效。

2. 补充性

为保障主债权而设立的担保，是在主债权的基础上补充的权利义务关系，它进一步强化了主债务人履行债务的责任，增强了债权人实现权利的效力。但是，担保关系中的权利义务关系是有别于主债权中的权利义务关系的。一般情况下，只有主债务人没有履行债务责任时，担保人的担保责任才会实际履行。因此，相对主债务关系而言，担保具有补充性的特征。

3. 财产性

担保本质上是一种财产权，反映的是一种财产权关系。各种担保形式的实质，都是以其财产来履行保证责任的。因此，对财产的归属及担保物价值的审定，以及保证人担保能力的评估，是签订担保合同时必须明确的问题。

（三）担保活动的原则

依照《担保法》的规定，担保活动应当遵循以下原则：

1. 平等原则

担保是一种民事法律行为，当事人各方有着平等的法律地位。不论债权人、担保人、被担保人，也不论当事人的经济性质如何、经济实力强弱，法律地位一律平等。担保各方当事人平等地协商相互间的权利义务、平等地受法律的保护。任何一方都不能享有超越他人的特权,相互之间也不存在服从或管理关系。

2. 自愿原则

是指当事人完全按照自己的意愿依法自主地决定和选择担保事项。当事人是否设定担保、采用何种方式担保、担保多大债务数额等,完全由其自主决定,任何人不得代替当事人作出决定。

3. 公平原则

在担保活动中,当事人要以社会的公平、正义观念指导自己的行为。例如,在设定担保时,担保物的价值一般应与所担保的债权额相当,债权人不应当要求担保人提供价值大大超过其债权额的担保物;在当事人发生纠纷时,应当按照公平合理、兼顾各方利益的原则处理。

4. 诚实信用原则

是指担保活动的当事人要诚实守信,不得采取欺骗手段。例如,当事人恶意串通,骗取第三人的担保;当事人采取欺诈手段,迫使他人违反自己的真实意愿而提供担保;当事人故意以同一物的价值重复担保;当事人明知自己无担保能力而仍为他人担保等,都是违反诚实信用原则的,也是违反《担保法》的不法行为。

(四) 担保的方式

根据不同的标准,对担保方式可作不同的分类。

1. 以担保的标的来划分

以担保的标的来划分,担保方式有以下三种:

(1) 人的担保。是指在债务人的全部财产之外,又附加其他有关人的财产作为债权清偿的担保。其形式有保证人和连带债务人两种。保证人是指基于他人和债权人的约定,当债务人不履行其债务时,按照约定代债务人履行债务或者承担民事责任的人。连带债务人是指在多数债务人的情况下,负有向债权人清偿全部债务的义务人。

(2) 物的担保。是指以债务人或者其他人的特定财产作为抵偿债权的标的,当债务人不履行其债务时,债权人可以将该财产变价,并从中优先受偿。其方式有抵押、质押和留置。

(3) 金钱担保。是指以金钱为标的物的担保,其主要形式有定金和押金。

2. 以担保人用以担保债的手段来划分

以担保人用以担保债的手段来划分,担保方式有以下五种:

(1) 保证。是指由债权人和债务人以外的第三人作为保证人，当债务人不履行债务时，按照约定由保证人履行债务。

(2) 抵押。是指债务人或第三人提供一定财产作为抵押物，当债务人不履行债务时，债权人有权将抵押物折价、拍卖、变卖，以所得抵押物的价款优先受偿。

(3) 质押。是指债务人或第三人将其财产以质物的形式交债权人占有，以该财产作为债权的担保。当债务人不履行债务时，债权人有权将质物折价、拍卖、变卖，并以所得价款优先受偿。

(4) 留置。是指依照法律规定，债权人按照合同约定占有债务人的财产，当债务人不按合同约定履行债务时，债权人有权将留置财产折价、拍卖、变卖，并以所得价款优先受偿。

(5) 定金。是指合同当事人为确保合同的履行，在合同订立时或合同履行前，一方当事人给付对方一定数量的货币。

二、担保法律关系

(一) 担保法及其适用范围

1. 担保法

担保法是调整债权人、债务人、担保人之间债权担保关系的法律规范的总称。在我国，担保法主要包括以下部分：(1)民法通则和其他民事单行法，如《中华人民共和国经济合同法》等；(2)《中华人民共和国担保法》；(3)行政法规中有关担保的规范；(4)最高人民法院的司法解释；(5)地方性法规中有关担保的规定。

2. 担保法的适用范围

担保法广泛适用于各种经济活动中，如借贷、贸易、仓储保管、货物运输等。只要债权人认为有必要由债务人提供担保以确保债权的实现时，均可依法设立担保。银行贷款时可以要求借款人提供保证、抵押或质押；贸易双方在付款或发货前均可要求对方提供保证、抵押、质押、定金；仓储保管、货物运输和加工承揽合同中的债权人可依法享有留置权。

(二) 担保法律关系

担保法律关系是担保当事人基于担保行为而产生的权利与义务的法律关系。担保法律关系由主体、内容和客体三个要素构成。

1. 担保法律关系的主体

(1) 担保人，即向债权人作出担保的人。担保人以自己的信用向债权人作保证的称作保证人；担保人以自己的财产或权利向债权人作担保的，如果不转移财产或权利的占有，称作抵押人；如果转移财产或权利的占有，称作出质人。

(2) 被担保人，是主债务关系中的债务人。

(3) 担保权人，是主债务关系中的债权人。在抵押担保关系中，称作抵押权人；在质押担保关系中，称作质权人；在留置担保关系中，称作留置权人。

2. 担保法律关系的内容

担保法律关系的内容是指担保关系中各方当事人的权利与义务。如担保权人在主合同不能履行或不能完全履行时，有权从担保人那里获得清偿；担保权人如果是质权人、留置权人时，应承担妥善保管质物或留置物的义务。担保人在主合同不能履行或不能完全履行时，有义务保证主债权得以清偿；当担保人代替被担保人清偿债务后，有权对被担保人进行追偿。

3. 担保法律关系的客体

担保法律关系的客体是指担保人和担保权人的权利义务指向的对象。担保关系中的客体包括财产、具有财产内容的权利以及行为，如房屋、机器设备、货物、土地使用权、各类票据、有价证券以及商标权、专利权、著作权等。但法律禁止的物品或权利不可做担保的客体，如人身及人体器官、土地所有权等。

(三) 反担保法律关系

反担保是被担保人或第三人应担保人的要求，向担保人提供的担保。《担保法》规定："第三人为债务人向债权人提供担保时，可以要求债务人提供反担保。"反担保人可以是债务人，也可以是债务人之外的其他人。反担保方式可以是债务人提供的抵押或者质押，也可以是其他人提供的保证、抵押或者质押。

在担保活动中，担保可以是债务人自己提供的，即同一人既是债务人又是担保人，这种担保形式只能是债务人的物的担保。担保也可以是债务人以外的第三人提供的，即第三人为担保人。这种担保形式既可以是物的担保，也可以是人的担保。第三人为担保人的，在债务人不履行债务时，担保人须以自己的财产为债务人清偿债务。担保人为债务人清偿债务后，有权向债务人进行追偿。

担保人向债务人追偿时，担保人为债权人。担保人追偿的权利能否实现，受到债务人信用状况的影响。担保人为了保证其追偿权的实现，可以向债务人提出担保的要求。在这种情况下，债务人应担保人的要求由自己或第三人向担保人提供的担保即为反担保。例如，甲企业向银行贷款，银行要求其提供担保,甲企业请求乙企业为其担保,乙企业同意为甲企业担保,但提出甲企业要向其提供反担保。于是乙企业与银行订立保证合同,约定乙企业为甲企业贷款的偿还负保证责任;乙企业为保证在承担保证责任后能实现对甲企业的追偿,又与甲企业订立一份抵押合同,约定甲企业将其厂房抵押给乙企业作担保。在这里,甲企业向乙企业的抵押担保就属于反担保。

由此可见,反担保只能在第三人为债务人提供担保的情况下发生。至于反担保的提供人,则可以是债务人自己,也可以是债务人以外的其他人。反担保与担保的根本区别就在于,担保所担保的是主债权,而反担保所担保的是担保人的追偿权。反担保的订立程序、有效条件、当事人的权利义务、担保权的实现方式等,均与担保相同。例如,反担保的担保方式为保证的,适用于《担保法》中关于保证的规定;反担保的担保方式为抵押的,适用于《担保法》中关于抵押的规定。

第二节 保证担保

一、保证概述

(一) 保证

保证是指保证人和债权人约定,当债务人不履行其债务时,保证人按照约定履行债务或者承担责任的行为。

在保证活动中,涉及三方当事人,存在三个合同关系。三方当事人分别是:债权人、债务人和保证人。三个合同关系分别是:(1)债权人和债务人之间的主合同,它是保证关系产生的基础。(2)债务人和保证人之间订立的委托保证合同,这是一种委托关系。(3)保证人和债权人之间订立的保证合同,这是保证的本体。它表明保证人以自己的信誉向债权人承诺,如果债务人到期不履行债务,由保证人按照约定履行债务或承担责任。

(二) 保证的特征

1. 从属性

保证合同为主合同的从合同,保证债务为主债务的从债务。保证的从属性主要表现在:(1)保证合同以主合同的有效存在为前提。因主合同无效或者被撤销的,保证债务也不存在。(2)保证的范围与强度从属于主债务,不得大于或者强于主债务。(3)保证随主债权的转移而转移。《担保法》规定:"保证期间，债权人依法将主债权转让给第三人的，保证人在原保证担保的范围内继续承担保证责任。保证合同另有约定的，按照约定。”(4)保证随主债务的消灭而消灭。主债务因清偿等原因消灭的，保证债务随之消灭。

2. 独立性

保证债务虽从属于主债务，但它不是主债务的一部分，而是独立于主债务的单独的债务。保证债务可以与主债务不同。例如，保证人可以和债权人约定，仅就主债权本金担保，而不担保利息、违约金、损害赔偿金等；主债务合同不附加条件的，保证债务合同可以附加条件。

3. 补充性

保证是对主债务的补充和加强，因而具有补充性。保证的补充性主要表现在，只有在债务人不履行债务时，保证人才负保证责任。因而债权人请求保证人履行保证责任时，应当证明主债务人未履行债务的事实。否则，保证人可以拒绝债权人提出的履行保证责任的请求，即享有先诉抗辩权。

二、保证合同与保证种类

（一）保证合同

保证合同是保证人与主合同中债权人订立的、为确保债权实现、明确保证责任，保证人以自己的信誉和资产向债权人作出的承诺。保证人与债权人应当以书面形式订立保证合同。根据《担保法》的规定，保证合同应当包括以下内容：

(1) 被保证的主债权种类、数额。主债权的种类是指主债权人因合同性质的不同而享有不同的请求权。如主债权人可以请求债务人偿还借款、交付货物、提供劳务等。

(2) 债务人履行债务的期限。对主债务人来说，主债务期限届满意味着其应完成债务的履行，如债务人不履行债务，则主债务的诉讼时效开始。对保证人来说，主债务期限届满意味着保证期间的开始，债权人可以要求负连带责任保证的保证人履行保证责任；对一般保证的保证人来说，主债务期限届满意味着将有可能对主债务承担保证责任。

(3) 保证方式。保证方式分为一般保证和连带责任保证。一般保证的保证人在主合同纠纷未经审判或者仲裁，并就债务人财产依法强制执行仍不能履行债务前，对债权人可以拒绝承担保证责任。连带责任保证的债务人在主合同规定的债务履行期届满没有履行债务的，债权人可以要求债务人履行债务，也可以要求保证人在其保证范围内承担保证责任。由此可见，保证方式的不同对债权人和保证人的利益有着重大影响。因此，在保证合同中必须明确约定，未约定或约定不明的，保证人承担连带保证责任。

(4) 保证担保的范围。保证担保的范围包括主债权及附属于主债权的费用。附属于主债权的费用包括利息、违约金、损害赔偿金、实现债权的费用。保证人和债权人可以约定保证范围，以明确保证人的责任。未约定或约定不明的，保证人对全部债务承担责任。

(5) 保证的期间。保证期间是指保证人在哪一期间内承担保证责任，在该期间内债权人没有向保证人行使相应的请求权，超过该期限保证人不再承担保证责任。保证期间对保证活动的当事人十分重要，必须明确约定。未作约定的，保证期间为6个月，从主债务履行期届满之日起开始计算。

(6) 双方需要约定的其他事项。

(二) 保证种类

根据不同的标准，可以把保证划分为不同的种类。

(1) 依据保证人在保证关系中的地位不同，保证可分为一般保证和特别保证。一般保证是指当事人在保证合同中约定，债务人不履行债务时，由保证人承担保证责任的保证。特别保证又称连带责任保证，是指当事人在保证合同中约定，由债务人和保证人对债务承担连带责任的保证。两种保证的最大区别是保证人是否享有先诉抗辩权。

(2) 依据保证人的人数不同，保证可分为单独保证和共同保证。单独保证是指只有一个保证人担保同一债权的保证。共同保证是指数个人担保同一债权的保证。保证人可以是自然人、法人或法律认可的其他组织。两个以上保证人对同一债务同时或者分别提供保证时，各保证人与债权人没有约定保证份额的，应当认定为连带共同保证。

(3) 依据保证是否设定期限，保证可分为定期保证和无期保证。定期保证是指保证人与债权人在保证合同中约定保证人承担保证责任的期限，保证人仅于此期限内承担保证责任，债权人未在此期限内向保证人主张权利的，保证人即可免责。无期保证是指保证合同没有约定保证期限，债权人有权自债务履行期届满之日起6个月内要求保证人承担保证责任的保证。

(4) 依据保证当事人是否约定有保证担保的范围，保证可分为有限保证和无限保证。有限保证是指当事人自由约定保证担保范围的保证。无限保证是指当事人未特别约定保证担保的范围，而是依据法律的规定来确定范围的保证。一般情况下，无限保证的保证人须对全部债务负责，包括主债权、利息、违约金、损害赔偿金、实现债权的费用等。

(5) 依据被保证的债务是否为即存债务,保证可分为即存债务的保证和将来债务的保证。即存债务的保证是指为已经存在的债权债务设定的保证。将来债务的保证是指为将来存在的债权债务设定的保证。

(三) 最高额保证

最高额保证是指保证人对债权人和债务人在一定期间内连续发生的若干笔债务,在最高限额内承担保证责任的保证。《担保法》规定:“保证人与债权人可以就单个主合同分别订立保证合同,也可以协议在最高债权额限度内就一定期间连续发生的借款合同或者某项商品交易合同订立一个保证合同。”

最高额保证有以下特征:(1)最高额保证所担保的债务在保证设立时可能已经发生,也可能没有发生,最高额保证的生效与被保证的债务是否发生无关;(2)最高额保证所担保的债务为一定期间内连续发生的债务;(3)最高额保证所担保的不是数笔债务的简单累加,而是债务整体,各笔债务的清偿期仅对债务人有意义,并不影响保证人承担保证责任;(4)最高额保证约定由保证人承担保证责任的最高限额。

三、保证人与保证人权利

(一) 保证人

1. 保证人的资格

保证人是保证合同的债务人。保证人可以是公民,也可以是法人。公民做保证人的,应当具有完全民事行为能力。法人做保证人的,必须拥有独立的财产,并且不得违反法律的特殊要求。保证人是以其信用向债权人提供的担保,而债权的实现关键取决于保证人是否有足够的财产作保障。这就要求保证人必须具有代为清偿债务的能力。所谓代为清偿债务的能力,一是体现在保证人应当具备足以代为清偿保证债务的财产;二是体现在保证人应对其用作偿付保证债务的财产拥有处分权。

2. 对保证人资格的限制

保证人为他人提供担保,意味着保证人有可能承担保证责任,这会导致保证人财产的减少,影响保证人的正常活动。为此,《担保法》对保证人的资格作了必要的限制,规定了不得作为保证人的主体:

(1) 未经国务院批准的国家机关。《担保法》规定,国家机关不得为保证人,但经国务院批准为使用外国政府或者国际经济组织贷款进行转贷的除外。

(2) 学校、幼儿园、医院等以公益为目的的事业单位、社会团体不得为保证人。

(3) 企业法人的分支机构、职能部门不得为保证人。企业法人的分支机构有法人书面授权的,可以在授权范围内提供保证。企业法人的分支机构经法人书面授权提供保证的,如果法人的书面授权范围不明确,法人的分支机构应当对保证合同约定的全部债务承担保证责任。企业法人的分支机构经营管理的财产不足以承担保证责任的,由企业法人承担民事责任。企业法人的职能部门提供保证的,保证合同无效。

(二) 保证人权利

保证人权利是指保证成立后保证人在承担责任的同时所应享有的权利。

1. 保证人的权利

保证人的权利主要包括两个方面:一是对债权人的权利,主要是先诉抗辩权。先诉抗辩权是指保证人在债权人没有对主债务人的财产依法强制执行时,对于债权人有权拒绝履行清偿的权利。二是对债务人的权利,主要是求偿权。求偿权是指保证人承担了保证责任后,可以向主债务人请求偿还的权利。

2. 保证责任的免除

是指对已经存在的保证责任基于法律的规定或当事人的约定,保证人不承担保证责任的现象。在下列情况出现时,保证人的保证责任可以全部或部分免除。

(1) 主合同债务人采取欺诈、胁迫等手段,使保证人在违背真实意思的情况下提供保证的;债权人知道或者应当知道欺诈、胁迫事实的。

(2) 保证期间,债权人依法将主债权转让给第三人的,保证债权同时转让,保证人在原保证担保的范围内对受让人承担保证责任。但是保证人与债权人事先约定仅对特定的债权人承担保证责任或者禁止债权转让的,保证人对转让的债权不再承担保证责任。

(3) 保证期间,债权人许可债务人转让部分债务未经保证人书面同意的,保证人对未经其同意转让部分的债务,不再承担保证责任。但是,保证人仍应当对未转让部分的债务承担保证责任。

(4) 保证期间,债权人与债务人对主合同数量、价款、币种、利率等内容作了变动,未经保证人同意的,如果减轻债务人的债务的,保证人仍应当对变更后的合同承担保证责任;如果加重债务人的债务的,保证人对加重的部分不承担保证责任。

(5) 在合同约定的保证期间和法律规定的保证期间,债权人未对债务人提起诉讼或者申请仲裁的,保证人免除保证责任。

(6) 一般保证的保证人在主债权履行期间届满后,向债权人提供了债务人可供执行财产的真实情况的，债权人放弃或者怠于行使权利致使该财产不能被执行，保证人可以请求人民法院在其提供可供执行财产的实际价值范围内免除保证责任。

(7) 债权人在主合同履行期届满后怠于行使担保物权，致使担保物的价值减少或者毁损、灭失的，视为债权人放弃部分或者全部物的担保。保证人在债权人放弃权利的范围内减轻或者免除保证责任。

第三节　抵押担保与质押担保

一、抵押担保

(一) 抵押及其特征

1. 抵押

抵押是指债务人或第三人不转移对特定财产的占有，而将该财产作为债权的担保，在债务人不履行债务时，债权人有权依法以该财产折价、拍卖、变卖所得价款优先受偿的一种担保方式。在抵押关系中，提供抵押物的债务人或第三人称作抵押人；接受抵押物的债权人称作抵押权人；提供担保的财产称作抵押物。

2. 抵押的特征

抵押具有以下特征：(1)抵押不转移对抵押财产的占有，这是抵押与质押的根本区别。财产抵押后，抵押人仍可占有并使用抵押财产发挥其效用，同时也免除了抵押权人的保管义务。(2)抵押担保具有特定性。在抵押关系中，抵押权人是特定的，抵押财产及所担保的债务也是特定的。只有将抵押财产特定化，才能确定其价值。而保证担保则是以保证人非特定财产提供担保的。(3)抵押权具有优先受偿性。所谓优先受偿，是指债务人同时存在数个债权人时，享有抵押权的债权人可以就抵押物优先受偿。这是有抵押权的债权与无抵押权的一般债权的本质区别。

3. 抵押权的范围

抵押担保的范围包括主债权及利息、违约金、损害赔偿金和实现抵押权的费用。抵押物折价或者拍卖、变卖所得的价款，当事人没有约定的，按下列顺序清偿：(1)实现抵押权的费用；(2)主债权的利息；(3)主债权。抵押人所担保的债权不得超出其抵押物的价值。抵押人所担保的债权超出其抵押物的价值的，超出的部分不具有优先受偿的效力。抵押物折价或者拍卖、变卖所得价款低于抵押权设定时约定价值的，应当按照抵押物实现的价值进行清偿；不足清偿的剩余部分，由债务人清偿。

（二）抵押财产的范围

1. 可以抵押的财产

根据《担保法》的规定，下列财产可以抵押：(1)抵押人所有的不动产，如房屋和其他地上定着物等。但以法定程序确认为违法、违章的建筑物抵押的，抵押无效。(2)抵押人所有的动产，如机器、交通运输工具和其他财产。(3)抵押人依法有权处分的国有土地的使用权、房屋和其他地上定着物。(4)抵押人依法有权处分的国有机器、交通运输工具和其他财产。(5)抵押人依法承包并经发包人同意抵押的荒山、荒沟、荒丘、荒滩等荒地的土地使用权。(6)依法可以抵押的其他财产。

抵押人可以将上面所列财产单独抵押，也可以一并抵押。

2. 不得抵押的财产

根据《担保法》的规定，下列财产不得抵押：

(1) 国有土地所有权。我国的土地所有权属于国家所有，并禁止买卖，单位和个人只能享有使用权。

(2) 集体土地使用权。耕地、宅基地、自留地、自留山等属集体所有，农民个人只有使用权，并且土地的用途在我国受到严格的限制，使用集体土地的单位和个人不得随意处分。

(3) 公益单位的设施。如学校、幼儿园、医院、图书馆、公园等以公益为目的的事业单位、社会团体的教育设施、医疗卫生设施和其他社会公益设施，关系着社会公众利益，用于抵押会损害社会公共利益。

(4) 所有权、使用权不明或者有争议的财产。

(5) 依法被查封、扣押、监管的财产。这些财产被依法采取强制措施后，无论是财产所有人，还是其他人，都无权运用或处分。

(6) 依法不得抵押的其他财产。

二、抵押合同和抵押物登记

（一）抵押合同的内容

抵押合同是抵押权人与抵押人设定抵押关系，明确权利义务的协议。在抵押合同中，抵押权人是主合同中的债权人；抵押人可以是主合同中的债务人，也可以是第三人。

根据《担保法》的规定，抵押合同应包括以下内容：

(1) 被担保的主债权种类、数额。是指被抵押的财产是为哪一个债务人的哪一笔债务作担保；担保的债务属于哪一类，是借贷产生的债务，还是买卖关系形成的债务等。

(2) 债务人履行债务的期限。对于债权的实现，债务人履行债务是第一位的，以抵押物的价值清偿是第二位的。债务人在债务履行期限届满不履行债务时，债权人才能行使抵押权。所以，明确债务人履行债务的期限对双方当事人都是十分重要的。

(3) 抵押物的名称、数量、质量、状况、所在地、所有权权属或者使用权权属。

(4) 抵押担保的范围。抵押担保的范围包括主债权及利息、违约金、损害赔偿金和实现抵押权的费用。当事人对此应明确约定，未约定或约定不明的，视为对全部债务担保。

(二) 抵押物登记

抵押由于不转移对抵押物的占有，因而不能以交付方式来表明抵押的实现。为了防止债务人或第三人的财产重复抵押，导致抵押权不能实现，需要对抵押物进行登记。我国抵押物登记制度分为强制登记和自愿登记两种。

1. 强制登记

是指以法律规定必须登记的财产作为抵押物的，在订立抵押合同后，必须到指定的有关部门办理抵押登记手续，抵押合同才能生效的一种登记制度。

强制登记的抵押物财产包括：(1)无地上定着物的土地使用权；(2)城市房地产和乡(镇)、村企业的厂房等建筑物；(3)林木；(4)航空器、船舶、车辆；(5)企业的设备和其他动产。

2. 自愿登记

是指依法律规定必须办理登记的抵押物以外的财产抵押的，可由当事人双方协商确定是否办理抵押登记的一种制度。

3. 办理抵押登记的部门

办理抵押登记的部门包括：(1) 以无地上定着物的土地使用权抵押的，为核发土地使用权证书的土地管理部门；(2)以城市房地产或者乡(镇)、村企业的厂房等建筑物抵押的，为县级以上地方人民政府规定的部门；(3)以林木抵押的，为县级以上林木主管部门；(4)以航空器、船舶、车辆抵押的，为运输工具的登记部门；(5)以企业的设备和其他动产抵押的，为财产所在地的工商行政管理部门。

办理抵押物登记，应当向登记部门提供下列文件或者其复印件：(1)主合同和抵押合同；(2)抵押物的所有权或者使用权证书。

当事人自愿办理抵押物登记的，登记部门为抵押人所在地的公证部门。当事人不愿办理抵押物登记的，不影响抵押合同的法律效力，但不得对抗第三人。自愿登记的抵押合同自订立合同之日起生效。

三、抵押权的实现

1. 抵押权的实现方式

当主债务期限届满，债务人未按约定履行还债义务时，债权人(抵押权人)可依法行使抵押权，以实现其债权。抵押权的实现有以下几种方式：(1)以抵押物折价受偿；(2)对抵押物公开拍卖，从所得价款中受偿；(3)对抵押物变卖，从所得价款中受偿。

债务履行期届满抵押权人未受清偿的，抵押权人与抵押人应进行协商，选择上述方式进行债务清偿；协议不成的，抵押权人可以向人民法院提起诉讼，由人民法院依法处理抵押物而获得受偿。不论采用何种方式处分抵押物，所得价款超过债权数额的部分归抵押人所有，不足部分由债务人清偿。

2. 抵押清偿的顺序

同一财产向两个或两个以上债权人抵押的，按以下顺序清偿：(1)抵押合同以登记为生效条件的，按照抵押物登记的先后顺序清偿，顺序相同的，按照债权比例清偿。(2)实行自愿登记的抵押合同，抵押物已登记的，按登记生效的先后顺序清偿；抵押物未登记的，按抵押合同生效时间的先后顺序清偿，顺序相同的，按照债权比例清偿。(3)抵押物登记的优先于未登记的受偿。

同一债权有两个以上抵押人的，当事人对其提供的抵押财产所担保的债权份额或者顺序没有约定或者约定不明的，抵押权人可以就其中任一或者各个财产行使抵押权。抵押权因抵押物灭失而消灭。因灭失所得的赔偿金，应当作为抵押财产。

3. 对实现抵押权的限制

(1) 城市房地产抵押合同签订后，土地上新增的房屋不属于抵押物。需要拍卖该抵押的房地产时，可以依法将该土地上新增的房屋与抵押物一同拍卖，但对拍卖新增房屋所得，抵押权人无权优先受偿。

(2) 以承包的荒地的土地使用权抵押的，或者以乡(镇)、村企业的厂房等建筑物占用范围内的土地使用权抵押的，在实现抵押权后，未经法定程序不得改变土地集体所有和土地用途。

(3) 拍卖划拨的国有土地使用权所得的价款，在依法缴纳相当于应缴纳的土地使用权出让金的款额后，抵押权人有优先受偿权。

4. 抵押人的追偿权

抵押权实现后，如果是第三人提供的抵押物，第三人成为债务人的债权人，有权向债务人追偿。同一债权有多个抵押担保人时，某一抵押人承担了担保责任后，可以向债务人追偿，也可以要求其他抵押人清偿其应当承担的份额。

四、质押担保

(一) 质押及其特征

1. 质押

质押是指债务人或者第三人将其财产移交债权人占有，以该财产作为债权的担保。债务人不履行债务时，债权人有权依照法律的规定以该财产的折价或者以拍卖、变卖该财产的价款优先受偿。把财产移交他人占有并作为债权担保的债务人或者第三人为出质人，占有出质人财产的债权人为质权人，移交的财产为质物。质押担保的范围包括主债权及利息、违约金、损害赔偿金、质物保管费用和实现质权的费用。

2. 质押的特征

质押具有以下特征：(1)质权人享有对质物的占有权；(2)质权人享有收取质物所生孳息的权利；(3)质权人有妥善保管质物的义务；(4)质权人在债权到期未获清偿时，依法享有以质物折价、拍卖或变卖所得价款优先受偿的权利。

3. 质押的种类

根据质物的性质，可以把质押分为动产质押和权利质押。动产质押是指债务人或第三人以其所有的动产或依法取得处分权的动产作为质物，并把其移交给债权人占有，以该动产作为债权的担保。权利质押是指债务人或第三人以权利凭证作为质物，并交付给债权人占有，以该权利作为对债权的担保。

4. 质押合同

按照《担保法》的规定，出质人和质权人应当以书面形式订立质押合同。质押合同的内容包括以下方面：(1)被担保的主债权种类、数额；(2)债务人履行债务的期限；(3)质物的名称、数量、质量、状况；(4)质押担保的范围；(5)质物移交的时间；(6)当事人认为需要约定的其他事项。

(二) 质物的范围

1. 可质押的动产

所谓动产,是指除土地及其定着物、房屋等不动产以外的、可以移动而又不损害其经济价值的财产。

作为质物的动产一般应具备以下条件:(1)必须是出质人享有处分权的动产;(2)必须是具有交换价值的动产,通过处分质物可以保障债权的实现;(3)必须是具有流通性的动产,即作为质物的动产必须可以在市场上买卖,不为法律所禁止;(4)必须是可以留置的动产。一般说来,危险品、易变质等不易保管的物品不宜作为质物。国家机关和以公益为目的的单位的动产不能作为质物,否则会影响国家机关履行职能和损害社会公共利益。

2. 可质押的权利

根据我国《担保法》的规定,可质押的权利有三类:债权、股权和知识产权。具体包括:(1)汇票、支票、本票、债券、存单、仓单、提单;(2)依法可转让的股份(股权证)、股票;(3)依法可转让的商标专用权、专利权、著作权中的财产权;(4)依法可质押的其他权利。

(三) 质物登记与质权的实现

1. 质物登记

质押由于转移对质物的占有,并以交付为生效条件,所以质押一般不需要办理登记。但以上市公司的股份出质的,应当向证券登记机构办理出质登记,质押合同自登记之日起生效。以依法可以转让的商标专用权,专利权、著作权中的财产权出质的,应当向其管理部门办理出质登记,质押合同自登记之日起生效。

2. 质权的实现

债务履行期届满质权人未受清偿的,可以与出质人协商以质物折价,也可以依法拍卖、变卖质物而优先受偿。质物折价或者拍卖、变卖后,其价款超过债权数额的部分归出质人所有,不足部分由债务人清偿。出质人为债务人以外的第三人的,在质权人实现质权后,有权向债务人追偿。

3. 出质人的权利

出质人具有以下权利:(1)质物损害赔偿请求权。质权人负有妥善保管质物的义务。因保管不善致使质物灭失或者毁损的,出质人可以要求质权人将质物提存,或者要求提前清偿债押权而返还质物。质物提存费用由质权人负担;出质人提前清偿债权的,应当扣除未到期部分的利息。质权人在质权存续期间,未经出质人同意,擅自使用、出租、处分质物,因此给出质人造成损失的,由质权人承担赔偿责任。(2)质物返还请求权。债务履行期届满债务人履行债务的,或者出质人提前清偿所担保的债权的,质权人应当返还质物。债务履行期届满,出质人请求质权人及时行使权利,而质权人怠于行使权利致使质物价格下跌的,由此造成的损失,质权人应当承担赔偿责任。

第四节　留置担保与定金担保

一、留置担保

(一) 留置及其特征

1. 留置

留置是指债权人因合同关系占有债务人的动产,在债权未得到清偿以前,债权人有权扣留被占有的财产,债务人超过一定期限仍不履行债务的,债权人有权依照法律的规定,以该财产的折价或者以拍卖、变卖该财产的价款优先受偿的担保行为。

《担保法》规定,因保管合同、运输合同、加工承揽合同以及可以留置的其他合同发生的债权,债务人不履行债务的,债权人有留置权。在留置关系中,债权人又称留置权人。

2. 留置的特征

留置具有以下特征:

(1) 留置权是一种担保物权,其基本作用是担保债权的实现。其担保的作用,源于对债务人所有的财产的占有,并因此而留置以保持占有状态。如果债务人在一定的期限内不履行债务,债权人即可以将留置物变价优先受偿。

(2) 留置权是可以二次发生效力的权利。留置权产生以后,发生前后两次效力。第一次效力发生在留置权产生之时,债权人在债权未受清偿前可以留置债务人的财产,促使债务人履行其义务,直到债务人履行债务之时,该效力终止。第二次效力是第一次效力发生之后,债权人在债务人超过规定的宽限期仍不履行其义务时,可以依法以留置物折价或拍卖、变卖的所得价款优先受偿。

(3) 留置权具有不可分性。留置权的不可分性表现在:一是留置权所担保的是债权的全部,而不是债权的一部分。二是债权人对留置物的全部行使权利,而不是留置物的一部分。如果债权人占有的动产为可分物,为公平起见,债权人留置占有的留置物的价值应当相当于债务的金额,而不是留置物的全部。即留置物的价值大于主债权价值时，多余部分应返还债务人；如果留置物的价值小于主债权价值时，不足部分应由债务人偿还。

（二）留置期间与留置的效力

1. 留置期间

留置期间是指债权人对留置物享有留置权的时间期限。留置权开始于合同债务履行期届满时，终止于合同债务全部履行时。留置期间应当在合同中约定，且不应短于2个月。合同中未约定的，债权人留置债务人财产后，应当确定2个月以上的期限，通知债务人在该期限内履行债务。在留置期间内债务人履行了全部债务，留置物应返还债务人；留置期届满债务人仍不履行债务的，债权人可依法处理留置物并优先受偿。

2. 留置的效力

留置的效力包含两个方面：(1)留置担保的范围，包括主债权及利息、违约金、损害赔偿金，留置物保管费用和实现留置权的费用。(2)留置物的范围，包括主物、从物和孳息。债权人收取的孳息，可以用于偿付留置物的保管费用、利息、违约金和主债权。

（三）留置权人的权利与义务

1. 留置权人的权利

留置权人具有以下权利：(1) 占有留置物的权利。留置权成立后，留置权人对留置物即享有占有权，在其债权未得到清偿以前，有权拒绝债务人返还留置物的请求。(2)收取留置物孳息的权利。在留置期间，如果留置物产生孳息，孳息归留置权人所有，以抵偿相应的债务。(3)相关费用的偿还请求权。留置权人为保管留置物和实现留置权所支出的相关费用，有权列入留置权所担保的债权范围，要求债务人偿付。(4)就留置物优先受偿的权利。债务人逾期仍不履行的义务，留置权人可以与债务人协议以留置物折价，也可以依法拍卖、变卖留置物，并从价款中优先受偿。

2. 留置权人的义务

留置权人具有以下义务：(1)保管留置物。留置权人负有妥善保管留置物的义务。因保管不善致使留置物灭失或者毁损的，留置权人应当承担民事赔偿责任。未经债务人同意，留置权人擅自使用、出租、处分留置物，因此给债务人造成损失的，由留置权人承担赔偿责任。(2)返还留置物。主债权消灭，或者债务人另行提供担保时，留置权人应当返还留置物给债务人。

3. 留置权的消灭

以下情况可以使留置权消灭：(1)主债权消灭。留置权所担保的债权可因债务人履行等原因而消灭，留置权作为债权的从权利也随之消灭。(2)债务人另行提供担保并被债权人接受。在债务尚未履行前，债务人可以向债权人提供其他担保。如果债权人同意接受其他担保的，该项留置权即告消灭。(3)留置物灭失。留置权以债权人占有债务人的动产为成立条件，一旦留置物脱离债权人的实际控制，或因某种原因灭失，留置权也随之消灭。(4)留置权实现。留置权人已从留置物折价、拍卖或变卖的价款中受偿，债权得以实现，留置权随之消灭。

二、定金担保

（一）定金及其特征

1. 定金

定金是指合同当事人为了确保合同的履行，依据法律规定或者当事人双方的约定，由一方当事人在订立合同时，或者在合同订立后、履行前，按合同标的额的一定比例，预先给付对方当事人一定数量货币的行为。

2. 定金的特征

定金具有以下特征：(1)定金是一种金钱担保方式。定金是由一方当事人向另一方当事人给付一定货币来保证合同的履行，因此，定金不是以人的信用担保，也不是以特定的物担保，而是一种金钱担保方式。(2)定金具有预付款的性质。合同当事人以定金担保的，债务人履行债务后，定金可以抵作价款，也可以将定金收回。如果定金抵作价款，定金就成为预付的价款。(3)定金具有证明合同成立的作用。定金合同的设立应采用书面形式，同时还必须有交付定金的行为。因为定金合同属实践性合同而非承诺性合同。法律规定定金合同从实际交付定金之日起生效，而定金合同的生效同时也证明了合同关系的存在。(4)定金具有惩罚违约方的作用。订立合同的双方当事人只要不按照合同的约定履行义务，就无权请求返还定金或双倍返还定金。如果守约方没有损失，定金就完全是用来惩罚违约方的；如果守约方有损失但损失小于定金数额的，定金则既有惩罚性又有补偿性；如果守约方的损失等于或超过定金数额的，定金则完全是用来弥补守约方损失的。

（二）定金的种类

1. 违约定金

违约定金是指交付定金的当事人不履行债务，接受定金的当事人可以予以没收的定金。《担保法》规定，当事人可以约定一方向对方给付定金作为债权的担保。债务人履行债务后，定金应当抵作价款或者收回。给付定金的一方不履行约定的义务的，无权要求返还定金；收受定金的一方不履行约定的义务的，应当双倍返还定金。

2. 立约定金

立约定金也称订约定金，是指为担保合同的订立而设立的定金。当事人约定以交付定金作为订立主合同担保的，给付定金的一方拒绝订立主合同的，无权要求返还定金；收受定金的一方拒绝订立合同的，应当双倍返还定金。

3. 成约定金

成约定金是指作为合同成立或者生效要件的定金。即合同的一方当事人交付定金给对方当事人后，主合同才正式生效。当给付定金的一方未支付定金，但主合同已经履行或者已经履行主要部分的，不影响主合同的成立或者生效。

4. 解约定金

解约定金是指用以作为保留合同解除权代价的定金。即定金交付后，交付定金的一方可以按照合同的约定以丧失定金为代价而解除主合同，收受定金的一方可以双倍返还定金为代价而解除主合同。

（三）定金的成立和定金的效力

1. 定金的成立

《担保法》规定："定金应当以书面形式约定。当事人在定金合同中应当约定交付定金的期限。定金合同从实际交付定金之日起生效。"定金合同是要式合同，必须以书面形式订立，口头约定无效。定金合同可以采用三种形式：一是单独订立的书面合同；二是当事人之间具有约定定金性质的信函、传真等；三是主合同中的定金条款。

定金合同生效后，给付定金的一方不履行约定的义务的，无权要求返还定金；收受定金的一方不履行约定的义务的，应当双倍返还定金。定金的数额由当事人约定，但不得超过主合同标的额的20%。如果当事人约定的定金数额超过主合同标的额20%的，超过的部分，法律不予支持。实际交付的定金数额多于或者少于约定数额，视为变更定金合同；收受定金一方提出异议并拒绝接受定金的，定金合同不生效。

2. 定金的效力

定金一经交付和收受，就对双方当事人产生担保的作用，以及相互担保债务履行的权利与义务。双方当事人都享有要求对方当事人履行合同的权利，都负有履行合同以保障对方权利实现的义务。(1)因当事人一方迟延履行或者其他违约行为，致使合同不能实现，可以适用定金罚则。(2)当事人一方不完全履行合同的，应当按照未履行部分所占合同约定内容的比例，适用定金罚则。(3)因不可抗力、意外事件致使主合同不能履行的，不适用定金罚则。(4)因合同关系以外第三人的过错，致使主合同不能履行的，适用定金罚则。

合同一方当事人向对方当事人交付留置金、担保金、保证金、订约金、押金或者订金等，但没有约定定金性质的，当事人主张定金权利的，法律不予支持。

【本章小结】

担保制度是金融法律中的一项重要制度，它关系到资金融通的安全，关系到债权人的合法权益能否得到有效保护。在社会经济活动中，担保发挥着促进商品流通和资金融通，扩大信用活动规模，规范信用关系的建立，保障社会经济稳定有序发展的作用。

我国《担保法》规定的担保方式有保证、抵押、质押、留置和定金。《担保法》分别从担保的性质、生效条件、合同条款、责任承担等方面予以具体规定。在金融活动中，通常使用的担保制度是保证、抵押与质押。保证是以第三人的信用和不特定财产作担保，其方式最为简便，为担保双方当事人普遍使用。抵押是由债务人或第三人以其所有的财产但不转移财产占有的方式提供的担保。质押是由债务人或第三人以转移其享有所有权的动产或权利的占有提供的担保。

留置和定金在经济活动中也经常使用。留置是指债权人因合同关系占有债务人的动产，在债权未得到清偿以前，债权人有权扣留被占有的财产，债务人超过一定期限仍不履行债务的，债权人有权依照法律的规定，以该财产的折价或者以拍卖、变卖该财产的价款优先受偿的担保行为。定金是指合同当事人为了确保合同的履行，依据法律规定或者当事人双方的约定，由一方当事人在订立合同时，或者在合同订立后、履行前，按合同标的额的一定比例，预先给付对方当事人一定数量货币的行为。

【复习思考题】

一、名词解释

担保　担保法律关系　反担保　保证　保证人　抵押　抵押物登记

质押 留置 定金

二、问答题

1. 简述担保在市场经济中的作用。
2. 简述保证的特征。
3.《担保法》规定不得作为保证人的主体有哪些?
4. 简述质押的特征和质押的种类。
5. 简述留置的特征。
6. 简述定金的种类。

三、论述题

1. 担保活动应当遵循哪些原则?
2. 综述担保法律关系。
3. 保证合同应当包括哪些内容?
4. 综述抵押物登记。

四、案例分析题

案例一 无保证人资格的经济主体担保案

(一) 案例资料

2004年2月1日,某市食品总公司向某商业银行支行申请流动资金贷款60万元。某市副食品商场自愿为食品总公司提供连带责任保证担保。签约后,某商业银行支行发放了为期6个月的60万元贷款。贷款到期后,食品总公司因经营不善,商品大量积压,无力还款。贷款银行遂以副食品商场系该借款合同连带责任保证人为由,向法院提起诉讼,要求副食品商场和食品总公司共同承担偿付责任。庭审中,经法院查明,副食品商场系某商业开发公司下属企业,领有营业执照,但无法人资格,实系某商业开发公司的分支机构。在副食品商场为食品公司担保过程中,并未得到商业开发公司的明确书面授权。诉讼双方就副食品商场是否具有保证人资格问题发生分歧。

资料来源:《金融时报》。

(二) 分析提示

依据《担保法》第7条规定:具有代为清偿债务能力的法人、其他组织或者公民,可以作保证人。《担保法》第10条规定:企业法人的分支机构有法人书面授权的,可以在授权范围内提供保证。《担保法》第29条规定:企业法人的分支机构未经法人书面授权或者超出授权范围与债权人订立保证合同的,该合同无效或者超出授权范围的部分无效,债权人和企业法人有过错的,应当根据其过错各自承担相应的民事责任;债权人无过错的,由企业法人承担民事责任。

（三）回答问题

副食品商场担保是否有效?是否应当承担担保责任?贷款银行的损失应由谁来负责?

案例二　某建筑工程公司对外担保的保证期间及其效力案

（一）案例资料

2004年10月26日,某银行与某开发公司签订了借款合同,开发公司借款100万元,合同约定借款期限为3个月,到期日为2005年1月26日。同日银行与某建筑工程公司签订保证担保合同,由某建筑工程公司为该笔贷款提供连带责任保证担保,保证期间约定为"保证责任直至主债务本息还清为止"。贷款到期以后,开发公司无力还款,银行于2005年7月22日向开发公司发出了《逾期贷款催收通知书》。通知书的表述为:"某开发公司,你企业现在我行尚有贷款本金100万元没有归还、利息23 500元没有支付。"开发公司在贷款催收通知书上盖了公章,保证人建筑工程公司也在同一份《逾期贷款催收通知书》上盖了章。由于多次追索未果,银行于2006年1月10日,向法院起诉了开发公司和建筑工程公司。

资料来源:中国普法网。

（二）分析提示

《担保法》第25条规定,一般保证的保证人与债权人未约定保证期间的,保证期间为主债务履行期届满之日起6个月。在合同约定的保证期间和前款规定的保证期间,债权人未对债务人提起诉讼或者申请仲裁的,保证人免除保证责任;债权人已提起诉讼或者申请仲裁的 ,保证期间适用诉讼时效中断的规定。

第26条规定,连带责任保证的保证人与债权人未约定保证期间的,债权人有权自主债务履行期届满之日起6个月内要求保证人承担保证责任。在合同约定的保证期间和前款规定的保证期间,债权人未要求保证人承担保证责任的,保证人免除保证责任。

依据上述分析,保证人建筑工程公司应当承担保证责任。因为,保证合同中约定"保证责任直至主债务本息还清时为止",毕竟约定了保证期间,只是没有约定具体日期。这种约定,从双方意思表示上看,是想约定一种保证责任随主债务消灭而消灭,只要主债务存在,保证责任就存在的保证期间。双方一致的意思表示是约定一种最长的保证期间。如果认定为未约定保证期间,而认定保证期间为贷款到期之日起6个月,则与双方一致意思表示相违背。因此,保证期间应比照主债务的诉讼时效,认定为贷款到期日起2年为宜。

（三）回答问题

此案中保证责任应由谁承担？为什么？

案例三　不动产收益权出质的效力案

（一）案例资料

2005年6月20日,某商业银行支行与某房地产开发公司签订资金借款合同一份,约定由商业银行向某房地产开发公司贷款150万元,借款期限为一年。同日,贷款银行又与某置业公司签订一份抵押合同,约定:为确保借款合同的全面实际履行,置业公司愿以其拥有某城市花园四幢商住楼中的200万元权益作抵押;担保范围为主合同的本金及利息,借款人应支付的违约金(包括罚息)、赔偿金和实现借款债权的费用(包括诉讼费、律师费等);抵押期间为主合同生效之日至主合同债务期限届满之日后两年。抵押合同签订后,由于商业银行工作人员的疏忽,双方并未及时到登记部门办理抵押权登记。后因房地产公司无力清偿借款,贷款银行遂把借款人房地产公司与担保人置业公司为共同被告向法院起诉。两被告对事实认定均无争议,但置业公司提出抵押合同未经登记,不发生法律效力,不准备承担担保责任。

资料来源:《金融时报》。

（二）分析提示

本案争议的焦点是未经登记的抵押合同是否有效。依据《担保法》第42条规定,必须进行抵押登记的财产包括五类:土地使用权;房产(城市房地产和乡镇、村企业的厂房);林木;机动运输工具;企业的设备和其他动产。以上五类财产设立抵押,必须办理登记手续。抵押合同自登记之日起生效。

本案中房地产开发公司提供的抵押物不是不动产,而是一种收益权抵押,由于抵押合同中也没有确定该200万元权益针对该商住楼的哪一部分,因此不是一种不动产抵押,而是一种收益权抵押,因此不需进行抵押登记。

（三）回答问题

抵押合同是否有效？为什么？

第六章 信托法

◆ 学习目标 ◆

通过本章的学习，理解信托的概念，了解信托的起源、沿革及种类；理解信托法的概念与特征，掌握信托法的基本原则；理解并掌握信托法律关系的主体、客体和内容；了解信托投资公司的设立、变更和终止，理解信托投资公司的经营规则，了解行业监管机构对信托公司的监督。

第一节 信托法概述

一、信托概述

（一）信托的概念及特征

一般而言，信托是委托人将财产权转移于受托人，受托人依信托文件规定，为受益人或特定目的而管理或处分信托财产的法律关系。2001年4月28日第九届全国人民代表大会常务委员会第二十一次会议通过的《中华人民共和国信托法》（以下简称《信托法》）将信托定义为："委托人基于对受托人的信任，将其财产权委托给受托人，由受托人按委托人的意愿以自己的名义，为受益人的利益或者特定目的，进行管理或者处分的行为。"信托是一种代人理财的财产管理法律制度。

由此可见，信托具有以下法律特征：

（1）信托必须有相应的财产或财产权利。我国《信托法》第7条规定："设立信托，必须有确定的信托财产，并且该信托财产必须是委托人合法所有的财产。本法所称财产包括合法的财产权利。"因此，信托财产可以是财产，也可以是财产权利，前者如动产、不动产；后者如知识产权、股权、债权等。

（2）信托法律关系体现了所有权和利益相分离。信托财产是信托法律关系的基础，信托财产的转移是信托成立的法律前提，当信托财产由委托人转移给受托人后，它的所有权性质发生了特殊改变：所有权和利益相分离。信托一旦有效成立之后，信托财产即从委托人、受托人以及受益人的自有财产中分离出来，而成为具有独立性的财产，仅服从于信托目的。一方面受托人享有信托财产的所有权，他可以像真正的财产所有权人一样，管理和处分信托财产，第三人也可以以受托人为信托财产的权利主体和法律行为的当事人，而与其从事各种交易行为。另一方面受托人的这种所有权又不能使其为自己的利益而使用信托财产，其处分权受到了限制，更不可能享有受益权。信托制度的设立，体现了所有权和利益相分离的法律观念，使得权利主体与利益主体相分离。

（3）信托以委托人对受托人的信任为基础。信托是一种代人理财的制度，同其他民事法律制度一样，当事人也要遵循"诚实信用"的准则。如果这种信任关系得不到各方当事人的保障，不光信托财产的转移会产生障碍，信托制度更将不复存在。所以说,法律对这种信任关系给予了充分的保障。例如,受托人负有信托责任,不能使自己的利益与其责任相冲突,不能占有信托财产的收益,不能同时成为信托合同的受益人,信托利益专属于受益人,除非当事人之间有相反的约定等。

(4) 信托法律关系是一种复杂的三方法律关系。在信托法律关系中,一般有三方当事人,即委托人、受托人、受益人。委托人包括自然人、法人或者依法成立的其他组织。委托人将信托财产转移给受托人,并对其作出意思表示,使受托人按照其意思表示对信托财产进行管理和处分;受托人受让信托财产并允诺代为管理;而按照信托文件享受信托利益的人为受益人。在最典型的信托法律关系中,三方当事人之间将产生复杂的权利义务关系,委托人、受托人、受益人都必须受约束。当然,在一些特殊的信托中,这三方当事人可能会发生变化。例如,受益人可以是一人也可以是数人,可以是自然人也可以是法人,还可以是其他经济组织。受益人可以是委托人自己(自益信托),也可以是委托人以外的第三人(他益信托)。在公益信托和目的信托中,受益人的存在并非必需。总而言之,信托法律关系随着三方当事人的不同形态的变化而变化。

(二) 信托制度的历史沿革

信托的观念起始于罗马。早期的《罗马法》中有一项“遗产信托”制度,它的产生是为了便于处理非罗马人的继承问题。依照罗马所固有的法律——《市民法》,并非所有的人都有接受遗赠的资格,如外国人、俘虏、异教徒就被排除在受遗赠人范围之外。于是,作为一种回避的方式,遗嘱人先将遗产归属于法律上有资格接受遗赠的人,再指示其将财产全部或部分给予第三人。由于这种方式规避了相关法律,所以起初的市民法并不承认它。后来,“最高裁判官法”、元老院的有关决议以及《查士丁尼法典》对这一方式予以承认,并对其设立、继承人的遗产份额、获得遗产的第三人的身份等作出了规定。但这时的遗产信托完全是一种无偿的民事信托,并不具有经济意义,还没有成为一种有目的的事业来经营,其标的也主要是实物,如土地,所以说它还不是严格意义上的信托。

信托作为一种事业来经营起源于中世纪的英国“尤斯”(Use)制度。封建时代的英国,法律规定个人遗产(主要是土地)只能由长子继承,否则归封建领主所有。人们为了土地不被领主夺去,一些宗教信徒便把土地等财产捐赠给教会。由于当时的英国法律规定教会财产是免税的,所以对于土地所有者——封建领主来说,想征收捐税和地租就不可能了,其利益无疑受到了损害。为了保障封建君主和诸侯的利益,12世纪英国国王亨利三世制定了《没收法》,以阻止这种遗赠土地的行为。该法规定:不允许教徒死后把土地等财产遗赠给教堂,否则就会被没收。为了规避该法,人们将土地等财产委托给第三人使用,而使用的收益仍然归教会继续享有,其实质与直接接受遗赠的利益相同。这种方式被称为"尤斯"制度。由于这种制度的运作必须有委托人与受托人之间的信任关系,所以又被人们称为"Trust",中文译意即为"信托"。除了用于向教会捐赠土地等财产之外,一些平民也利用"尤斯"制度来逃避没收和征收继承税。人们将土地转让给第三人,自己在世时领取红利,去世前指定专门的人接管其土地,并使该继承人继续得到红利。这样,即使是作为非继承人的其他子女和亲属也将从中获利。由于不发生继承问题,长子继承权和继承税便被充分地规避了,而封建君主的利益显然又受到了损害。为此,16世纪,英王亨利八世为保护贵族的利益,制定了《用益法》,将使用土地的受益人视为土地的真正所有人,因此,受托土地与其他土地一样不得捐献给教会或遗赠给家族其他成员。为规避该法令,人们又想出了"双重尤斯"的方式,即将土地给受托人经营之时指定两个受益人,并规定由顺序在前的受益人从受托人处获取有关的土地利益,然后再由顺序在后的受益人从顺序在前的受益人处获取该项收益。显然,实质的受益人是第二个受益人。这种"双重尤斯"的制度使得教会的受益权摆脱了《用益法》的约束,并得到了衡平法院的支持。

而信托得到发展还有赖于客观实际的需要。在"十字军"东征时期,士兵们抛妻弃子奔赴前线,为了保障收入,就把自己的财产托付给他人。而在15世纪的英国内战时期,贵族们为避免因失败而丧失土地,就把土地转让给朋友。到了17世纪,"尤斯"制度终于被衡平法院所承认,而发展成信托。由于信托制度有利于经济的发展,因此信托的内容被极大地丰富了,不仅应用于宗教,而且也应用到社会公益、个人理财等领域;标的物也从土地扩展到商品物资和货币等。19世纪,英国普通法院和衡平法院合并后,信托关系被认定为正式的法律关系,由此,"信托"在英国法律中得到了完全意义上的最终承认。

美国作为英国法律的继受国,其信托法也由英国传来。由于美国经济的发展,信托事业也得到推动。为此,美国自20世纪初叶以来,联邦和各州都陆续颁布了许多成文的信托法规范。美国法律协会也致力于协调各州的信托法的冲突。此外,英美法系国家,如新西兰(1872年)、印度(1882年)、澳大利亚(1890年)也都陆续制定了《信托法》。

由于信托制度的弹性空间使得它成为商业融资以及许多民事行为的重要手段,不仅英美法系国家承认信托制度,许多大陆法系国家和地区也纷纷自觉引进并颁布了本国和本地区的信托制度,如日本的《信托法》(1922 年)、《信托业法》(1923 年)、《关于普通银行兼营信托业务的法律》(1943 年)、《证券投资信托法》(1951 年),以及韩国的《信托法》(1961 年)等。

(三) 信托的种类

信托可以根据不同标准分为许多种类,最常见的分类有以下几种:

1. 明示信托、法定信托与默示信托

根据信托的设立是否需要委托人的意思表示为标准,信托可以分为明示信托、法定信托和默示信托。

明示信托是依照委托人的意思表示而决定的,凡是有权利能力和行为能力的人都可以以委托人的身份,通过契约、遗嘱或信托宣言设立信托。除非法律另有规定之外,表示的形式也不拘于言词、文字以及行为。明示信托是最典型的信托行为。

法定信托和默示信托的设立都无需委托人的意思表示。法定信托是依照法律的直接规定而成立的信托。默示信托则是依法院的推定和拟制而设立的信托,又包括回归信托和拟制信托。回归信托是依据对委托人意思的推定而成立的。当委托人意思不明确时,法院即推定信托财产为委托人的利益而存在,受托人应将信托财产返还给委托人或归属于委托人的遗产。例如甲设立一遗嘱信托,乙为受托人,丙为受益人,但丙先于甲死亡,这时,法院在信托利益无归属的情况下,推定乙应该为甲的利益而持有信托财产并将信托利益返还给甲。如果甲已经死亡,则信托利益成为甲的遗产。所谓拟制信托,是英美衡平法院根据公平原则以判决形式设立的一种信托,与委托人意思无关。例如,如果甲以非法方式取得乙的财产,法院可以判令甲为乙的受托人,为乙的利益而使用该财产。拟制信托实际上是一种对当事人的救济方式。

英美法系国家的信托立法大多承认上述三种信托分类。大陆法系国家的信托法有相当一部分实际只承认明示信托,如日本与韩国的《信托法》中规定的信托实际仅仅是明示信托,我国《信托法》中规定的信托也只是明示信托。还有一些大陆法系国家的信托法既规定了明示信托又认可了默示信托,如菲律宾《民法典》第 1443 条至第 1457 条的规定,但这种国家较少。

2. 私益信托、公益信托与目的信托

以信托设立的目的不同为标准,信托可以分为私益信托、公益信托与目的信托。

私益信托一般是指为了委托人自己或某些特定的人的利益而设定的信托。商业信托和绝大部分民事信托都属于私益信托。

公益信托是指以社会公共利益为目的而设定的信托，其目的是以广大社会公众为受益人，也称为慈善信托。

目的信托又称为不完全义务信托，这类信托没有受益人，信托财产被指定用于一些非公益的特殊目的，往往是非人类的生命形态，例如为饲养动物而设立信托。需要指出的是，英美法早期并不承认这种信托，只是后来才通过判例承认。

3．民事信托与商事信托

根据受托人身份的不同，私益信托中又有民事信托与商事信托之分。

商事信托中受托人的身份为商人。目前广泛存在于世界各国的由信托公司担任受托人的各种贷款信托、投资信托、有价证券信托、养老金信托以及属于商业行为的信托等都属于商事信托。而民事信托中受托人不是商人，通常是自然人或除信托公司以外的法人或非法人组织；受托人所从事的信托活动也不属于商业行为。

4．完全成立的信托与未完全成立的信托

以信托财产的转移对信托的影响为标准，信托可以分为完全成立的信托与未完全成立的信托。

完全成立的信托，是指依法自信托财产交付之日即告成立，无须就该项财产所有权的转移履行一定的手续，或者信托成立必须履行转移财产的手续，而该手续已经履行完毕的信托。以金钱和一般动产为信托财产的信托一般都属于这种情况。

未完全成立的信托是指依法成立信托时必须办理信托财产的所有权转移手续，而这一手续却处于尚未履行阶段的信托。如以土地、不动产和股票为信托财产的信托均属于此类信托。

5．积极信托与消极信托

按照受托人承担义务方式的不同，信托可以分为积极信托和消极信托。

积极信托是指受托人不仅承受信托财产所有权人的名义，而且负有积极管理处分信托财产的义务的信托，如出租资产收取租金。

消极信托是指受托人只承受信托财产的名义所有权，对于信托财产不负有任何积极管理义务。信托财产的管理由受益人本身负责。在现代信托制度下，消极信托原则上已经不被承认。

6. 金钱信托与非金钱信托

以信托财产的种类不同，信托可以分为金钱信托和非金钱信托。

金钱信托是以金钱为信托财产的信托。委托人将一定数量的金钱交付给受托人，受托人按照信托契约所约定的目的运用和管理资金，然后再将本金或损益以现金形式返还给受益人。

非金钱信托是指以金钱以外的财产作为信托财产的信托。例如有价证券信托、动产信托、不动产信托、金融债权信托、知识产权信托等。

7. 可撤销信托与不可撤销信托

英美法中，以委托人是否可以单方面撤销所设定的信托为标志，信托可以分为可撤销信托与不可撤销信托。

可撤销信托是指委托人在信托契约中保留了随时终止信托契约并取回信托财产的权利的信托。在这种信托中，委托人可以随时行使撤销权，增减信托财产，以满足自己的需要。

不可撤销信托是指委托人在设立信托契约中没有保留随时终止信托契约并取回信托财产的权利的信托。在这种信托中，委托人没有变更信托条款的权利，虽然可以增加信托财产，但一般都不得减少。

二、信托法概述

（一）信托法的概念及特征

信托法是调整信托关系、信托组织管理关系的法律规范的总称。信托法有狭义与广义之分。狭义的信托法专指调整信托关系的基本法，在我国即指全国人民代表大会常务委员会2001年4月28日通过、2001年10月1日开始实施的《信托法》。而广义的信托法除了包括狭义的信托法外，还包括对信托业进行监督管理的信托业法，在我国主要是指中国人民银行于2002年6月5日颁布并实施的《信托投资公司管理办法》。

信托法体现了民法、商法及经济法规范的结合。信托关系属于私法关系，其设立主要体现当事人的意思自治，因而对信托基本关系进行调整的法律规范是民法。同时，现代社会中信托的发展以商事信托为主导，出现了信托业，而商事信托关系的调整需要有特别法规范的调整。另外，对于信托业进行监督管理的法律规范属于经济法的范畴，从世界各国信托立法的状况来看，其基本信托法均属于民法的范畴，规定信托法律关系的基本调整，而对于商事信托以及信托业的规范则往往采用特别法的方式。

我国虽然采用民商合一的立法体制，但《信托法》仍只对信托关系进行了规范，而将调整商事信托组织及信托业监管的任务交由特别法去规范。《信托法》共计 7 章 74 条，对信托的设立、信托财产、信托当事人、年度报告的变更与终止、公益信托等事项作出了明确规定。但对于信托投资公司的管理没有作出具体规定，而由国务院制定具体办法。其理由在于当时我国信托业的发展还不完善，信托公司在法律上如何加以规范、信托业如何代管，还需要进一步总结经验，另行作出规定。从内容上看，我国《信托法》具有如下特征：

1. 将信托合同规定为诺成合同而非实践合同

所谓诺成合同是指只需当事人意思表示一致，即可成立的合同。而实践合同则是指合同的成立除当事人意思表示一致外，还需交付标的物。两者的区别主要在于合同成立的时间不同，实践合同在当事人交付标的物之前可以反悔，而诺成合同则不行。一般来说，传统民法往往将无偿合同规定为实践合同，目的在于即使义务人在交付标的之前反悔，也不会给权利人带来大的损失。国外信托法的一般做法是将信托合同规定为实践合同，原因在于信托产生之初多为民事信托，即为无偿，因此法律规定为实践合同。但是当今社会中信托则以商事信托居多，尤其在我国，信托并无久远的历史传统，现在信托的勃兴主要源于人们对商事信托，即理财业务的需求，因此《信托法》直接规定信托合同为诺成合同，有利于降低信托合同的交易成本。

2. 将登记确定为信托的生效要件

根据现代各国的财产权法，一些财产的转让需要进行登记，以使权利的转让通过登记公示产生公信力，增加财产交易的安全并降低交易成本。大陆法系国家根据信托财产的性质，在设立信托时，如转让需要登记的财产，则要求进行信托登记，否则所生信托不产生对抗第三人的效力，此为登记对抗主义。我国《信托法》对于需要登记的财产在设立信托时将登记作为信托生效的条件，即如果不登记，当事人即使意思表示一致，也不产生有效的信托关系，此为登记生效主义。这种规定的结果体现了国家对于信托安全的关注，同时通过登记，也加强了国家对于信托的监督和控制。

3. 采用委托人享有信托财产所有权的权利配置模式

如前所述，无论是大陆法系还是英美法系国家，均规定信托财产的所有权从委托人转移给受托人，从而让受托人享有比较充分的权利，尤其是处分财产的权利，防止委托人或者受益人对信托财产管理和处分的不当干预，这正是信托制度的特点所在。然而我国《信托法》并没有采用国际上的这种通行做法，而是将信托财产的所有权保留给了委托人，实际上强化了委托人在信托关系中的角色，为其对受托人管理财产的行为进行干预留有余地。这样规定的原因在于我国市场环境尚未完善，在信托发展过程中，信托公司违规情况严重而市场监督力量缺乏，由此通过强化委托人的权利来制约和监督受托人，以达到权利平衡的目的。

（二）信托法的基本原则

信托法的基本原则，是信托法的立法、执法和守法活动中都应该遵循的基本准则和指导思想。纵观各国信托法，大多将如下原则贯穿到了信托法律制度的建设和实施中去了。

1. 信托财产独立性原则

信托法律关系的核心是信托财产，即信托法律制度的根本目标在于保证财产的管理、运营的规范化。信托财产是信托关系中的第一要素，因为如果不转移特定的财产，就不可能形成信托。信托财产名义上属于受托人，但又和受托人的其他财产不能混合，国外像日本的信托银行，或美国的一些类似的机构，都有一个理念，这就是信托的财产虽然名义上属于受托人，但是它和受托人的其他财产是绝对分离的，二者不能混淆。如在基金管理中，不论是哪一种信托的基金，基金管理人都必须把基金的财产和他自身的财产严格划分开，还必须把他受托管理的多只基金的财产严格划分开，只有这样，才能保障信托财产完全独立，避免造成财产的交叉与财产利益的混淆。事实上，信托是一种以财产为中心的法律关系，信托财产上的所有权性质有其特殊性。在信托关系中，受托人对信托财产的所有权，在占有形式上具有绝对的支配权，而在占有内容上却要受到受益人的利益的限制，受托人必须为受益人的利益，依照一定目的去管理和处分信托财产。在信托期间，作为同一标的物的财产所有权，有两个权利主体：受托人是名义上的信托财产所有者，受益人是实质上的财产所有者。所以，必须坚持信托财产的独立性原则，特定的信托财产既不能与受托人固有的财产混淆，也不能与其他信托人的信托财产混淆。虽然受托人和受益人双方各自都在名义上或实质上保留了所有权的形式，但任何一方对信托财产都不再拥有完整的所有权，由此使信托财产又成功地独立于受托人和受益人的自有财产（即享有完整所有权的财产）之外。

2. 信托公示原则

所谓信托公示，就是通过一定方式将有关已设立信托的事实向社会予以公布。鉴于信托财产具有独立性，信托一旦设立，信托财产即具有对抗第三人的效力。因此，某项财产是否已设立了信托，对第三人的利益关系甚大，若不以一定方式公开信托事实，第三人无从知悉真相，可能遭受无端之损害。正是基于这种考虑，日本、韩国等国的《信托法》特别建立了信托公示制度，应当公示的信托财产主要限于土地、房屋、不动产，或者是交通车辆、船舶、飞机等运输工具，或者是应当注册的财产权、专利权等，以及股票和公司债券等有价证券。因此，对于依法应当进行公示的信托财产而未办理信托公示，原则上该信托无法有效对抗第三人。

3. 信托目的合法性原则

信托从一开始，就是以规避法律为目的，所以现在许多国家和地区仍然存在着一些利用信托套钱、圈钱、洗钱，以及操纵或者搞一些不仅目的违法而且手段也违法的行为。我国信托法强调信托的设立必须合乎法律的目的。应该说，信托关系的设立，信托财产本身的设立，都应该遵循这样一个重要的原则。实际上，现代信托法既充分肯定信托目的的设定自由原则，又确认信托目的的合法性原则，不允许为违法性目的而设立信托，否则信托无效。西方各国对这种信托设立的弹性特征，从信托条款上进行限制，即设立信托的条款不得违反国家有关法律规定，不得违背社会公共秩序和社会公德。美国《信托法重述》第 60 条规定，任何信托或信托的条款因违法而无效。韩国《信托法》第 5 条规定，信托之目的，不能违反良好的风俗和社会秩序。信托在其目的违法或不能成立时，则宣告无效。

我国信托法将信托目的的合法性作为一个重要的原则提出来，既充分肯定信托目的设定是自由的，又确定合法性原则，不论是委托人把其财产交给受托人信托公司，还是信托公司从事这方面的经营，都要有一个合法性。应该特别强调的是，作为信托关系的各个方面不能利用信托这样一个手段来从事违法活动。

在信托实务中，对违法性信托的处理，还可分为全部违法与部分违法两种。当信托目的或信托条款全部违法，整个信托当然归于无效，英美法系与大陆法系对此均无疑义。而信托目的或信托条款只是部分违法时，各国做法不一。美国通常的做法是：只有当违法条款不能与其他条款分离时，整个信托才归于无效；英国判例法关注的是既有合法目的又有非法目的的信托可能产生的效果，如果合法目的部分属于公益范畴，则就其全部财产成立公益信托。

4. 严格禁止受托人享有受益人地位的原则

信托是一种为他人利益管理财产的制度。信托关系的存在前提是对信托财产的某种要求，没有信托目的的信托关系是不存在的。在信托关系中，既有委托人为自己的目的、利益要求设立信托关系的，也有以第三者（受益人）的利益为信托目的，由第三者（受益人）享受信托财产的收益权的。受托人接受信托财产，只是依照成立信托的一定目的代为管理使用和处分此项信托财产而已，受托人没有对财产的收益权。英国法律严格禁止受托人享有信托财产的收益，否则视为侵权行为。在中国，自信托从国外引进以来，受托人都是法人团体，从未有个人作为受托人，所以，上述侵权行为的弊端在我国并不明显。从法理上探讨，受托人享受由其掌握的财产上的收益，则作为同一标的物的财产所有者，名义上和实质上两个权利主体合二为一，即受托人取得了其掌握的财产的完整所有权、取得了绝对的支配权。这种情况下，当事人之间的关系已不再是信托关系。所以，基本上各国信托立法都严格禁止受托人同时处于受益人的地位，这被视为信托立法的一条基本原则。

5. 受托人有限责任原则

受托人有限责任原则基本上与各国公司法中对经理人的责任要求接近。我国《公司法》中，经理人对于公司的财产的损失一般情况下是不承担责任的，除非有恶意或有明显的违背了法律规定的情况。信托财产在这一方面很相似，委托人把财产交给受托人，受托人受人之托，是代人理财的机构，应该秉承忠实和勤勉的义务。如果对于这部分财产，在经营中有什么损失，仍然是从信托财产里面补偿，但是，如果受托人违反了忠实和勤勉的义务，就是违反了法律、法规，或者超出应有权限造成的损失，那就应当由受托人承担责任，所以从这个意义上来说，信托财产的管理人只要尽到了忠实和勤勉的义务，就应该减轻其责任。

信托中的有限责任是全面的，既体现在信托的内部关系中，也体现在信托的外部关系中。信托一旦成立，信托的内部关系表现为受托人与受益人之间的权利义务关系；作为受托人，尤其是作为信托公司，仅仅以信托财产为限负清偿责任，即在信托事务处理中，只要受托人尽到了忠实执行管理之职，即使未取得信托利益或信托利益受损，受托人也不以自有财产负个人责任，在信托终止时，将剩余财产交给受益人即可。如果信托公司违反了信托宗旨、目的，或者本身有重大过失、失职，则受托人须以自有财产负个人责任。在信托的外部关系上，委托人、受托人及受益人实质上对因信托事务处理所发生的债务(合同之债和侵权之债)，都只以信托财产为限负有限清偿责任。

6. 信托的继承性原则

信托的继承性原则根源于信托管理的连续性之中。信托是一种具有长期性和稳定性的财产管理制度，其继承性表现在三个方面：

(1) 信托不因受托人的欠缺而影响其成立

英国衡平法上有句格言：法院不会因欠缺受托人而宣告信托无效，如果委托人在遗嘱信托中没有任命受托人，可由法院选任受托人。

(2) 已成立的信托不因受托人的更迭而影响其存续

信托设立后,受托人(机构)死亡、破产而终止其处理信托事务的职能,信托关系也不因此而消灭,可以由信托文件指定的任命人任命新受托人,或申请法院选任新受托人,继续执行信托事务,直至信托目的实现或信托期限届满。

(3) 公益信托的特殊连续性

公益信托所定公益的目的不能实现时,只要信托文件中有将全部信托财产运用于公益事业的一般性意见,则公益信托并不终止,可运用于与初始信托尽可能类似的其他一些公益目的中。

7. 保护受益人权益的原则

在信托关系里涉及三方:委托人、受托人和受益人。委托人往往在把财产交给受托人管理以后,在法律关系中的地位就不重要了,而信托关系里面处于核心地位的是受托人,因为财产的完全支配权在他手中。受益人表面看起来能够获得全部的财产的利益,但是从信托关系来看,受益人是没有多大权利的,除了受益这个权利之外,他没有财产的支配权。所以在信托的法律关系中,受益人的地位最不重要。可见,在信托这种法律关系里面,最强者是受托人,无论是从其经济地位看,还是从其管理上的优势看,抑或从三方在信托关系中其所居的核心地位看,均是如此。英国的法律制度规定,如果委托人的信托财产被信托公司或受托人非法转让,或者其为了自身的利益把它出让、出卖或转到别人手里,受益人仍然可以凭借其所有人的身份,拥有对信托财产的追索权。然而,大多大陆法系国家的信托法却没有规定这样一种追索权,这些国家在如何保护受益人这方面始终没有很好的措施。但是,日本1922年颁布的《信托法》在这点上却有所突破。日本亦属大陆法系国家,虽然也不承认双重所有权,但在其信托法里却规定受益人拥有一种撤销权,即如果受托人侵犯了受益人的合法权益,受益人可以将其告到法院,要求法院判定受托人对信托财产转让的行为违法,并加以撤销。在该问题上,我国的信托立法也借鉴了日本的方式。

第二节 信托法律关系

一、信托法律关系的主体

法律关系,是指由法律所调整的以权利、义务关系为内容的社会关系。

而信托法律关系也就是由信托法所调整的以权利、义务为内容的信托关系。虽然信托法律关系纷繁复杂，但同其他法律关系一样，也是由主体、客体和内容三个要件构成的。

信托法律关系的主体，就是信托权利义务的承担者，包括委托人、受托人及受益人三方。

(一) 委托人

委托人是指通过信托行为将自己的财产作为信托财产转移给受托人，并委托其为自己或者自己所指定的其他人的利益而进行管理或处分的人。

通过实施信托行为将有关财产转移给受托人以设立信托关系，意味着对财产的处理。这就要求委托人必须具备一定的条件：(1)委托人具有民事行为能力。(2)委托人对信托财产享有所有权。因为信托的成立要有财产的转移，这就要求信托人必须对信托财产享有所有权，否则这一转移便无合法根据。(3)委托人未陷于破产。因为破产法一般都规定，破产人对于应当用于清偿债务的自己的财产丧失处理权。

(二) 受托人

受托人是指因接受委托人的委托而对信托财产负有为他人利益进行管理或处分职责的人。依各国信托法的惯例，自然人、法人、非法人团体均可以成为受托人。在大多数国家的社会生活中，国家在特殊情况下也可以成为受托人。例如，在英国以及英联邦国家中，国家在一般情况下也担任受托人。受托人可为一人也可为多人。受托人应当具备以下条件：(1)受托人具有民事行为能力；(2)受托人未陷于破产。

(三) 受益人

受益人是享受信托财产利益的人，不从事信托财产的管理和处分，因此受益人无需具有民事行为能力，不论自然人或法人，只要具备民事权利能力，就可以作为受益人。胎儿也可以作为受益人，但以出生时存活为条件。受益人可以是委托人自己，也可以是委托人之外的其他任何人。受托人原则上不得作为受益人，以防止其滥用受托人的权利，但是各国信托法也允许受托人成为多数受益人中的一个。

二、信托法律关系的客体

信托法律关系的客体是指信托法律关系当事人的权利、义务所指向的对象或标的，即信托财产。

(一) 信托财产的概念与特征

信托财产是受托人因承诺信托而取得的财产,是作为信托关系之标的归受托人占有并由其为受益人的利益而管理或处分的财产。信托财产既包括动产、不动产、股票、债券、物权和债权这样的财产和财产权,也包括著作权、专利权、商标权等无形财产在内的所有具有金钱价值的财产。信托财产是信托关系得以设立的前提条件。信托的设立过程,是委托人将信托财产转移给受托人并委托其为受益人的利益而对该项财产进行管理或处分的过程。如果不存在信托财产,对信托的设立便无从谈起。不仅如此,信托财产还是信托关系赖以生存的物质基础,由信托关系赋予其中的各方当事人的权利和义务,特别是受益人的权利与受托人的义务,均与信托财产紧密相连。信托财产一旦灭失,且在此之后由于种种原因而在事实上又不能重新形成,这些权利和义务便根本不可能继续存在下去。

信托财产的根本特征在于它的独立性,其独立性的突出,正是为了确保信托目的的忠实贯彻。因此,信托财产实际上是为信托目的而存在的财产,准确地说是一种"目的财产",而"非任何人的财产"。正是从这个意义上,日本学术界流行着一种看法,即信托财产本身具有人格,信托的本质就在于信托财产的"法主体性"。

信托财产具有独立性,这种独立性表现在诸多方面:

(1) 信托财产独立于委托人、受托人和受益人的自有财产以及其他信托财产。委托人一旦将财产交付信托,在名义上即丧失对该财产的权利,从而此项财产作为信托财产独立于委托人的个人财产。受托人对信托财产虽然取得权利,可以占有、使用和处分该财产,却只能享有财产的利益,故只是信托财产的名义权利人,因此,也不能将信托财产作为自己的自有财产。受益人在信托存续期间,尽管享有信托财产上的利益,却并不享有其权利,因而信托财产也不属于受益人的自有财产。

(2) 抵消的禁止。信托财产只是在名义上归属于受托人,受托人是以自己的名义从事信托事务,因此,属于信托财产的债权不得与不属于信托财产的债务抵消。如果债权、债务都属于同一项信托财产,则可按民法规定抵消。

(3) 强制执行的禁止。信托财产是服务于信托目的的一种独立财产,故一般债权人——无论是委托人的债权人、受托人的债权人,还是受益人的债权人,原则上都不得对信托财产请求强制执行,除非法律有特别的例外规定。

(4) 信托财产独立于受托人的破产财产。受托人破产时,受托人的自有财产应列入破产财产,供清偿破产债权人的授权之用。由于信托财产并非受托人的自有财产，所以不属于其破产财产。此时，原受托人任务终止，其职务由新受托人承继，信托财产也同时转移于新受托人。

(5) 信托财产不因混同而消灭。因信托财产与受托人的自有财产不同，故信托财产为所有权以外的权利(如地上权、抵押权、质权等)之时，受托人纵然为其自己或以其他财产的受托人身份取得该权利的标的物，也不适用民法的混同原则，而使信托财产归于消灭。

(二) 信托财产的种类

信托财产具有以下种类：

(1) 金钱，包括本国货币与外国货币，当然后者成为信托财产的前提是本国法律允许它在该国境内流通。

(2) 不动产，包括土地、房屋及其附着物。

(3) 动产，泛指除土地、房屋及其附着物以外的一切实物性财产。其特点为可以移动位置，且这种移动不会致其毁损，也不会使其价值丧失或降低。

(4) 有价证券，包括公司债券、股票、汇票、本票、支票以及信托受益证券等。

(5) 知识产权，包括著作权、专利权、商标权等。

(6) 其他财产，主要是指除财产所有权以外的各种财产权利，包括抵押权、质权、地上权、承租权、受益权、继承权，以及除有价证券以外的一切以金钱给付内容的债权等。也就是说，一般情况下任何财产均可以成为信托财产，但有些国家的法律却规定当某一特定身份的主体为受托人时，其可以接受的信托财产必须符合法律的规定。如日本和韩国的《信托法》都对信托银行或信托公司可以接受的信托财产有各自明确的列举性规定。

三、信托法律关系的基本内容

信托法律关系的内容是由信托法律规范确认并保证其实现的、法律关系各方主体之间应有的权利和义务。信托法律关系的内容因主体而异，主体不同，其享有的权利和承担的义务也不一样。

(一) 委托人的权利和义务

1. 委托人的权利

(1) 知情权。委托人有权了解其信托财产的管理运用、处分及收支情况，并有权要求受托人作出说明。委托人有权查阅、抄录或者复制与其信托财产有关的信托账目以及处理信托事务的其他文件。

信托账目是全面记载信托财产及其种类、数额或价值、流向、类型、使用状况以及由该项财产所派生的受益权的支付情况的文件;对它的查阅能够使查阅者对信托财产以及受托人对该项财产的管理和对信托事务的处理的实际情况,有一个全面的了解。由于信托关系由委托人设立,委托人在这一关系存在期间,在认为需要之时,有权请求受托人提交信托账目,以供其查阅从而实现这一了解。

(2) 管理方法调整权。因设立信托时未能预见的特别事由,致使信托财产的管理方法不利于实现信托目的或者不符合受益人的利益时,委托人有权要求受托人调整该信托财产的管理方法。

对信托财产的管理,需要运用一定的管理方法。这一管理方法一经确定,一般不能变更;即使因遇到特殊事由而需要变更,也要符合法定条件。我国《信托法》对此规定了限定条件,即因设立信托时未能预见的特别事由,致使信托财产的管理方法不利于实现信托目的或者不符合受益人的利益时,委托人有权要求受托人调整该信托财产的管理方法。

(3) 撤销权。受托人违反信托目的处分信托财产或者因违背管理职责、处理信托事务不当致使信托财产受到损失的,委托人有权向人民法院申请撤销该处分行为,并有权要求受托人恢复信托财产的原状或者予以赔偿;该信托财产的受让人明知是违反信托目的而接受该财产的,应当予以返还或者予以赔偿。委托人的这项申请撤销权,自委托人知道或者应当知道撤销原因之日起1年内不行使的,归于消灭。

(4) 解任权。受托人违反信托目的处分信托财产或者管理运用、处分信托财产有重大过失的,委托人有权依照信托文件的规定解任受托人,或者向人民法院申请解任受托人。

(5) 选任新受托人的权利。受托人职责终止的,依照信托文件规定选任新受托人;信托文件未规定的,由委托人选任。在信托关系存续期间,前受托人的职责一旦终止,则应当由新受托人依法取代。委托人有权在新受托人的产生方面发挥能动作用。

2. 委托人的义务

信托关系一方面要求委托人提供信托财产,另一方面却排除了其管理信托财产与处理信托事务的可能性。这便使委托人在执行信托方面,无须承担任何义务。然而,提供信托财产,就委托人而言依法应遵循一定规则。不仅如此,在信托关系存续期间,为信托法所授予或承认的受托人的权利,只要能够对委托人行使,则委托人必须承担相应的义务。从此点来看,委托人的义务主要有下列各项:(1)确保信托财产的所有权转移给受托人的义务;(2)按照法律、信托行为的规定向受托人支付报酬的义务；(3)除委托人已在信托文件中声明保留权利者外，不得干预受托人的活动；(4)当委托人为唯一受益人时，如其解除信托的时期不利于受托人，则应赔偿受托人因此所受损害(如报酬的减少等)。

（二）受托人的权利和义务

1. 受托人的权利

(1) 管理信托财产与处理信托事务的权利。这一权利是由信托关系本身派生出来的，信托目的是要求通过由受托人执行信托来使受益人获益，这就决定了受托人享有这一权利。只有当受托人享有这一权利时，其才有可能在执行信托的过程中切实履行法律赋予的各项义务，才有可能凭借自己的能力，使信托财产派生出受益权，从而为实现委托人或有关国家机关设立信托之目的创造条件。

(2) 请求法院变更信托财产管理方法的权利。对信托财产的管理，需要运用一定的管理方法。这一管理方法一经确定，一般不能变更。但在信托关系存续期间，有时为了有利于受益人或者有利于信托目的的实现，的确需要对这一管理方法进行变更。受托人有权在需要之时请求法院变更这一管理方法。

(3) 费用及损害补偿请求权。在信托关系存续期间，要使对信托财产的管理和对信托事务的处理有效地进行，通常需要由受托人支付一定的有关费用。这种费用主要表现为因信托财产所负担的税金与管理费、正常维修信托财产所必需的费用，以及因实施信托文件中规定的各项行为所必需的费用等。在许多情况下，这种费用均是由受托人用自己的固有财产来垫付的。除此之外，在信托执行的过程中，受托人有时也会非因自己的过失而遭受财产损失，或者对第三人负有债务，并且这种损失或债务又较多地体现为受托人并未取得相应利益却支付了一定的金钱，故两者也属于“有关费用”的范围。受托人对其在这一过程中垫付的前述各项有关费用，理应获得补偿。

(4) 就自己的执行信托获得报酬的权利。受托人对于这一报酬权，可以通过三种途径来行使：一是直接对信托财产行使；二是对受益人行使；三是对委托人行使。究竟按其中的哪一种途径来行使这一权利，一般应当由导致受托人取得这一权利的法律或信托行为来规定。如果有关的法律或信托行为中对此并无规定，那么可以由受托人根据具体情况来选择。

(5) 为信托行为所授予的权利。这一权利与上面提到的四项权利在性质上不同或者不完全相同：它是由委托人意定的权利，委托人在设立信托关系时，在不违反法律与社会公德的前提下，还可以在有关的信托行为中，以明文规定形式，授予受托人一定权利。这些权利既可以包括与信托财产或信托执行有关但在信托法中却并未规定的权利，也可以包括在信托行为中规定的事由出现之时变更或解除信托关系的权利以及其他有利于信托目的实现的权利等。

2. 受托人的义务

（1）诚实、信用、谨慎、有效管理的义务。受托人应当遵守信托文件的规定，为受益人的最大利益处理信托事务。受托人管理信托财产，必须恪尽职守，履行诚实、信用、谨慎、有效管理的义务。

（2）忠实义务。忠实义务是指受托人必须以受益人的利益作为处理信托业务的唯一目的，必须避免与受益人发生利益冲突的情况。在管理信托财产时，不得利用信托财产为自己谋取利益。受托人违反规定，利用信托财产为自己谋取利益的，所得利益归入信托财产。

（3）对信托财产分别管理的义务。受托人必须将信托财产与其固有财产分别管理、分别记账，并将不同委托人的信托财产分别管理、分别记账。受托人不得将信托财产转为其固有财产。受托人将信托财产转为其固有财产的，必须恢复该信托财产的原状；造成信托财产损失的，应当承担赔偿责任。

（4）不得委托他人代理的义务。信托关系以信任为基础，没有委托人或有关国家机关对受托人的信任，不可能有前两者对后者的选任或指定，有关的信托关系也不能产生。信托关系的这一特征，要求受托人对信托财产亲自管理、对信托事务亲自处理。即要求受托人以自己的行为来执行信托，而不得委托他人代理。但信托文件另有规定或者有不得已事由的，可以委托他人代为处理。受托人依法将信托事务委托他人代理的，应当对他人处理信托事务的行为承担责任。

（5）共同受托人共同行动的义务。同一信托的受托人有两个以上的，为共同受托人。共同受托人应当共同处理信托事务，但信托文件规定某些具体事务由受托人分别处理的，从其规定。共同受托人共同处理信托事务，意见不一致时，按信托文件规定处理；信托文件未规定的，由委托人、受益人或者其利害关系人决定。

（6）账簿制作义务、报告与保密义务。受托人必须保存处理信托事务的完整记录。受托人应当每年定期将信托财产的管理运用、处分及收支情况报告委托人和受益人。受托人对委托人、受益人以及处理信托事务的情况和资料负有依法保密的义务。

(7) 支付信托利益的义务。受托人以信托财产为限向受益人承担支付信托利益的义务。向受益人支付信托利益是受托人员基本的义务,这一义务是信托关系的目的所派生的,目的是要求通过受托人执行信托来使受益人受益。受托人的其他义务均服务于此义务,即信托法要求受托人履行其他各项义务均是为了在法律上创造条件,使这一义务得到切实的履行。

(8) 信托财产恢复原状或赔偿损失的义务。受托人违反信托目的处分信托财产或者因违背管理职责、处理信托事务不当致使信托财产受到损失的,负有恢复信托财产的原状或者赔偿损失的义务。

(三) 受益人的权利和义务

1. 受益人的权利

(1) 信托受益权。受益人自信托生效之日起享有信托受益权,当受益人为两人以上时,为共同受益人。共同受益人按照信托文件的规定享受信托利益。信托文件对信托利益的分配比例或者分配方法未作规定的,各受益人按照均等的比例享受信托利益。

(2) 放弃信托受益权。受益人可以放弃信托受益权。全体受益人放弃信托受益权的,信托终止。部分受益人放弃信托受益权的,被放弃的信托受益权按下列顺序确定归属:①信托文件规定的人;②其他受益人;③委托人或者其继承人。

(3) 转让与继承权。受益人的信托受益权可以依法转让和继承,但信托文件有限制性规定的除外。

(4) 享有委托人的知情权、管理方法变更权、撤销权、解任权。受益人行使上述权利,与委托人意见不一致时,可以向人民法院申请作出裁定。

2. 受益人的义务

信托法在承认受益人享有很大权利的同时,也规定了受益人承担的义务,而且认为这种义务行为是特别有效的。这是在法律上反映了受益人才是信托财产的实际所有者的事实。其义务主要有两项:依信托行为的规定,给付受托人报酬;补偿受托人在执行信托过程中垫付的有关费用。受益人承担上述两项义务,以其享有受益权为前提。

第三节 信托投资公司

信托投资公司是商事信托的重要主体,其设立、组织及经营活动对现代社会的经济运行具有重要的影响作用。我国《信托法》没有规定有关信托投资公司及信托业规制的内容，而是将该任务交由国务院通过行政法规来完成。2002 年 6 月 5 日，中国人民银行根据《信托法》的规定，颁布了新的《信托投资公司管理办法》，该办法以信托投资公司为核心，涵盖了信托公司的组织、经营范围与经营规则以及信托业的监管等内容，成为我国现阶段进行信托业调整的主要法律规范。

一、信托投资公司的设立、变更和终止

我国的信托投资公司依照《公司法》和《信托投资公司管理办法》而设立。按照《公司法》的规定，我国的信托投资公司只能采取有限责任公司或股份有限公司的形式。信托作为一种特种业务，为避免与其他金融业务混淆，应在其名称中标明“信托”字样。

（一）信托投资公司的设立

1. 信托投资公司设立的条件

根据《信托投资公司管理办法》第 13 条规定，设立信托投资公司应具备以下条件：(1) 有符合《中华人民共和国公司法》和中国人民银行规定的公司章程。(2) 有具备中国人民银行规定的入股资格的股东。(3) 具有本办法规定的最低限额的注册资本，信托投资公司的注册资本不得低于人民币 3 亿元。经营外汇业务的信托投资公司，其注册资本中应包括不少于等值1 500万美元的外汇。(4) 有具备中国人民银行规定任职资格的高级管理人员和与其业务相适应的信托从业人员。(5) 具有健全的组织机构、信托业务操作规则和风险控制制度。(6) 有符合要求的营业场所、安全防范措施和与业务有关的其他设施。(7) 中国人民银行规定的其他条件。

2. 信托投资公司设立的程序

多数国家对信托投资公司的设立实行许可制。信托投资公司的设立须经信托主管机关审核批准后，方可登记注册，并开展信托业务。中国的信托投资公司作为非银行金融机构，其设立必须经中国人民银行批准，并领取信托机构法人许可证。

在设立的程序上，要经过筹建和开业两个阶段。

(1) 机构筹建审批程序

设立信托投资公司的申请人，在符合法定条件的基础上，向中国人民银行提出申请。申请文件应包括筹建申请报告、筹建可行性报告及筹建方案、筹建人员名单及简历等。中国人民银行对申请人报送的材料进行审查，并在

一定时期内作出是否批准的决定。中国人民银行对筹建申请的答复期为3个月。筹建申请被批准后,申请人方可筹建,筹建期限为6个月。筹建期内申请人不得从事金融业务活动。

(2)机构开业审批程序

信托投资公司申请人筹建工作就绪后,可以向中国人民银行申请开业。申请开业的文件包括开业申请报告,验资报告,拟定法定代表人和主要负责人的名单、简历,营业场所,公司章程等。

中国人民银行收到申请人开业文件后在一定期限内作出批准与否的决定。该公司获准成立后,由中国人民银行颁发信托机构法人许可证,新公司凭批准文件及金融许可证到工商行政管理部门办理工商注册登记,领取企业法人营业执照后,方可开业。

(二)信托投资公司的变更

中国人民银行对信托投资公司的设立、变更、终止行使监管权。根据《信托投资公司管理办法》第15条规定,信托投资公司有下列情形之一的,应当经中国人民银行批准:(1)变更名称;(2)变更注册资本金;(3)变更公司住所;(4)改变组织形式;(5)调整业务范围;(6)更换高级管理人员;(7)变更股东或者调整股权结构,但持有上市股份公司流通股份未达到公司总股份10%的除外;(8)修改公司章程;(9)合并或分立;(10)中国人民银行规定的其他变更事项。

(三)信托投资公司的终止

根据《信托投资公司管理办法》的规定,信托公司可因解散、被撤销和破产而终止。

(1)信托投资公司因分立、合并或者公司章程规定的解散的事由出现,申请解散的,经中国人民银行批准后解散,并依法组织清算组进行清算。

(2)信托投资公司因违法违规经营、经营管理不善等原因,不能支付到期债务,不撤销将严重损害社会公众利益、危害金融秩序的,由中国人民银行根据《金融机构撤销条例》予以撤销。

(3)信托投资公司不能支付到期债务,经中国人民银行同意,可向人民法院提出破产申请。

二、信托投资公司的经营原则

(一)信托投资公司的行为限制

根据《信托投资公司管理办法》的规定,信托投资公司不得有下列行为:

(1)利用受托人地位谋取不当利益。(2)将信托财产挪用于非信托目的的用途。(3)承诺信托财产不受损失或者保证最低收益。(4)以信托财产提供担保。(5)将信托资金投资于自己或者关系人发行的有价证券。(6)将信托资金贷放给自己或者关系人。所谓关系人,是指持有信托投资公司10%以上股权的股东;信托投资公司投资控股的企业;信托投资公司的董事、监事、经理、信托业务人员及其近亲属;前几种人员投资持股5%以上或者担任高级管理人员的公司、企业和其他经济组织。(7)将不同信托账户下的信托财产进行相互交易。(8)以固有财产与信托财产进行相互交易。(9)法律、行政法规和中国人民银行禁止的其他行为。信托投资公司依据信托文件的规定,并以公平的市场价格进行交易,可以不受第(4)项至第(8)项的限制。

(二) 信托合同的法定必备事项

信托合同应当采用书面形式,除此之外,根据《信托投资公司管理办法》的规定,信托投资公司以合同方式与委托人设立信托时,必须在信托合同中规定一些必备事项,如信托目的、当事人的权利与义务、信托财产管理的方式、信托期限、信托公司的报酬等事项。

(三) 其他经营原则

(1) 信托投资公司不得以经营资金信托或者其他业务的名义吸收存款。

(2) 信托投资公司应当将信托财产与其自有财产分开管理,并将不同客户的信托财产分开管理。

(3) 信托投资公司每年应当从税后利润中提取5%,作为信托赔偿准备金,但该赔偿准备金累计总额达到公司注册资本的20%时,可不再提取。

除此之外,信托投资公司也负有一般受托人所应负的信息保存义务以及妥善处理信托事务的义务,如果信托投资公司处理信托事务有重大过失,给委托人或受益人造成损失,在损失赔偿之前,不得请求报酬,委托人也可解除委托。

三、对信托投资公司的监督

在《银行业监督管理法》通过之前,我国的信托业由中国人民银行负责监管;之后,则由银监会负责。对于信托投资公司的组织和活动,银监会有权进行监管,其享有的监管职权有以下几个方面:

1. 业务检查权

业务检查可以分为现场检查与非现场检查。前者是指监管机构可以定期或不定期赴信托投资公司的经营场所,对公司进行实地检查;后者则是通过财务报表、账册资料来检查。

2. 人员监管权

包括对高级管理人员的任职资格进行审查、对离任高级管理人员进行审计，以及对信托从业人员进行资格考试，实行信托业务人员准入制度等。

3. 质询权

当监管机构发现信托投资公司的经营活动存在问题时，可以对其高级管理人员进行质询，并责令其限期整改。

4. 接管权

即对管理混乱、经营陷入困境的信托投资公司，在必要时可以接管。

【本章小结】

一般而言，信托是委托人将财产权转移于受托人，受托人依信托文件规定，为受益人或特定目的而管理或处分信托财产的法律关系。

信托具有以下法律特征：信托必须有相应的财产或财产权利；信托法律关系体现了所有权和利益相分离；信托以委托人对受托人的信任为基础；信托法律关系是一种复杂的三方法律关系。

信托的观念起始于罗马。后来作为一种事业来经营，则起源于中世纪的英国"尤斯"(Use)制度。

信托法是调整信托关系、信托组织管理关系的法律规范的总称，有狭义与广义之分。狭义的信托法专指调整信托关系的基本法，在我国即指《中华人民共和国信托法》。广义的信托法除了包括狭义的信托法外，还包括对信托业进行监督管理的信托业法，在我国主要是指《信托投资公司管理办法》。

信托法体现了民法、商法及经济法规范的结合。信托关系属于私法关系，对于信托基本关系调整的法律规范是民法。

从内容上看，我国《信托法》具有以下特征：将信托合同规定为诺成合同而非实践合同；将登记确定为信托的生效要件；采用委托人享有信托财产所有权的权利配置模式等。

信托法的基本原则有：信托财产独立性原则；信托公示原则；信托目的合法性原则；严格禁止受托人享有受益人地位的原则；受托人有限责任原则；信托的继承性原则；保护受益人权益的原则等。

信托法律关系也就是由信托法所调整的以权利、义务为内容的信托关系，由主体、客体和内容三个要件构成。信托法律关系的主体包括委托人、受托人及受益人三方，是信托权利、义务的承担者；信托法律关系的客体是指信托法律关系当事人的权利、义务所指向的对象或标的，即信托财产；信托法律关系的内容是由信托法律规范确认并保证其实现的、法律关系各方主体之间应有的权利和义务。

信托投资公司是商事信托的重要主体，其设立、组织及经营活动对现代社会的经济运行具有重要的影响作用。

【复习思考题】

一、名词解释

信托　信托法　公益信托　信托财产

二、问答题

1. 什么是信托？信托有哪些基本特征？
2. 简述我国《信托法》的调整对象与基本原则。
3. 简述信托制度产生和发展的过程。
4. 信托当事人有哪些基本权利和义务？
5. 银监会对信托公司的监管职责有哪些？

三、案例分析题

案例一　信托投资公司破产案

（一）案例资料

某建筑公司和某房产开发公司为某服装公司承揽工程建设，因劳务费发生纠纷，遂根据仲裁条款进行仲裁，某仲裁庭裁决由服装公司付给建筑公司和房产开发公司30万元，采用支票的付款方式。建筑公司与房产公司将该支票交付给某信托投资公司，委托其管理支票项下的资金。一年后，该信托投资公司停止营业并被宣告破产。建筑公司和房产开发公司获悉，遂根据信托协议要求信托投资公司的清算人支付上述资金。信托投资公司的清算人以“支票项下的资金已与该信托投资公司的其他资金混合”为由，拒绝建筑公司与房产公司提出的优先受偿要求，只同意将其作为一般债权人参加破产财产分配。

（二）分析提示

信托财产独立性原则的规定。

（三）回答问题

信托投资公司的行为是否违法？

案例二　租赁合同给信托财产造成的损失案

（一）案例资料

甲与乙签订信托协议，甲将其拥有所有权的三处房产委托给乙，由乙（受托人）进行管理与处分，并约定以甲未成年的儿子丙为受益人。乙在经营、管理信托财产的过程中，以戊的名义租赁信托财产中处于乙经营场所附近的一处房产供自己使用，租赁合同约定支付的租金低于市场价格。丙的法定代理人获悉此事后，要求乙对因租赁合同给信托财产造成的损失承担赔偿责任，遭到乙的拒绝。丙的代理人遂向法院提起诉讼。

（二）分析提示

受托人的自我交易行为。

（三）回答问题

1. 乙的行为具有何种性质？

2. 乙是否应承担赔偿责任？

第七章 证券法

◆ 学习目标 ◆

通过本章的学习，了解现行中国证券市场的基本情况，能够对新旧证券法进行比较，熟悉证券的发行与交易、上市公司收购、可转换公司债券及违反《证券法》的法律责任，能够利用证券法及相关法规判断、分析证券市场中存在的问题以及进行相应的法律处理。

第一节 证券法概述

一、证券概述

（一）证券的定义

证券是指各类记载并代表一定权利的法律凭证，它表明证券持有人或第三者有权取得该证券拥有的特定权益（法律意义）。从一般意义上来说，证券是指用以证明或设定权利所做成的书面凭证，它表明证券持有人或第三者有权取得该证券拥有的特定权益，或证明其曾经发生过的行为（形式含义）。

（二）证券的特征

证券具有两个最基本的特征：一是法律特征，即它反映的是某种法律行为的结果，本身必须具有合法性；二是书面特征，即必须采取书面形式或与书面形式有同等效力的形式，并且必须按照特定的格式进行书写或制作，载明有关法规规定的全部必要事项。

（三）证券的分类

证券按其性质不同可分为两类：凭证证券和有价证券。凭证证券又称无价证券，不能让渡（如存款单、借据、收据、定期存款存折等）；有价证券又分为货币证券（如汇票、支票、本票等）、资本证券（是有价证券的主要形式，如股票、债券、基金及其衍生品种等）、商品证券（如货运单、提单、仓库栈单等）。证券的分类如图 7-1 所示。

《中华人民共和国证券法》中的"证券"是指资本证券，也就是说它是证明投资者对收益有请求权利的有价证券。该有价证券具有下述特点：

第一，证券的收益性。证券的投资者进行证券投资，其目的是要得到一定的收益，否则，其不会以资本证券的形式进行投资，当然证券的收益性并不等于投资者一投资就能够得到预期的收益。

第二，证券的风险性。任何一个资本证券均有可能因证券经营者的经营不善或者证券市场的动荡而难以达到实现预期收益的目的。

第三，证券的变现性。证券的持有人可以依法将自己持有的证券通过转让的形式收回本金。

第四，证券的参与性。证券的参与性是对反映股权关系的股票来讲的，

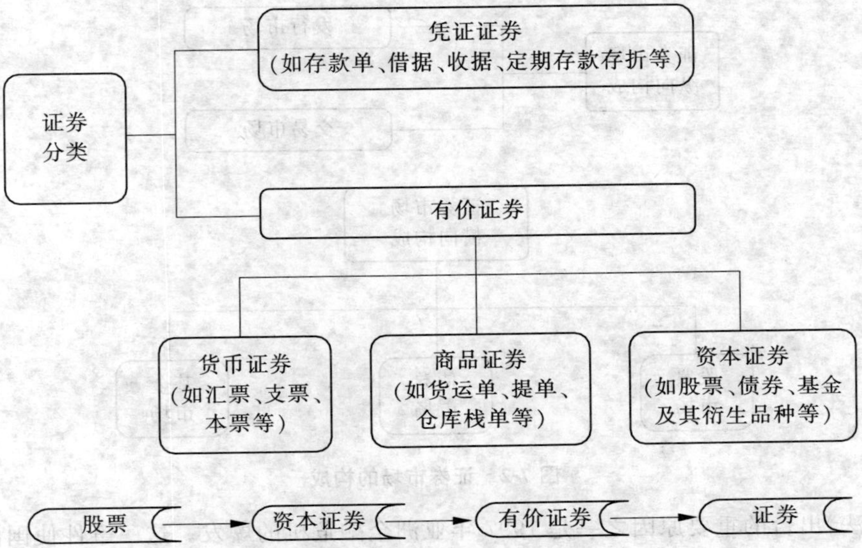

图 7-1　证券的分类

是指该证券的持有人可以根据持有的证券参与发行人的生产经营活动。

第五，证券的价悖性。证券的票面价格和证券市场上的价格并不完全一致。

（四）证券市场

证券市场是股票、债券、投资基金券等各种有价证券发行和交易的场所。按纵向结构关系，证券市场可分为发行市场和交易市场；按横向结构关系，证券市场可分为股票市场、债券市场、基金市场等。证券市场通过证券信用的方式融通资金，通过证券的买卖活动引导资金流动，有效合理地配置社会资源，支持和推动经济发展，因而是资本市场的核心和基础，是金融市场的重要组成部分。证券市场的构成如图 7-2 所示。

二、证券法概述

（一）证券法在我国的发展

《中华人民共和国证券法》(以下简称《证券法》)是于 1998 年 12 月 29 日第九届全国人民代表大会第六次会议通过、1999 年 7 月 1 日起实施的。《证券法》是新中国成立以来第一部按国际惯例、由国家最高立法机构而非由政府某个部门组织起草的经济法。《证券法》起草工作始于 1992 年。促成《证

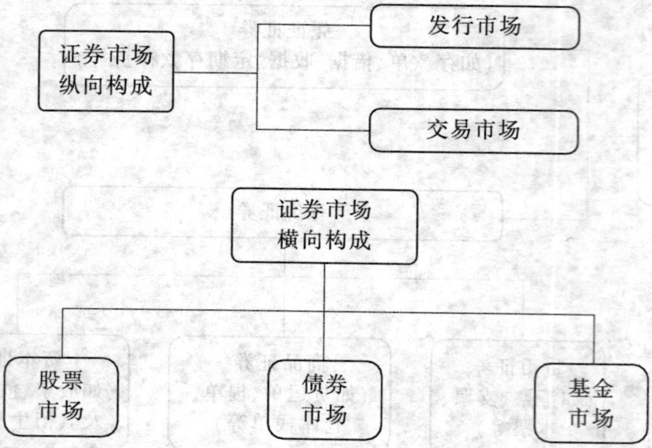

图 7-2 证券市场的构成

券法》出台的重要原因之一是 1997 年亚洲金融危机的爆发。这一事件使国内对金融风险的重视程度大大提高，尽快出台相关法律，以规范证券市场成为迫在眉睫的事情。正因此，防范风险成为《证券法》主导性立法思想。也因此，业内一直有批评声音，主要可归结为两个方面：一是过多强调了防范风险，限制性条款和禁止性条款比较多；二是在维护投资者合法权益方面规定不够，有关民事赔偿方面的条文更是没有具体规定。

随着经济和金融体制改革的不断深化和社会主义市场经济的不断发展，证券市场发生了很大变化，在证券发行、交易和证券监管中出现了许多新情况，《证券法》已经不能完全适应新形势发展的客观需要，社会各界要求修订《证券法》的呼声越来越高。于是，2003 年 7 月全国人大财经委负责开展《证券法》的修订起草工作。2005 年 10 月 27 日，第十届全国人大常委会第十八次会议分组审议并通过了《证券法》修订草案（三次审议稿）。修订后的《证券法》于 2006 年 1 月 1 日起正式施行。通过第三次审议后，《证券法》的修订工作将随着立法程序的结束而告一段落，实施了近 7 年的《证券法》也将被修订后的《证券法》取而代之。

《证券法》从 1998 年 12 月 29 日被第九届全国人大常委会第六次会议通过至 2005 年 10 月 27 日被第十届全国人大常委会第十八次会议修订通过，时隔近 7 年。修订草案共 229 条，新增 29 条，修订 95 条，删除 14 条，修补面达到 138 条，占现行《证券法》的 60%之多。比较美国《证券法》从出台到修改的时间跨度长达 42 年而言，我国只有短短的 7 年时间，这说明中国证券市场的变化和发展很快。

新修订的《证券法》与原有《证券法》的区别主要表现在：其一是将资本市场作为市场经济的要素市场发展道，提升了资本市场的地位和作用。党的十六届三中全会指出"大力发展资本和其他要素市场，积极推进资本市场的改革开放和稳定发展，扩大直接融资"是党中央、国务院从全局和战略出发作出的重要决策，是一项重要的战略任务，对我国实现本世纪头 20 年国民经济翻两番的战略目标具有重要意义。其二是新形势下迫切需要"建立多层次资本市场体系，完善资本市场结构，丰富资本市场产品"，同时根据执法实践和市场监管中不适应的地方，完善监管手段，提高监管有效性，保证资本市场安全、平稳、高效运行。这次《证券法》修订遵循"公开、公平、公正"的原则和"法制、监管、自律、规范"的方针，坚持依法治市，保护投资者特别是社会公众投资者的合法权益，正确处理好改革、发展、稳定的关系，处理好加快资本市场发展与防范市场风险的关系，加强证券市场基础建设和制度建设，以保证我国资本市场稳定发展。

（二）证券法的基本原则

证券法的基本原则是：公开、公正、公平的原则；国家统一管理和证券业自律相结合的原则；分业经营、分类管理的原则。

1. 公开、公正、公平的原则

公开、公正、公平原则是证券法最基本的原则，它们是证券经济关系正常运行的基本条件，它们最能反映证券法的特性，因而它们是证券市场法治的精髓。"三公原则"有一个共同的定语："公"，表明了证券市场的社会性和整体性特征，也表明了"三公原则"不是体现个体本位的民法原则，而属于体现社会本位的经济法原则。

2. 国家统一管理和证券业自律相结合的原则

在世界范围内，按照监管主体的地位不同，证券监管体制可分为国家（政府）型监管主导体制和自律型监管主导体制。前者是国家对证券市场实行统一管理，居于主导地位；后者是证券业自律组织，对证券市场的自我管理居于主导地位。国家对证券市场的统一管理，是指通过国家证券立法，由政府的证券管理部门对全国证券市场履行监督管理职权，统一监督和管理。证券业自律管理，是指由证券交易所和证券业协会对证券发行和交易及其相关活动，依据法律授权制定管理规章和业务规则进行自我约束和管理。自律组织代表的首先是市场参与者的利益，为了实现和保护自己的最大化利益，就要通过自律维护市场的公平交易；而位于市场之上的政府代表的是公众利益、投资者的利益，为了增强公众和投资者对市场的信心，政府需要通过立法、执法等手段维持市场的安全、秩序、公平和效率。

我国证券市场的现实条件、投资者的素质和证券立法决定了我国不是自律型监管主导模式，而是国家（政府）型监管主导模式。《证券法》规定，国务院证券监督管理机构依法对全国证券市场实行集中统一监督管理，根据需要可以设立派出机构，按照授权履行监督管理职责。[①]

3. 分业经营、分类管理的原则

分业经营、分类管理原则包括两个方面：首先是证券业、信托业、保险业分业经营和分业管理。证券公司与银行、信托、保险业务机构分别设立。我国银行业、信托业、保险业和证券业的职能、业务范围是不同的。《商业银行法》第43条明确规定，商业银行在中华人民共和国境内不得从事信托投资和证券经营业务，不得向非自用不动产投资或者向非银行金融机构和企业投资。新《证券法》第133条规定："禁止银行资金违规流入股市"。其次，就证券业本身来说，也存在一个分类管理问题。《证券法》规定，国家对证券公司实行分类管理。证券公司分为综合类证券公司和经纪类证券公司。综合类证券公司必须将其经纪业务和自营业务分开办理，业务人员、财务账户均应分开，不得混合操作，否则应承担相应的法律责任。[②]

（三）证券法的内容

新《证券法》全文12章，共240条。其中，新增53条，删除27条，修订163条，从《公司法》修订移植过来8条，无任何修改的不足40条。具体内容如下：第一章，总则；第二章，证券发行；第三章，证券交易（又分为一般规定、证券上市、持续信息公开、禁止的交易行为等四节）；第四章，上市公司的收购；第五章，证券交易所；第六章，证券公司；第七章，证券登记结算机构；第八章，证券服务机构；第九章，证券业协会；第十章，证券监督管理机构；第十一章，法律责任；第十二章，附则。

新《证券法》的修订内容可总结归纳为以下几个方面：调整了制度框架，增加了证券品种，为市场预留空间，为拓宽市场、创新证券交易产品提供了法律空间。首先，扩大了《证券法》的调整范围，不仅局限于股票、债券，还包括金融衍生产品。新《证券法》第2条规定，国务院依法认定的其他证券的发行和交易也适用《证券法》。另外，政府债券、证券投资基金份额的上市交易，也适用《证券法》。证券衍生品种的发行、交易的管理办法，也要由国务院依照

---

① 1999年，国务院对证券监督管理机构进行了重大改革，将国务院证券委员会取消，合并为中国证券监督管理委员会，简称证监会。

② 参见《证券法》第119条、第132条、第200条的规定。

本法的原则规定。这就为期货、权证、股指、期权等的发行、交易提供了法律上的可能性。其次，在坚持分业经营管理的前提下，扩大相互间的合作空间，为融资、融券、银行资金入市、保险入市预留了空间，对现货交易有所突破。

第二节 证券的发行与交易

一、证券发行

(一)证券发行的含义

证券发行是指政府、金融机构、工商企业等以募集资金为目的向投资者出售代表一定权利的有价证券的活动。任何一个经济体系中都有资金的盈余单位(如有储蓄的个人、家庭和有闲置资金的企业)和资金的短缺单位(如有投资机会的企业、政府和有消费需要的个人)，为了加速资金的周转和提高其利用效率，需要使资金从盈余单位流向短缺单位。在实际经济生活中，资金的流动和分配有两种形式：一种是间接融资，即储蓄者把他们盈余的钱存入银行，银行再把这部分资金贷给借款者；另一种是直接融资，即投资者通过购买政府、企业和金融机构发行的各种有价证券，将资金直接投入短缺单位。

发行人是指为筹措资金而发行证券的政府、金融机构、工商企业等，它们是证券的供应者和资金的需求者。发行人的多少和发行证券数量的多少，决定了发行市场的规模和发达程度。

一般而言，发行人主要包括以下四大类：(1)政府。中央政府为弥补财政赤字或筹措经济建设所需资金，可在证券市场上发行国库券、财政债券、国家重点建设债券等，这些即是国债。地方政府可为本地公用事业的建设发行地方政府债券。我国目前禁止地方政府发行债券。(2)股份公司。对筹建中的股份有限公司而言，发行股票是为了达到法定注册资本从而设立公司；而对已经成立的股份有限公司而言，发行股票和债券的目的是为了扩大资金来源，满足生产经营发展的需要。(3)金融机构。商业银行、政策性银行和非银行金融机构为筹措资金，经过批准可公开发行金融债券。(4)企业。非股份公司的企业经过批准，可在证券市场上发行企业债券筹集资金。

(二)新《证券法》中有关证券发行的内容

1. 明确了公开发行的条件

证券公开发行指的是发行人为募集资金通过承销商公开向投资人销售

证券的行为，是与定向发行和私募发行相对立的一个概念。新修订的《证券法》第 10 条明确规定了公开发行的条件："公开发行证券，必须符合法律、行政法规规定的条件，并依法报经国务院证券监督管理机构或者国务院授权的部门核准；未经依法核准，任何单位和个人不得公开发行证券。有下列情形之一的，即为公开发行：(1)向不特定对象发行证券的；(2)向特定对象发行证券累计超过 200 人的；(3)法律、行政法规规定的其他发行行为。非公开发行证券，不得采用广告、公开劝诱和变相公开方式。"

2. 公开发行证券统一实行核准制，将过去公司债券的审批制改为核准制

对比修订前的《证券法》第 10 条、第 11 条之规定，可以看出证券发行向核准制的转化进一步扩张到公司债券领域，债券发行由"额度审批，公开发行"转向以"公开发行，交易所上市"为特征，使得向来不透明的公司债券发行趋向透明化。

证券发行的核准制监管模式遵循的是强制信息公开披露和合规性管理相结合的原则，其理念是"买者自行小心"和"卖者自行小心"并行。即一方面坚持强制信息披露原则，另一方面要求申请发行证券的公司必须符合法律、行政法规规定的必备条件，也就是说法律的严格规制同样存在，不过更多的是要求其前端必须符合法律规定的条件。

核准制将过去的由政府部门预先制订计划额度、选择和推荐企业、审批企业证券的那种较强行政色彩的审批制证券发行的做法，转变成发行人只要符合《公司法》、《证券法》规定的公开发行条件，就自然具备了申请公开发行证券的资格，无需以取得发行额度作为其获得申请资格的前提条件，而国务院证券监督管理机构或者国务院授权的部门只负责对发行人的申请文件依照法定条件和程序进行审查，对符合信息公开要求和法定申请条件的企业予以核准，但不对证券的未来收益和投资风险负责。

3. 将保荐制度法定化，明确了保荐制度的适用范围

所谓保荐人制度，是指具有保荐资格的证券公司对拟发行公司的上市申请活动进行推荐与督导，并在上市后的一定时间内督导其进行规范运作和履行信息披露义务，且对其推荐与督导行为负一定的法律责任。2004 年 2 月 1 日，我国依照中国证监会公布的《中国发行与上市保荐制度暂行办法》正式实施了股票发行的保荐人制度。

新《证券法》第 11 条规定，发行人申请公开发行股票、可转换为股票的公司债券，依法采取承销方式的，或者公开发行法律、行政法规规定实行保荐制度的其他证券的，应当聘请具有保荐资格的机构担任保荐人。保荐人应当遵

守业务规则和行业规范，诚实守信，勤勉尽责，对发行人的申请文件和信息披露资料进行审慎核查，督导发行人规范运作。由此可以看出，为实现市场化的发行制度，我国在证券发行领域全面引入了保荐人制度。保荐人一方面要为发行申请承担保荐责任，另一方面还要为发行人的信息披露行为向投资者承担担保责任。此外，为配合好推荐与担保工作，保荐人还承担辅导、监督、调查、报告、咨询和保密等工作。其核心就是保荐人要有证券发行的决定权，同时也要承担发行中的责任。这就从法律上明确了保荐人所应承担的义务，保荐人如果违反《证券法》规定的以上义务，侵害投资人的合法权益就应当依法承担相应的民事责任。

在证券发行领域，要求保荐人承担过错推定责任的依据在于：一方面最大限度地保护了投资者的利益，此种情况下免除了投资人就保荐人的过错举证的责任；另一方面虽然保荐人要为发行人的申请文件和信息披露资料进行审慎核查，对其真实性负一定的法律责任，但由于保荐人不参加发行人的股东大会、董事会，只能对发行人提供的资料所制成的公开披露的信息负责，很难对发行人提供资料的真实性、完整性和及时性负责，因此此种情况下，首先推定发行人对证券持有人的损害的发生具有过错，然后如果保荐人提出反证，证明自己没有过错，则免除第 10 条。公开发行证券，必须符合法律、行政法规规定的条件，并依法报经国务院证券监督管理机构或者国务院授权保荐人的审核。在发行领域采纳过错推定责任可以比较公平、客观地平衡证券投资人以及保荐人的责任。

4. 调整了公司发行新股的条件

新《证券法》第 13 条规定："公司公开发行新股，应当符合下列条件：(1)具备健全且运行良好的组织机构；(2)具有持续盈利能力，财务状况良好；(3)最近三年财务会计文件无虚假记载，无其他重大违法行为；(4)经国务院批准的国务院证券监督管理机构规定的其他条件。上市公司非公开发行新股，应当符合经国务院批准的国务院证券监督管理机构规定的条件，并报国务院证券监督管理机构核准。"

对比原有《证券法》的规定，新法作出如下修订：(1)删除"前一次发行的股份已募足，并间隔一年以上"；(2)删除"公司预期利润率可达同期银行存款利率"；(3)将"公司在最近三年内财务会计文件无虚假记载"更改为"最近三年财务会计文件无虚假记载，无其他重大违法行为"；(4)将"公司在最近三年内连续盈利，并可向股东支付股利"更改为"具有持续盈利能力，财务状况良好"；(5)增加了"具备健全且运行良好的组织机构"；(6)增加了"经国务院批准的国务院证券监督管理机构规定的其他条件”。

5. 增加募集资金使用对发行新股和债券的限制，鼓励公司按照说明书的规定使用募集资金

新《证券法》第15条规定：公司对公开发行股票所募集资金，必须按照招股说明书所列资金用途使用。改变招股说明书所列资金用途，必须经股东大会作出决议。擅自改变用途而未作纠正的，或者未经股东大会认可的，不得公开发行新股。

新《证券法》第16条规定：公开发行公司债券，应当符合下列条件：(1)股份有限公司的净资产不低于人民币3 000万元，有限责任公司的净资产不低于人民币6 000万元；(2)累计债券余额不超过公司净资产的40%；(3)最近三年平均可分配利润足以支付公司债券一年的利息；(4)筹集的资金投向符合国家产业政策；(5)债券的利率不超过国务院限定的利率水平；(6)国务院规定的其他条件。

6. 建立预披露制度

新《证券法》第21条规定：发行人申请首次公开发行股票的，在提交申请文件后，应当按照国务院证券监督管理机构的规定预先披露有关申请文件。预披露制度能够有效地调动各种社会资源对发行人进行监督，能在一定程度上避免欺诈发行，并有助提高发行审核工作的透明度。

7. 对发行失败进行了界定

新《证券法》第25条规定：股票发行采用代销方式，代销期限届满，向投资者出售的股票数量未达到拟公开发行股票数量70%的，为发行失败。发行人应当按照发行价并加算银行同期存款利息返还股票认购人。

8. 明确控股股东诚信义务

上市公司是资本市场的基石，新《证券法》增加了上市公司控股股东或实际控制人以及高管人员诚信义务的规定和法律责任。依照我国新修订的《公司法》第217条第2款、第3款之规定，所谓控股股东，是指其出资额占有限责任公司资本总额50%以上或者其持有的股份占股份有限公司股本总额50%以上的股东；出资额或者持有股份的比例虽然不足50%，但依其出资额或者持有的股份所享有的表决权已足以对股东会、股东大会的决议产生重大影响的股东。所谓实际控制人，是指虽不是公司的股东，但通过投资关系、协议或者其他安排，能够实际支配公司行为的人。在发行领域，控股股东或者实际控制人通过所持有的多数股份，控制着发行公司的股东会议，行使绝对的表决权；或者通过直接或者间接向公司的董事会委派或者选派董事，控制公司

的董事会，而对公司的发行决策施加影响或者控制，从而实现自己的经营战略。如果控股股东或者实际控制人利用自己的股权控制地位，对发行人进行操纵，违反法定的条件或者法定的程序发行证券，则属于一种典型的民事权利的滥用，违反了其所负有的《公司法》上的勤勉义务和忠实义务。

新《证券法》第69条规定，发行人、上市公司公告的招股说明书、公司债券募集办法、财务会计报告、上市报告文件、年度报告、中期报告、临时报告以及其他信息披露资料，有虚假记载、误导性陈述或者重大遗漏，致使投资者在证券交易中遭受损失的，发行人、上市公司应当承担赔偿责任；发行人、上市公司的董事、监事、高级管理人员和其他直接责任人员以及保荐人、承销的证券公司，应当与发行人、上市公司承担连带赔偿责任，但是能够证明自己没有过错的除外；发行人、上市公司的控股股东、实际控制人有过错的，应当与发行人、上市公司承担连带赔偿责任。此种情况下，允许投资人追究控股股东、实际控制人的民事赔偿责任，具有极大的现实意义，对于欺诈发行有明显的制约作用。

二、证券交易

（一）证券交易及证券交易市场

证券交易是指已发行证券的流通转让活动。证券交易的本质，在于证券的流动性特征。我国目前有两个证券交易所：上海证券交易所（简称上交所）和深圳证券交易所（简称深交所）。这两个证券交易所的交易时间为：周一至周五的上午（前市）9:15至9:25（集合竞价时间），9:30至11:30（连续竞价时间）；下午（后市）13:00至15:00（连续竞价时间）。法定节假日和上交所、深交所公布的休市日休市。

证券交易市场也称二级市场、次级市场，是指对已经发行的证券进行买卖、转让和流通的市场。在二级市场上销售证券的收入属于出售证券的投资者，而不属于发行该证券的公司。在国外一些发达国家，证券交易市场有场内交易市场和场外交易市场两种形式。

(1) 场内交易市场。指由证券交易所组织的集中交易市场，有固定的交易场所和交易活动时间，在多数国家它还是全国唯一的证券交易场所，因此是全国最重要、最集中的证券交易市场。证券交易所接受和办理符合有关法律规定的证券上市买卖，投资者则通过证券商在证券交易所进行证券买卖。

证券交易所不仅是买卖双方公开交易的场所，而且为投资者提供多种服务。交易所随时向投资者提供关于在交易所挂牌上市的证券交易情况，如成交价格和数量等；提供发行证券企业公布的财务情况，供投资者参考。交易所制定各种规则，对参加交易的经纪人和自营商进行严格管理，对证券交易活动进行监督，防止操纵市场、内幕交易、欺诈客户等违法犯罪行为的发生。交易所还要不断完善各种制度和设施，以保证正常交易活动持续、高效地进行。

(2) 场外交易市场。又称柜台交易或店头交易市场，指在交易所外由证券买卖双方当面议价成交的市场。它没有固定的场所，其交易主要利用电话进行，交易的证券以不在交易所上市的证券为主，在某些情况下也对在证券交易所上市的证券进行场外交易。场外交易市场中的证券商兼具证券自营商和代理商的双重身份。作为自营商，他可以把自己持有的证券卖给顾客或者买进顾客的证券，赚取买卖价差；作为代理商，他可以以客户代理人的身份向别的自营商买进卖出证券。近年来，国外一些场外交易市场发生很大变化，它们大量采用先进的电子化交易技术，使市场覆盖面更加广阔，市场效率有很大提高。这方面，以美国的纳斯达克市场为典型代表。

(二)证券交易的一般规则

证券交易的一般规则有以下几个方面：

1. 一般规定

在证券二级市场上，当事人必须依法进行证券买卖。参与证券买卖的当事人应当具有合法的资格，自然人或者法人应当是法律允许进行证券买卖的当事人。同时，当事人从事证券交易的场所必须是合法的交易场所。新《证券法》第 39 条规定：依法公开发行的股票、公司债券及其他证券，应当在依法设立的证券交易所上市交易或者在国务院批准的其他证券交易场所转让。

不论进行哪种证券的交易，必须是在依法开设的证券交易场所内进行。证券交易所是股票、公司债券以及其他上市证券的集中交易场所，证券交易所的一项很重要的规则是实行证券的集中竞价交易，实行价格优先、时间优先的原则，即所有参与证券买卖的当事人进行公开报价。集中竞价的好处在于公开、公平、公正、高效，为各国证券交易所普遍采用。新《证券法》第 40 条规定：证券在证券交易所上市交易，应当采用公开的集中交易方式或者国务院证券监督管理机构批准的其他方式。

新《证券法》第 42 条还规定：证券交易以现货和国务院规定的其他方式进行交易。以上几条规定是新法的创新之处，它扩大了证券交易的方式、范围，并对证券交易的相关行为予以进一步明确，有利于建立并完善我国多层次的资本市场体系。

2. 证券上市

(1) 证券上市交易的条件

新《证券法》第48条规定：申请证券上市交易，应当向证券交易所提出申请，由证券交易所依法审核同意，并由双方签订上市协议。证券交易所根据国务院授权的部门的决定安排政府债券上市交易。第49条规定：申请股票、可转换为股票的公司债券或者法律、行政法规规定实行保荐制度的其他证券上市交易，应当聘请具有保荐资格的机构担任保荐人。

新《证券法》第50条对股票上市作出规定：股份有限公司申请股票上市，应当符合下列条件：(1)股票经国务院证券监督管理机构核准已公开发行；(2)公司股本总额不少于人民币3 000万元；(3)公开发行的股份达到公司股份总数的25%以上；公司股本总额超过人民币4亿元的，公开发行股份的比例为10%以上；(4)公司最近三年无重大违法行为，财务会计报告无虚假记载。证券交易所可以规定高于前款规定的上市条件，并报国务院证券监督管理机构批准。

新《证券法》第51条规定：国家鼓励符合产业政策并符合上市条件的公司股票上市交易。

新《证券法》第57条对债券上市作出规定：公司申请公司债券上市交易，应当符合下列条件：(1)公司债券的期限为一年以上；(2)公司债券实际发行额不少于人民币5 000万元；(3)公司申请债券上市时仍符合法定的公司债券发行条件。

(2) 证券上市暂停或终止交易

新《证券法》第55条对股票交易暂停作出规定：上市公司有下列情形之一的，由证券交易所决定暂停其股票上市交易：(1)公司股本总额、股权分布等发生变化不再具备上市条件；(2)公司不按照规定公开其财务状况，或者对财务会计报告作虚假记载，可能误导投资者；(3)公司有重大违法行为；(4)公司最近三年连续亏损；(5)证券交易所上市规则规定的其他情形。

新《证券法》第56条对股票交易终止作出规定：上市公司有下列情形之一的，由证券交易所决定终止其股票上市交易：(1)公司股本总额、股权分布等发生变化不再具备上市条件，在证券交易所规定的期限内仍不能达到上市条件；(2)公司不按照规定公开其财务状况，或者对财务会计报告作虚假记载，且拒绝纠正；(3)公司最近三年连续亏损，在其后一个年度内未能恢复盈利；(4)公司解散或者被宣告破产；(5)证券交易所上市规则规定的其他情形。

新《证券法》第60条对债券交易暂停作出规定：公司债券上市交易后，公司有下列情形之一的，由证券交易所决定暂停其公司债券上市交易：(1)公司有重大违法行为；(2)公司情况发生重大变化不符合公司债券上市条件；(3)发行公司债券所募集的资金不按照核准的用途使用；(4)未按照公司债券募集办法履行义务；(5)公司最近二年连续亏损。

新《证券法》第61条对债券交易终止作出规定：公司有前条第(1)项、第(4)项所列情形之一经查实后果严重的，或者有前条第(2)项、第(3)项、第(5)项所列情形之一，在限期内未能消除的，由证券交易所决定终止其公司债券上市交易。公司解散或者被宣告破产的，由证券交易所终止其公司债券上市交易。

3. 持续信息公开

(1) 信息公开

上市公司信息公开，是上市公司在其股票上市交易期间，将其经营状况及其他影响其股票市场价格的重大信息，按照法定方式予以持续公开。上市公司信息公开制度，是证券市场发展到一定阶段，相互联系、相互作用的证券市场特性与上市公司特性在证券法律制度上的反映。“公开性的证券市场是形成证券公平价格的基础”，“公司信息公开是防止证券欺诈的重要因素”。新《证券法》将上市公司信息公开活动规范化，以确保实现证券市场信息资源分配的均衡性与公平性，从而为上市公司股票价格的形成机制构筑科学可行的法制基础，并为抑制内幕交易等不正当证券交易行为构建严格有效的制度环境。因此，上市公司信息公开制度是保障证券交易的安全、维持证券投资者的信心以及维护证券市场秩序的重要的证券法律制度。

新《证券法》第63条规定：发行人、上市公司依法披露的信息，必须真实、准确、完整，不得有虚假记载、误导性陈述或者重大遗漏。第64条规定：经国务院证券监督管理机构核准依法公开发行股票，或者经国务院授权的部门核准依法公开发行公司债券，应当公告招股说明书、公司债券募集办法。依法公开发行新股或者公司债券的，还应当公告财务会计报告。

发行股票、公司债券的公司，应当依法制作并公告招股说明书、公司债券募集办法、财务会计报告，其目的在于给发行人进行自我宣传提供机会，以便推销所发行的股票、公司债券，同时也是给投资者了解发行人的基本情况和有关发行事项创造条件，以使投资者依据自己的判断作出投资选择，使社会公众能够了解发行人的真实情况，从而防止各种欺诈行为，保障股东和债权人的合法权益。

(2) 重大事件

在证券交易所的交易中，有关上市公司的信息，特别是有关上市公司一些重要事项的信息，会对股票交易的价格产生影响，甚至会引起股票价格的大幅度波动。为了使所有的投资者都能够平等地了解上市公司的有关信息，保证公平、公正、公开原则的实现，防止社会投资者不能公平地获悉该重大事件，从而造成证券交易中的不公平，新《证券法》第 67 条规定：发生可能对上市公司股票交易价格产生较大影响的重大事件，投资者尚未得知时，上市公司应当立即将有关该重大事件的情况向国务院证券监督管理机构和证券交易所报送临时报告，并予公告，说明事件的起因、目前的状态和可能产生的法律后果。

下列情况为前款所称的重大事件：①公司的经营方针和经营范围的重大变化；②公司的重大投资行为和重大的购置财产的决定；③公司订立重要合同，可能对公司的资产、负债、权益和经营成果产生重要影响；④公司发生重大债务和未能清偿到期重大债务的违约情况；⑤公司发生重大亏损或者重大损失；⑥公司生产经营的外部条件发生的重大变化；⑦公司的董事、三分之一以上监事或者经理发生变动；⑧持有公司 5%以上股份的股东或者实际控制人，其持有股份或者控制公司的情况发生较大变化；⑨公司减资、合并、分立、解散及申请破产的决定；⑩涉及公司的重大诉讼，股东大会、董事会决议被依法撤销或者宣告无效；⑪公司涉嫌犯罪被司法机关立案调查，公司董事、监事、高级管理人员涉嫌犯罪被司法机关采取强制措施；⑫国务院证券监督管理机构规定的其他事项。

由于临时报告所载明的内容是投资者尚未得知的重大事件，所以，上市公司在将其临时报告提交国务院证券监督管理机构、证券交易所的同时，应当公告临时报告，即在国家有关部门规定的报刊上或者在专项出版的公报上刊登，并将其置备于公司住所、证券交易所，供社会公众查阅。同时，上市公司还应当在公告时说明事件的实质，指出该事件是否会对公司产生影响、产生什么样的影响等，以使社会公众能够了解公司目前的真实情况，保护投资者的合法权益。

4. 禁止交易的行为

(1) 内幕交易

新《证券法》第 73 条规定：禁止证券交易内幕信息的知情人和非法获取内幕信息的人利用内幕信息从事证券交易活动。第 74 条规定：证券交易内幕信息的知情人包括：①发行人的董事、监事、高级管理人员；②持有公司 5%以上股份的股东及其董事、监事、高级管理人员，公司的实际控制人及其董事、监事、高级管理人员；③发行人控股的公司及其董事、监事、高级管理人员；④由于所任公司职务可以获取公司有关内幕信息的人员；⑤证券监督管理机构工作人员以及由于法定职责对证券的发行、交易进行管理的其他人员；⑥保荐人、承销的证券公司、证券交易所、证券登记结算机构、证券服务机构的有关人员；⑦国务院证券监督管理机构规定的其他人。

新《证券法》第 75 条规定：证券交易活动中，涉及公司的经营、财务或者对该公司证券的市场价格有重大影响的尚未公开的信息，为内幕信息。下列信息皆属内幕信息：(1)本法第 67 条第 2 款所列重大事件；(2)公司分配股利或者增资的计划；(3)公司股权结构的重大变化；(4)公司债务担保的重大变更；(5)公司营业用主要资产的抵押、出售或者报废一次超过该资产的 30%；(6)公司的董事、监事、高级管理人员的行为可能依法承担重大损害赔偿责任；(7)上市公司收购的有关方案；(8)国务院证券监督管理机构认定的对证券交易价格有显著影响的其他重要信息。

证券交易内幕信息的知情人员利用内幕信息进行的证券交易，是内幕交易。在证券交易活动中，内幕交易从形式上看与正常的交易基本相同，也是按同样的操作程序在市场上公开买卖证券，但由于这是一部分人利用自己的特殊地位或特殊关系掌握的尚未公开的信息所进行的交易，对于其他投资者来说，这种交易实质上是不公平的。因此，在各国证券市场上，内幕交易都是被法律明令禁止的，不得进行内幕交易是证券交易活动的一项重要准则，也可以说是国际上通行的一项规则。

在证券市场上，投资者进行投资决策的依据是各种各样有关证券交易的信息。比如，在股票市场上，每只股票的未来收益都具有不确定性，投资者在收益、风险方面的偏好也有所不同。寻求各种投资项目和获利机会的企业和个人，都需要通过股票市场上披露的各种信息(包括上市公司定期公布的财务会计报表、股息红利配送方案，证券交易所每天公布的上市公司股票的交易数量、价格变动情况、涨跌最大的股票、反映整个证券交易市场的价格指数以及证券市场上提供的其他信息数据等)进行分析预测，直到发现值得投资的行业，甚至具体的企业，才能作出购买或者出售股票的决定。所以，了解可能影响证券价格的各种信息，是投资者作出正确选择的前提。进一步讲，就是在信息已经充分公开、大多数投资者都能够知悉的情况下进行证券交易，是保证证券交易公平的基本条件。在一个市场中，如果总是有一部分人可以在其他投资者还无法对市场变化作出判断时，利用所掌握的内部消息，抢先一步对市场作出反应，占据市场优势，从而占有更多的获利机会，而大多数投资者事先并不知道游戏规则或者游戏规则对他们是不确定和不公平的，那么他们蒙受损失的可能性总是更大一些，这个市场就不是公平的市场，市场的交易量将会因此而减少，市场效率也将降低，从根本上说，将会损害广大投资者对这个市场的信心，阻碍市场发展。由此可见，内幕交易的危害是极为严重的，为了保障证券市场的公平性，维持投资者的信心，必须严格禁止内幕交易。

（2）操纵市场

新《证券法》第 77 条规定：禁止任何人以下列手段操纵证券市场：①单独或者通过合谋，集中资金优势、持股优势或者利用信息优势联合或者连续买卖，操纵证券交易价格或者证券交易量；②与他人串通，以事先约定的时间、价格和方式相互进行证券交易，影响证券交易价格或者证券交易量；③在自己实际控制的账户之间进行证券交易，影响证券交易价格或者证券交易量；④以其他手段操纵证券市场。操纵证券市场行为给投资者造成损失的，行为人应当依法承担赔偿责任。

在证券交易活动中，禁止操纵证券交易市场是一项重要的法律准则，也是各国证券市场通行的规则之一。证券交易价格，是指证券持有者将证券让渡给购买者的货币数量。证券本身并没有价值，在证券市场上，证券的交易价格是由证券所代表的权益和证券的供求数量决定的。证券所代表的权益分为两部分：一部分是由发行人支付的股息、红利、利息等，另一部分是证券持有者买卖证券所获得的差价收益。一般情况下，当市场上证券的发行总量不变时，人们买入证券与卖出证券的数量随着他们对证券所带来的收益的预期的变化而变化，并由此推动着证券交易价格的变化。预期收益较高时，买入数量增加，证券交易价格趋于上涨；预期收益较低时，卖出数量增加，证券交易价格就会趋于下跌。从实践中看，影响证券预期收益，从而影响证券买入与卖出数量的因素非常多，经济的、政治的因素都有。比如，从宏观上说，经济周期的循环与波动、利率水平的高低、中央银行的货币政策和公开市场业务的调整、物价水平以及国家有关法律、法规、政策、措施的实施等，都能够影响证券的买入与卖出数量，从而影响证券交易价格；从微观上说，公司的盈利水平和股利派发政策等，也会直接影响证券的买入与卖出数量，引起证券交易价格的变化。证券交易价格受这些因素影响发生变动是经常的、正常的，也是不可避免的。在上述因素之外，还有一种因素也可以导致证券交易价格发生变动，这就是人为操纵。在证券市场上，买卖证券的心理是这样的，即一边倒的量会刺激出更大的一边倒的量。一般情况下，当证券持有者看到证券交易价格下跌，他们就会决定抛售，而这种抛售会引起更多的抛售；当潜在的投资者看到证券交易价格上涨时，他们就会决定买进，而这种买进又会带动更多的买进。某些个人或者机构利用人们的这种心理，背离市场竞争原则和供求原则，通过增加买进或者卖出证券的数量来人为地操纵证券交易价格，引诱他人参与证券交易，为自己牟取利益或者转嫁风险。这种人为地操纵证券交易价格，实质上是制造虚假的证券交易量和证券交易价格，是对不特定的投资者的欺诈行为。所以，为了保护广大投资者的利益，维持证券交易公正合理地进行，必须严格禁止操纵证券交易价格的行为。

(3) 虚假陈述

新《证券法》第78条规定：禁止国家工作人员、传播媒介从业人员和有关人员编造、传播虚假信息，扰乱证券市场。禁止证券交易所、证券公司、证券登记结算机构、证券服务机构及其从业人员，证券业协会、证券监督管理机构及其工作人员，在证券交易活动中作出虚假陈述或者信息误导。各种传播媒介传播证券市场信息必须真实、客观，禁止误导。

在证券市场上，各种各样信息的传播对证券交易都会造成影响，公布真实的信息，有助于投资者了解市场真实情况，作出正确选择；而散布虚假信息，进行信息误导，则会使投资者作出错误的判断，利益受到损失。所以，对编造、传播虚假信息，恶意进行信息误导的行为，应当坚决予以禁止。

虚假信息对证券市场造成的影响，主要是直接影响证券交易价格。恶意散布、编造虚假信息或者不实资料，通常都是以操纵证券交易市场为目的，并且在很多情况下还是伴随着操纵市场的行为而进行的，所以，许多国家和地区将这种行为也列为操纵证券交易市场行为的一种表现形式。比如，美国规定，操纵市场行为包括故意散布虚假信息或不实资料，引诱他人买卖证券的行为。日本规定，自己或与他人共谋散布有价证券行情要有变动的流言，以及在进行有价证券买卖时，对主要事项故意制造虚假的或者能够引起误解的表示的，都属于操纵市场的行为。我国台湾地区规定的操纵市场行为包括六种情况，其中第五种情况是意图影响集中交易市场有价证券交易价格而散布流言或不实资料的行为。我国香港地区规定操纵市场的行为之一是发布有关证券的虚假或误导性的声明。

(4) 欺诈客户

新《证券法》第79条规定：禁止证券公司及其从业人员从事下列损害客户利益的欺诈行为：①违背客户的委托为其买卖证券；②不在规定时间内向客户提供交易的书面确认文件；③挪用客户所委托买卖的证券或者客户账户上

的资金;④未经客户的委托,擅自为客户买卖证券,或者假借客户的名义买卖证券;⑤为牟取佣金收入,诱使客户进行不必要的证券买卖;⑥利用传播媒介或者通过其他方式提供、传播虚假或者误导投资者的信息;⑦其他违背客户真实意思表示、损害客户利益的行为。欺诈客户行为给客户造成损失的,行为人应当依法承担赔偿责任。

在证券交易活动中,自愿、有偿、诚实信用的原则是当事人所必须遵循的一项基本法律原则,实行这一原则对于维护当事人双方的利益,保证证券交易正常进行,具有重要作用。所以,新《证券法》第4条规定,证券发行、交易活动的当事人具有平等的法律地位,应当遵守自愿、有偿、诚实信用的原则。本法有关的规定中都体现了这一法律原则。按照这一原则,对于证券公司代理客户买卖证券的,本法规定了若干具体规则。例如,证券公司应当根据客户委托书载明的证券名称、买卖数量、出价方式、价格幅度等办理经纪业务;买卖成交后,应当按规定制作买卖成交报告单交付客户;证券公司从事自营业务的,严禁挪用客户交易结算资金等。证券公司及其从业人员违反法律规定代理客户买卖证券,从事损害客户利益的欺诈行为,严重有悖于自愿、有偿、诚实信用的法律原则,应当严格禁止。

新《证券法》在多处突破了原有《证券法》对证券交易方面的限制,为未来各项证券交易制度完善留下了极大的空间。允许更多合规资金入市,打开了产品创新空间,取消了只能"现货交易"、"集中竞价交易"等法律限制,扩大了证券交易活动的范围、种类和方式。从大的架构看,新《证券法》重塑了市场交易主体、交易品种和交易机制的广阔空间,对推动交易产品和交易方式的创新具有显著作用,必将对中国资本市场的长远发展产生深远影响。

第三节　上市公司收购

一、上市公司

上市公司是指所发行的股票经过国务院或者国务院授权的证券管理部门批准在证券交易所上市交易的股份有限公司。上市公司是股份有限公司的一种,这种公司到证券交易所上市交易,除了必须经过批准外,还必须符合一定的条件(详见证券交易中的上市规定)。股票上市,是连接股票发行和股票交易的"桥梁"。在我国,股票公开发行后即获得上市资格。

股票之所以要上市，是因为上市可以给公司带来以下好处：(1)可以推动企业建立完善、规范的经营管理机制，以市场为导向自主运作，完善公司治理结构，不断提高运行质量。(2)上市后股票价格的变动，形成对公司业绩的一种市场评价机制。那些业绩优良、成长性好的公司的股价一直保持在较高的水平上，使公司能以较低的成本筹集大量资本，进入资本快速、连续扩张的通道，不断扩大经营规模，进一步培育和发展公司的竞争优势和竞争实力，增强公司的发展潜力和发展后劲。(3)各国对公司股票上市都制定了明确的标准，公司能上市，表明投资者对公司经营管理、发展前景等给予了积极的评价。同时，公司证券的交易等信息通过中介、报纸、电视台等各种媒介不断向社会发布，扩大了公司的知名度，提高了公司的市场地位和影响力，十分有助于公司树立产品的品牌形象，扩大市场销售量，提高公司的业务扩张能力。

二、上市公司收购的条件

上市公司收购，是指收购人通过在证券交易所的股份转让活动持有一个上市公司的股份达到一定比例、通过证券交易所股份转让活动以外的其他合法途径控制一个上市公司的股份达到一定程度，导致其获得或者可能获得对该公司的实际控制权的行为。对此概念应作如下理解：

第一，收购属于对上市公司的收购。根据《公司法》第 162 条规定，本法所称上市公司，是指在证券交易所上市交易的股份有限公司。

第二，上市公司收购的对象是上市的股份有限公司的“股份”。不能将上市公司收购的“股份”误认为上市和非上市的股份有限公司的“股份”，也不能理解为上市公司的收购包括收购上市公司上市的“债券”。

第三，上市公司收购的收购主体为投资者。新《证券法》关于收购中的投资者，没有区分个人投资者和机构投资者，只能理解为任何投资者均可在证券市场上进行收购。但《股票发行与交易管理暂行条例》对境内个人持股比例作出了明确的限制，使得境内个人不能对上市公司进行收购。

第四，上市公司的收购是一种股权转让行为。上市公司的收购是投资者与投资者之间的股权转让行为，而不是投资者与上市公司之间的股权转让行为。除法律有特别规定外，上市公司本身不能收购自己的股份，即不能成为收购本上市公司的收购主体。

第五，上市公司收购的目的是进行控股或者兼并。所谓控股，即投资者对上市公司享有一定的控制权。所谓兼并，是指投资者将上市公司的全部资产收购为自己所有，使得上市公司的产权发生变化的行为。

三、上市公司收购的程序

新《证券法》第 85 条规定：投资者可以采取要约收购、协议收购及其他合法方式收购上市公司。

（一）协议收购

协议收购是指收购人通过与目标公司的管理层或者目标公司的股东进行磋商，达成协议，并按照协议所规定的收购条件、收购价格、收购期限及其他规定事项，收购目标公司股份的收购方式。

新《证券法》第 86 条规定：通过证券交易所的证券交易，投资者持有或者通过协议、其他安排与他人共同持有一个上市公司已发行的股份达到 5%时，应当在该事实发生之日起 3 日内，向国务院证券监督管理机构、证券交易所作出书面报告，通知该上市公司，并予公告；在上述期限内，不得再行买卖该上市公司的股票。投资者持有或者通过协议、其他安排与他人共同持有一个上市公司已发行的股份达到 5%后，其所持该上市公司已发行的股份比例每增加或者减少 5%，应当依照前款规定进行报告和公告。在报告期限内和作出报告、公告后 2 日内，不得再行买卖该上市公司的股票。

新《证券法》的这项规定，实际上是给收购人规定了一个依据和两个义务。

一个依据：收购人收购上市公司，必须依照《公司法》、《证券法》及相关的法律、行政法规的规定，与被收购公司的股东协商进行股权转让。凡未与被收购公司的股东协商进行股权转让的，收购行为无效，两个义务也不存在。

两个义务：一是协议收购上市公司，必须报告有关部门并进行公告，这是收购人的基本义务，包含三个工作内容：(1)协议收购达成后，收购人必须在 3 日内向国务院证券监督机构作出书面报告；(2)收购人必须在 3 日内向证券交易所作出书面报告；(3)收购人在向国务院证券监督机构和证券交易所作出书面报告的基础上在媒体上（如报刊、电视等）进行公告。二是在公告前不得履行收购协议。要求公告，是要求收购人的行为，即收购工作应当公开进行，其目的是为了防止侵害与影响其他人的合法利益。采取协议收购方式收购上市公司的，应当委托证券交易结算机构保管根据收购协议转让的股票，并将资金存放指定的银行。

（二）要约收购

要约收购是指通过证券交易所的证券交易，有收购意图的投资者以市值价格购入目标公司的股票，在达到法定比例时，向目标公司的所有股东作出购买其所持股份的书面意见，并依法公告包括收购条件、收购价格、收购期限等内容的收购要约，最终实现对目标公司的收购。

新《证券法》第 88 条规定：通过证券交易所的证券交易，投资者持有或者通过协议、其他安排与他人共同持有一个上市公司已发行的股份达到 30% 时，继续进行收购的，应当依法向该上市公司所有股东发出收购上市公司全部或者部分股份的要约。收购上市公司部分股份的收购要约应当约定，被收购公司股东承诺出售的股份数额超过预定收购的股份数额的，收购人按比例进行收购。第 89 条规定：依照前条规定发出收购要约，收购人必须事先向国务院证券监督管理机构报送上市公司收购报告书，并载明下列事项：(1)收购人的名称、住所；(2)收购人关于收购的决定；(3)被收购的上市公司名称；(4)收购目的；(5)收购股份的详细名称和预定收购的股份数额；(6)收购期限、收购价格；(7)收购所需资金额及资金保证；(8)报送上市公司收购报告书时持有被收购公司股份数占该公司已发行的股份总数的比例。收购人还应当将上市公司收购报告书同时提交证券交易所。国务院证券监督管理机构应当依照新《证券法》的原则制定上市公司收购的具体办法。

2006 年 5 月，证监会公布了《上市公司收购管理办法(征求意见稿)》(以下简称《管理办法》)，以“适应国民经济战略性结构调整和证券市场股权分置改革后全流通的新局面”。与 2002 年 12 月 1 日起实施的老办法相比，顺应了全流通时代的并购大潮。

四、上市公司收购的法律后果

上市公司收购只是收购目标公司的股份，收购人的意图是成为目标公司的控制股东，因此收购一般而言并不会导致目标公司法人资格的消灭。而公司合并是两个或两个以上的公司依法变更某一个公司的法律行为，其中至少有一个公司会因合并失去法人资格。

第四节　可转换公司债券

可转换公司债券是一种被赋予了股票转换权的公司债券，也称“可转换债券”。发行公司事先规定债权人可以选择有利时机，按发行时规定的条件把其债券转换成发行公司的等值股票(普通股票)。

可转换公司债是一种混合型的债券形式。当投资者不太清楚发行公司的发展潜力及前景时，可先投资于这种债券。待发行公司经营业绩显著、经营前景乐观、股票行市看涨时，则可将债券转换为股票，以从公司的发展中受益。可转换债券对于投资者来说，多了一种投资选择机会，因此即使可转换债券的收益比一般债券收益低些，但在投资机会选择的权衡中，这种债券仍然受到投资者的欢迎。可转换公司债券在国外债券市场上颇为盛行。这种公司债券最早出现在英国，目前美国公司也多发行这种公司债。日本的一些公司于 1938 年《商法》修订后开始发行这种债券。由于可转换债券具有可转换成股票这一优越条件，因而其发行利率较之普通债券为低。可转换公司债券在发行时预先规定有三个基本转换条件：(1)转换价格或转换比率；(2)转换时发行的股票内容；(3)请求转换期间。可转换债券持有人行使转换权利时，须按这三个基本转换条件进行。

可转换公司债券具有股票和债券的双重属性，对投资者来说是"有保证本金的股票"，因而对投资者具有强大的市场吸引力。

目前在我国关于可转换债券的法律法规是 2001 年 4 月 26 日施行的《上市公司发行可转换公司债券实施办法》，它取代了国务院证券委员会 1997 年 3 月 25 日发布的行政法规《可转换公司债券管理暂行办法》。

一、可转换公司债券的发行

中国证券监督管理委员会 2006 年 5 月 8 日起施行《上市公司证券发行管理办法》对可转换债券的发行作出了明确的规定，可综述为以下几个方面：

(1) 可转换公司债券的发行总额。一般来说，国外典型的可转换公司债券的发行规模在 3 000 万至 2 亿美元左右。我国可转换公司债券的发行额不少于 1 亿元人民币。

(2) 票面金额也称票面价值。可转换债券的票面价值是其作为债券在最后到期日的赎回价值(债券本金)。

(3) 可转换公司债券的利率。可转换公司债券的利率比其他直接发行债券的利率低，我国规定可转换公司债券的利率不得超过银行同期存款的利率水平。

(4) 基准股票。可转换债券可转换成股权的名称及种类，如发行公司的 A 股、B 股等。

(5) 转让价格。是指在可转换公司债券有效期内，债券可以据此转换成该公司股票的每股价格。在国外成熟市场，可转换债券的转换价格一般高于其定价时的股票市值。

(6) 转股价格确定方式。转股价格是指将可转换公司债券转换成公司股票时所应付出的价格。转股价格确定方式有两种:一种是浮动转股定价,一种是固定转股定价。浮动转股定价是根据一定时期内股票市价的一定比率作为转换价格,因而这种转换价格会随股票行情的变动而浮动。固定转股定价是可转换债券在发行时将转换价格予以确定,在可转换债券有效期内都不能改变,除非发生下列情况:如配股、发售红股、分发股票红利、合并或收购以及其他在可转换债券有效期内会引起未偿付股票价格改变的重大事件,转换价格才予以调整。目前国际上通行的是固定转股定价的方式。

(7) 转换比率。可转换债券的转换比率是一个单位的债券能够换成股票的数量。其计算公式为:转换比率=单位债券/转换价格。

(8) 转换期。即将可转换公司债券转成公司股票的期限。

(9) 募集资金用途。在我国,发行可转换债券募集的资金其投向需符合国家产业政策。

(10) 赎回条款。这一条款是指发行人在到期之前有买回债券的权利。这一条款只有在发行人的股票价格大幅上升以至超过其赎回价值时才生效。制定这一条款,主要是为了促使投资者将债券转换为股票。

(11) 售回条款。这一条款给予持有者按某一事先决定的价格和日期卖出其持有债券给发行人的权利。这一条款一般只有在股票价格大幅下跌超过一定幅度时才生效。大多可转换债券的售回价格高于面值,但也有些等于面值。

二、可转换公司债券募集说明书、转股价格及承销

发行可转换公司债券,发行人必须公布可转换公司债券募集说明书。募集说明书应当包括下列内容:(1)发行人的名称;(2)批准发行可转换公司债券的文件及其文号;(3)发行人的基本情况介绍;(4)最近三年的财务状况;(5)发行的起止日期;(6)可转换公司债券票面金额及发行总额;(7)可转换公司债券利率和付息日期;(8)募集资金的用途;(9)可转换公司债券的承销及担保事项;(10)可转换公司债券偿还方法;(11)申请转股的程序;(12)转股价格的确定和调整方法;(13)转换期;(14)转换年度有关利息、股利的归属;(15)赎回条款及回售条款;(16)转股时不是一股金额的处理;(17)中国证监会规定的其他事项。

上市公司发行可转换公司债券的,以发行可转换公司债券前一个月股票的平均价格为基准,上浮一定幅度作为转股价格。重点国有企业发行可转换

公司债券的，以拟发行股票的价格为基准，折扣一定比例作为转股价格。

可转换公司债券的发行，应当由证券经营机构承销，证券经营机构应当具有股票承销资格。承销方式由发行人与证券经营机构在承销协议中约定。发行人应当在承销期前2—5个工作日内，将可转换公司债券募集说明书刊登在中国证监会指定的至少一种全国性报刊上。证券经营机构应当将可转换公司债券的募集说明书置于营业场所，并有义务提醒认购人阅读可转换公司债券募集说明书。可转换公司债券募集说明书的有效期为6个月，自可转换公司债券募集说明书签署之日起计算。可转换公司债券募集说明书失效后，可转换公司债券的发行必须立即停止。发行人和证券经营机构应当在可转换公司债券承销期满后的15个工作日内，向中国证监会提交承销情况的书面报告。

三、可转换公司债券的上市、转换股份及债券偿还

可转换公司债券在发行人股票上市或者拟上市的证券交易所上市。证券交易所应当与发行人订立上市协议，并报中国证监会备案。发行人应当在可转换公司债券上市前5个工作日内，将上市公告书刊登在中国证监会指定的至少一种全国性报刊上，并将上市公告书置备于发行人所在地、拟上市的证券交易所、证券经营机构的营业场所，供公众查阅，同时报中国证监会备查。可转换公司债券上市公告书应当载明下列事项：(1)可转换公司债券在证券交易所上市的起止日期；(2)可转换公司债券发行的情况；(3)证券交易所要求载明的其他事项。可转换公司债券上市交易期间，公司发布有关股份变动涉及调整转股价格的信息，应当暂停交易1天。

可转换公司债券上市交易期间，未转换的可转换公司债券数量少于3 000万元时，证券交易所应当立即公告，并在3个交易日后停止其交易。可转换公司债券应在转换期结束前的10个工作日停止交易。可转换公司债券停止交易后、转换期结束前，不影响持有人依据约定的条件转换股份的权利。上市公司发行的可转换公司债券，在发行结束6个月后，持有人可以依据约定的条件随时转换股份。重点国有企业发行可转换公司债券，在该企业改建为股份有限公司且其股票上市后，持有人可以依据约定的条件随时转换股份。可转换公司债券转换为股份后，证券交易所应当安排股票上市流通。发行人应当在每一季度结束后的2个工作日内，向社会公布因可转换公司债券转换为股份所引起的股份变动情况。可转换公司债券转换为股份累计达到公司发行在外普通股的10%，发行人应当及时将有关情况予以公告。可转换公司债券

发行后，因发行新股、送股及其他原因引起公司股份发生变动的，发行人应当及时调整转股价格，并向社会公布。可转换公司债券持有人请求转股时，所持债券面额不足转换一股股份的部分，发行人应当以现金偿还。重点国有企业发行可转换公司债券，转换期满时仍未转换为股份的，利息一次性支付，不计复利。可转换公司债券到期未转换的，发行人应当按照可转换公司债券募集说明书的约定，于期满后5个工作日内偿还本息。

第五节　违反《证券法》的法律责任

一、违反证券发行规定的法律责任

申请公开发行证券的企业必须符合《公司法》、《证券法》规定的条件以及国务院证券监督管理机构规定的其他公开发行的条件和法定的程序。对于不符合法定条件的证券发行，新《证券法》第26条，区分以下不同情况，对于投资人的保护原则作出了明确的规定。第一，尚未发行证券的，国务院证券监督管理机构或者国务院授权的部门应当予以撤销，停止发行。由于此种情况下，投资人尚未持有证券，故没有涉及投资人利益的保护问题。第二，证券已经发行尚未上市的，国务院证券监督管理机构或者国务院授权的部门撤销发行核准决定，发行人应当按照发行价并加算同期存款利息返还证券持有人；保荐人应当与发行人承担连带责任，但是能够证明自己没有过错的除外；发行人的控股股东、实际控制人有过错的，应当与发行人承担连带责任。

对比修改前的《证券法》，新《证券法》新增了以下条款：

(1) 新增不符合法定条件或法定程序发行证券的法律责任。第188条规定：未经法定机关核准，擅自公开或者变相公开发行证券的，责令停止发行，退还所募资金并加算银行同期存款利息，处以非法所募资金金额1%以上5%以下的罚款；对擅自公开或者变相公开发行证券设立的公司，由依法履行监督管理职责的机构或者部门会同县级以上地方人民政府予以取缔。对直接负责的主管人员和其他直接责任人员给予警告，并处以3万元以上30万元以下的罚款。

(2) 新增欺诈发行的法律责任。第189条规定：发行人不符合发行条件，以欺骗手段骗取发行核准，尚未发行证券的，处以30万元以上60万元以下的罚款；已经发行证券的，处以非法所募资金金额1%以上5%以下的罚款。对直接负责的主管人员和其他直接责任人员处以 3 万元以上 30 万元以下的罚款。

(3) 新增擅自改变募集资金用途的法律责任。第 194 条规定:发行人、上市公司擅自改变公开发行证券所募集资金的用途的,责令改正,对直接负责的主管人员和其他直接责任人员给予警告,并处以 3 万元以上 30 万元以下的罚款。发行人、上市公司的控股股东、实际控制人指使从事前款违法行为的,给予警告,并处以 30 万元以上 60 万元以下的罚款。对直接负责的主管人员和其他直接责任人员依照前款的规定处罚。

证券市场存在严重的信息不对称,在证券的发行市场,对于中小投资者而言,他们与发行人、保荐人以及发行人的控股股东、实际控制人不仅在信息上不对称,而且在可利用资源上严重不平等,因此如果将证券发行中的侵权行为仍然作为一般侵权行为对待,即要求投资人举证证明发行人、保荐人以及发行人的控股股东、实际控制人有侵权行为、因果关系、过错,以及造成损失等,必然造成严重的不公平,对投资者的保护也是不利的。因此,此次修改后的《证券法》第 26 条,条款细致、便于操作,对投资者的保护进行了全方位的规定,直接将不符合法定条件或者法定程序发行证券的行为归入特殊侵权行为,并对其作出特殊规定,这也就决定了此类案件的举证责任的分配原则。

新《证券法》将请求损害赔偿的权利交给了投资者,并规定投资者可以依据该条规定要求发行人承担返还投资本金以及利息的合同责任,还可以依据侵权法原理要求发行人、保荐人和发行人的控股股东、实际控制人连带承担赔偿责任。但在依据侵权行为法原理要求民事责任主体承担连带责任的同时,又严格区分了各行为人的归责原则。对于发行人确立的是无过错责任原则,对于保荐人确立的是过错推定责任原则,对于发行人的控股股东、实际控制人确立的是过错责任原则。

二、违反证券交易规定的法律责任

法律、行政法规规定禁止参与股票交易的人员,直接或者以化名借他人名义持有、买卖股票的,责令依法处理非法持有的股票,没收违法所得,并处以买卖股票等值以下的罚款;属于国家工作人员的,还应当依法给予行政处分。证券交易所、证券公司、证券登记结算机构、证券服务机构的从业人员或者证券业协会的工作人员,故意提供虚假资料,隐匿、伪造、篡改或者毁损交易记录,诱骗投资者买卖证券的,撤销证券从业资格,并处以 3 万元以上 10 万元以下的罚款；属于国家工作人员的，还应当依法给予行政处分。

为股票的发行、上市、交易出具审计报告、资产评估报告或者法律意见书等文件的证券服务机构和人员，违反新《证券法》第 45 条的规定买卖股票的，责令依法处理非法持有的股票，没收违法所得，并处以买卖股票等值以下的罚款。

证券交易内幕信息的知情人或者非法获取内幕信息的人，在涉及证券的发行、交易或者其他对证券的价格有重大影响的信息公开前，买卖该证券，或者泄露该信息，或者建议他人买卖该证券的，责令依法处理非法持有的证券，没收违法所得，并处以违法所得 1 倍以上 5 倍以下的罚款；没有违法所得或者违法所得不足 3 万元的，处以 3 万元以上 60 万元以下的罚款。单位从事内幕交易的，还应当对直接负责的主管人员和其他直接责任人员给予警告，并处以 3 万元以上 30 万元以下的罚款。证券监督管理机构工作人员进行内幕交易的，从重处罚。

违反新《证券法》第 77 条规定，操纵证券市场的，责令依法处理其非法持有的证券，没收违法所得，并处以违法所得 1 倍以上 5 倍以下的罚款；没有违法所得或者违法所得不足 30 万元的，处以 30 万元以上 300 万元以下的罚款。单位操纵证券市场的，还应当对直接负责的主管人员和其他直接责任人员给予警告，并处以 10 万元以上 60 万元以下的罚款。

违反新《证券法》第 204 条规定，在限制转让期限内买卖证券的，责令改正，给予警告，并处以违法买卖证券等值以下的罚款。对直接负责的主管人员和其他直接责任人员给予警告，并处以 3 万元以上 30 万元以下的罚款。

证券公司违反新《证券法》第 205 条规定，为客户买卖证券提供融资融券的，没收违法所得，暂停或者撤销相关业务许可，并处以非法融资融券等值以下的罚款。对直接负责的主管人员和其他直接责任人员给予警告，撤销任职资格或者证券从业资格，并处以 3 万元以上 30 万元以下的罚款。

违反新《证券法》第 78 条第 1 款、第 3 款的规定，扰乱证券市场的，由证券监督管理机构责令改正，没收违法所得，并处以违法所得 1 倍以上 5 倍以下的罚款；没有违法所得或者违法所得不足 3 万元的，处以 3 万元以上 20 万元以下的罚款。违反第 78 条第 2 款的规定，在证券交易活动中作出虚假陈述或者信息误导的，责令改正，处以 3 万元以上 20 万元以下的罚款；属于国家工作人员的，还应当依法给予行政处分。

三、违反证券机构管理、人员管理的法律责任

新《证券法》第227条规定，国务院证券监督管理机构或者国务院授权的部门有下列情形之一的，对直接负责的主管人员和其他直接责任人员，依法给予行政处分：(1) 对不符合本法规定的发行证券、设立证券公司等申请予以核准、批准的；(2) 违反规定采取本法第180条规定的现场检查、调查取证、查询、冻结或者查封等措施的；(3) 违反规定对有关机构和人员实施行政处罚的；(4) 其他不依法履行职责的行为。

第228条规定，证券监督管理机构的工作人员和发行审核委员会的组成人员，不履行本法规定的职责，滥用职权、玩忽职守，利用职务便利牟取不正当利益，或者泄露所知悉的有关单位和个人的商业秘密的，依法追究法律责任。

第229条规定，证券交易所对不符合本法规定条件的证券上市申请予以审核同意的，给予警告，没收业务收入，并处以业务收入1倍以上5倍以下的罚款。对直接负责的主管人员和其他直接责任人员给予警告，并处以3万元以上30万元以下的罚款。

四、证券机构的法律责任

证券机构是指为证券的发行与交易提供服务的各类机构，包括证券公司和其他证券服务机构。由于这些机构是连接证券投资人与筹资人的桥梁、是证券市场运行的组织系统，在证券市场起中介作用，通常又把它称作证券中介机构。证券市场功能的发挥，很大程度上取决于证券中介机构的活动。通过它们的经营服务活动，加强了证券需求者与证券供应者之间的联系，不仅保证了各种证券的发行和交易，还起到了维持证券市场秩序的作用。

(一) 证券公司的法律责任

证券公司又称证券商，是指依法设立可经营证券业务的、具有法人资格的金融机构。证券公司的主要业务有代理证券发行、代理证券买卖、自营性证券买卖以及其他咨询业务，如兼并与收购等。证券公司一般分为综合类证券公司和经纪类证券公司。新《证券法》中第208条规定，法人以他人名义设立账户或者利用他人账户买卖证券的，责令改正，没收违法所得，并处以违法所得1倍以上5倍以下的罚款；没有违法所得或者违法所得不足3万元的，处以3万元以上30万元以下的罚款。对直接负责的主管人员和其他直接责任人员给予警告，并处以3万元以上10万元以下的罚款。证券公司为前款规定

的违法行为提供自己或者他人的证券交易账户的，除依照前款的规定处罚外，还应当撤销直接负责的主管人员和其他直接责任人员的任职资格或者证券从业资格。

证券公司违反本法规定，假借他人名义或者以个人名义从事证券自营业务的，责令改正，没收违法所得，并处以违法所得1倍以上5倍以下的罚款；没有违法所得或者违法所得不足30万元的，处以30万元以上60万元以下的罚款；情节严重的，暂停或者撤销证券自营业务许可。对直接负责的主管人员和其他直接责任人员给予警告，撤销任职资格或者证券从业资格，并处以3万元以上10万元以下的罚款。

证券公司违背客户的委托买卖证券、办理交易事项，或者违背客户真实意思表示，办理交易以外的其他事项的，责令改正，处以1万元以上10万元以下的罚款。给客户造成损失的，依法承担赔偿责任。

证券公司、证券登记结算机构挪用客户的资金或者证券，或者未经客户的委托，擅自为客户买卖证券的，责令改正，没收违法所得，并处以违法所得1倍以上5倍以下的罚款；没有违法所得或者违法所得不足10万元的，处以10万元以上60万元以下的罚款；情节严重的，责令关闭或者撤销相关业务许可。对直接负责的主管人员和其他直接责任人员给予警告，撤销任职资格或者证券从业资格，并处以3万元以上30万元以下的罚款。

证券公司办理经纪业务，接受客户的全权委托买卖证券的，或者证券公司对客户买卖证券的收益或者赔偿证券买卖的损失作出承诺的，责令改正，没收违法所得，并处以5万元以上20万元以下的罚款，可以暂停或者撤销相关业务许可。对直接负责的主管人员和其他直接责任人员给予警告，并处以3万元以上10万元以下的罚款，可以撤销任职资格或者证券从业资格。证券公司及其从业人员违反本法规定，私下接受客户委托买卖证券的，责令改正，给予警告，没收违法所得，并处以违法所得1倍以上5倍以下的罚款；没有违法所得或者违法所得不足10万元的，处以10万元以上30万元以下的罚款。

证券公司违反新《证券法》第216条的规定，未经批准经营非上市证券的交易的，责令改正，没收违法所得，并处以违法所得1倍以上5倍以下的罚款。证券公司成立后，无正当理由超过3个月未开始营业的，或者开业后自行停业连续3个月以上的，由公司登记机关吊销其公司营业执照。证券公司违反新《证券法》第129条的规定，擅自设立、收购、撤销分支机构，或者合并、分立、停业、解散、破产，或者在境外设立、收购、参股证券经营机构的，责令改正，没收违法所得，并处以违法所得1倍以上5倍以下的罚款；没有违法所得或者违法所得不足10万元的，处以10万元以上60万元以下的罚款。对直接负责的主管人员给予警告，并处以3万元以上10万元以下的罚款。证券公司违反新《证券法》第129条的规定，擅自变更有关事项的，责令改正，并处以10万元以上30万元以下的罚款。对直接负责的主管人员给予警告，并处以5万元以下的罚款。超出业务许可范围经营证券业务的，责令改正，没收违法所得，并处以违法所得1倍以上5倍以下的罚款；没有违法所得或者违法所得不足30万元的，处以30万元以上60万元以下的罚款；情节严重的，责令关闭。对直接负责的主管人员和其他直接责任人员给予警告，撤销任职资格或者证券从业资格，并处以3万元以上10万元以下的罚款。

证券公司对其证券经纪业务、证券承销业务、证券自营业务、证券资产管理业务，不依法分开办理，混合操作的，责令改正，没收违法所得，并处以30万元以上60万元以下的罚款；情节严重的，撤销相关业务许可。对直接负责的主管人员和其他直接责任人员给予警告，并处以3万元以上10万元以下的罚款；情节严重的，撤销任职资格或者证券从业资格。

提交虚假证明文件或者采取其他欺诈手段隐瞒重要事实骗取证券业务许可的，或者证券公司在证券交易中有严重违法行为，不再具备经营资格的，由证券监督管理机构撤销证券业务许可。证券公司或者其股东、实际控制人违反规定，拒不向证券监督管理机构报送或者提供经营管理信息和资料，或者报送、提供的经营管理信息和资料有虚假记载、误导性陈述或者重大遗漏的，责令改正，给予警告，并处以3万元以上30万元以下的罚款，可以暂停或者撤销证券公司相关业务许可。对直接负责的主管人员和其他直接责任人员，给予警告，并处以3万元以下的罚款，可以撤销任职资格或者证券从业资格。证券公司为其股东或者股东的关联人提供融资或者担保的，责令改正，给予警告，并处以10万元以上30万元以下的罚款。对直接负责的主管人员和其他直接责任人员，处以3万元以上10万元以下的罚款。股东有过错的，在按照要求改正前，国务院证券监督管理机构可以限制其股东权利；拒不改正的，可以责令其转让所持证券公司股权。

（二）收购人的法律责任

新《证券法》第213条规定，收购人未按照本法规定履行上市公司收购的公告、发出收购要约、报送上市公司收购报告书等义务或者擅自变更收购要约的，责令改正，给予警告，并处以10万元以上30万元以下的罚款；在改正前，其持有或者通过协议、其他安排与他人共同持有被收购公司股份超过30%的部分不得行使表决权。对直接负责的主管人员和其他直接责任人员给予警告，并处以3万元以上30万元以下的罚款。收购人或者收购人的控股股东利用上市公司收购损害被收购公司及其股东的合法权益的，责令改正，给予警告；情节严重的，并处以10万元以上60万元以下的罚款。给被收购公司及其股东造成损失的，依法承担赔偿责任。对直接负责的主管人员和其他直接责任人员给予警告，并处以3万元以上30万元以下的罚款。

五、会计师事务所、资产评估机构、律师事务机构的法律责任

证券服务机构是指依法设立的从事证券服务业务的法人机构，主要包括证券登记结算公司、证券投资咨询公司、会计师事务所、资产评估机构、律师事务所、证券信用评级机构等。

新《证券法》第223条规定，证券服务机构未勤勉尽责，所制作、出具的文件有虚假记载、误导性陈述或者重大遗漏的，责令改正，没收业务收入，暂停或者撤销证券服务业务许可，并处以业务收入1倍以上5倍以下的罚款。对直接负责的主管人员和其他直接责任人员给予警告，撤销证券从业资格，并处以3万元以上10万元以下的罚款。违反本法规定，发行、承销公司债券的，由国务院授权的部门依照本法有关规定予以处罚。上市公司、证券公司、证券交易所、证券登记结算机构、证券服务机构，未按照有关规定保存有关文件和资料的，责令改正，给予警告，并处以3万元以上30万元以下的罚款；隐匿、伪造、篡改或者毁损有关文件和资料的，给予警告，并处以30万元以上60万元以下的罚款。未经国务院证券监督管理机构批准，擅自设立证券登记结算机构的，由证券监督管理机构予以取缔，没收违法所得，并处以违法所得1倍以上5倍以下的罚款。

投资咨询机构、财务顾问机构、资信评级机构、资产评估机构、会计师事务所未经批准，擅自从事证券服务业务的，责令改正，没收违法所得，并处以违法所得1倍以上5倍以下的罚款。证券登记结算机构、证券服务机构违反本法规定或者依法制定的业务规则的，由证券监督管理机构责令改正，没收违法所得，并处以违法所得1倍以上5倍以下的罚款；没有违法所得或者违法所得不足10万元的，处以10万元以上30万元以下的罚款；情节严重的，责令关闭或者撤销证券服务业务许可。

【本章小结】

沿用了7年的《证券法》被新的《证券法》所取代，新增、修订、删除超过了

原法条款的60%,一方面说明旧法在诸多方面存有不足或问题,另一方面也说明中国资本市场的发展很快,本着实事求是和与时俱进的原则,新法的出台无疑具有举足轻重的作用。本章介绍了《证券法》的发展沿革,新旧《证券法》的一些区别,新法的特色及创新点;重点阐述了《证券法》的主干内容,尤其是在关于证券发行、证券交易、上市公司收购、可转换公司债券及法律责任几个方面阐述全面,这也正是新《证券法》的核心与关键。

【复习思考题】

一、名词解释

证券法(注意区分新旧法的时间) 保荐人制度 证券交易中的重大事件 操纵证券市场手段 上市公司收购 可转换公司债券

二、问答题

1. 简述新旧《证券法》产生的背景及二者的区别。
2. 新《证券法》关于证券发行新增了哪些内容?
3. 简述股份有限公司上市的条件。
4. 什么是证券交易中的内幕信息?
5. 简述上市公司的收购方式。
6. 发行可转换公司债券有哪些条件?
7. 简述违反证券交易规定应承担的法律责任。

三、综合分析题

(一) 材料内容

提交第十届全国人民代表大会常务委员会审议的《证券法修改建议稿》(简称《建议稿》),从完善上市公司监管制度的层面来看有以下几个特点:

一是在法律上确认证券发行上市保荐制度并引入连坐制度。《建议稿》对现行《证券法》第18条作了补充规定,发行人申请公开发行证券的,应当按照规定聘请证券公司担任保荐机构。履行保荐职责的证券公司应当承担连带责任;发行人的发起人、股东和实际控制人有过错的,应当承担连带责任。此种连坐制度,把多个主体之间的信用及责任相捆绑,可以保证投资者的求偿权利得到切实的实现。

二是增加上市公司控股股东或实际控制人,上市公司董事、监事、高级管理人员诚信义务的规定和法律责任。《建议稿》创造性地引入实际控制人一个新的概念，它是指股份未登记在其名下，但通过股权控制关系、协议或者其他安排，能够决定发行人的人事、财务和经营管理政策的自然人、法人或者其他组织。而将高管人员概括为公司经理、副经理、财务负责人、董事会秘书和公司章程规定的其他人员。

三是强化信息披露制度，拓宽社会监督渠道。《建议稿》中花了相当大的篇幅对信息披露制度作了规定，主要是扩大了义务主体范围和内幕知情人员范围。例如，将原来的由受到损失的投资者证明其存在过错修改为由发行人和履行保荐职责的券商高管承担过错推定责任。这就使得上市公司和券商高管的个人财产、声誉与公司行为紧密结合。

此外，《建议稿》还将公司董事、监事、经理及其他高级管理人员涉嫌犯罪被司法机关采取强制措施增设为公司必须披露的重大事项，解决了实践中的部分问题。最直接的保护中小投资者权益的规定体现在设立了保护基金制度和民事责任制度。

（二）回答问题

1. 从上面的资料中可以看出，新施行的《证券法》强调保护投资者的合法权益，是什么原因促使出现这种变化的？

2. 试从市场本身验证新《证券法》施行后的影响与作用。

3. 强调保护投资者的合法权益会对市场及投资者产生什么样的作用？

四、案例分析题

案例　从通海高科案看发行制度改革

（一）案例资料

1998 年 8 月，经吉林省人民政府批准，吉林省电子集团公司与广东江门高路华集团等五家公司以发起设立方式设立了吉林通海高科技股份有限公司。1999 年 11 月 5 日，吉林省人民政府向中国证监会报送通海高科股票发行申请及公开募集文件等申报材料。2000 年 6 月 20 日，中国证监会通知吉林省人民政府关于核准通海高科股票公开发行申请的决定。2000 年 6 月 30 日，通海高科以每股 16.88 元的价格，向社会公开发行 1 亿股上市流通股份，募集资金 16.88 亿元。其中，向法人投资者配售 7 500 万股，上网发行 2 500 万股。

2000 年 7 月 24 日，通海高科接受中国证监会调查。调查显示，并入通海高科的江门电视机厂和江门销售公司，于 1998 年、1999 年两年合计虚构电视机生产销售数量146万余台,合计虚构主营业务收入近35亿元、主营业务利润5亿多元,同时虚开增值税发票等造假行为。由于通海高科在其股票发行申请和公开募集文件中使用了上述虚构的财务会计数据,据此确定通海高科申报材料中的财务会计文件存在重大虚假记载。

2002年9月7日,中国证监会对通海高科作出处理,对通海高科股票公开发行的核准决定予以撤销,通海高科因股票发行所获的募集资金应当返还投资者。同时依法将该案移送司法机构追究刑事责任。

为预防类似通海高科案的欺诈发行,在新《证券法》中,建立了多层次防范体系。

(二) 分析提示

用新《证券法》第11条中规定的保荐人制度防范欺诈发行的内容进行分析。

(三) 回答问题

1. 请用新《证券法》的内容解释通海高科的违法行为。

2. 按照新《证券法》的规定,通海高科会有什么样的法律后果?

3. 保荐人制度的推出对遏制通海高科这种违法行为有什么样的作用?

第八章 证券投资基金法

◈ **学习目标** ◈

通过本章的学习，了解证券投资基金的设立、交易与终止，基金当事人以及基金监管等相关内容；熟悉证券投资基金法的法律规定；掌握证券投资基金法的基本原理和主要实务。

第一节　证券投资基金法概述

一、证券投资基金概述

（一）证券投资基金的定义及特点

证券投资基金就是通过向社会公开发行基金单位筹集资金，并将资金用于证券投资。基金单位的持有者对基金享有资产所有权、收益分配权、剩余财产处置权和其他相关权利，并承担相应义务。它是一种利益共享、风险共担的集合投资方式，具有规模效益、分散风险、专家管理的特点。

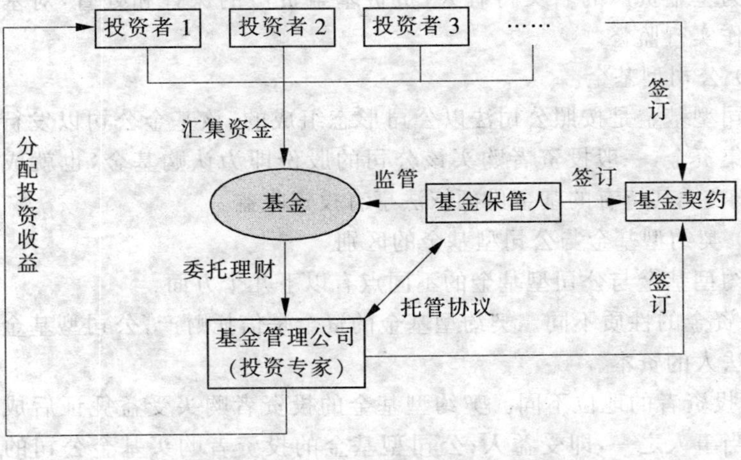

图 8-1　投资基金运作流程简图

由图 8-1 可知，投资基金运作流程可分为以下四步：

(1) 将投资者的资金汇集成基金。

(2) 该基金委托投资专家——基金管理人投资运作。其中，投资者、基金管理人、基金托管人通过基金契约方式建立信托协议，确立投资者出资（并享有收益、承担风险）、基金管理人受托负责理财、基金托管人负责保管资金三者之间的信托关系。

(3) 基金管理人与基金托管人（主要是银行）通过托管协议确立双方的责权。

(4) 基金管理人经过专业理财，将投资收益分予投资者。

在我国，基金托管人必须由合格的商业银行担任，基金管理人必须由专业的基金管理人担任。基金投资人既享受证券投资基金的收益，也承担亏损的风险。

（二）证券投资基金的分类

1. 按基金的法律地位来划分

按基金的法律地位来划分，可分为契约型基金与公司型基金两大基本类型。

（1）契约型基金

契约型基金又称单位信托基金，是指把受益人（投资者）、管理人、托管人三者作为基金的当事人，由管理人与托管人通过签订信托契约的形式发行受益凭证而设立的一种基金。

契约型基金是基于基金契约原理而组织起来的代理投资行为，是通过信托契约来规范三方当事人的行为。基金管理人负责基金的管理操作；基金托管人作为基金资产的名义持有人，负责基金资产的保管和处置，对基金管理人的运作实行监督。

（2）公司型基金

公司型基金是按照公司法以公司形态组成的，该基金公司以发行股份的方式募集资金，一般投资者购买该公司的股份即为认购基金，也就成为该公司的股东，凭其持有的基金份额依法享有投资收益。

（3）契约型基金与公司型基金的区别

契约型基金与公司型基金的不同点有以下几个方面：

① 资金的性质不同。契约型基金的资金是信托财产，公司型基金的资金为公司法人的资本。

② 投资者的地位不同。契约型基金的投资者购买受益凭证后成为基金契约的当事人之一，即受益人；公司型基金的投资者购买基金公司的股票后成为该公司的股东，以股息或红利形式取得收益。因此，契约型基金的投资者没有管理基金资产的权力，而公司型基金的股东通过股东大会和董事会享有管理基金公司的权力。

③ 基金的运营依据不同。契约型基金依据基金契约运营基金，公司型基金依据基金公司章程运营基金。

2. 按基金是否可自由赎回来划分

按基金是否可自由赎回来划分，可分为封闭式基金和开放式基金。

（1）封闭式基金

封闭式基金是指基金的发起人在设立基金时，限定了基金单位的发行总额，筹集到这个总额后，基金即宣告成立，并进行封闭，在一定时期内不再接受新的投资。例如,在深交所上市的基金开元(4688),1998年设立,发行额为20亿基金份额,存续期限(即封闭期,指基金从成立到终止之间的时间)15年。也就是说,基金开元从1998年开始运作期限为20年,运作的额度20亿,在此期限内,投资者不能要求退回资金,基金也不能增加新的份额。

尽管在封闭的期限内不允许投资者要求退回资金,但是封闭式基金单位的流通方式采取在证券交易所挂牌上市交易的办法,投资者买卖基金单位,都必须通过证券商在二级市场上进行竞价交易。

(2) 开放式基金

开放式基金是指基金发起人在设立基金时,基金单位的总数是不固定的,可视经营策略和发展需要追加发行。投资者也可根据市场状况和各自的投资决策,或者要求发行机构按现期净资产值扣除手续费后赎回股份或受益凭证,或者再买入股份或受益凭证,增加基金单位份额的持有比例。开放式基金特别适合中小投资者进行投资。例如,我国首只开放式基金"华安创新",首次发行50亿份基金单位,设立时间2001年,没有存续期,而首次发行的这50亿份基金单位也会在"开放"后随时发生变动,例如可能因为投资者赎回而减少,或者因为投资者申购或选择"分红再投资"而增加。

我国开放式基金单位的交易采取在基金管理公司直销网点或代销网点(主要是银行营业网点)通过申购与赎回的办法进行,投资者申购与赎回都要通过这些网点的柜台、电话或网站进行。

(3) 封闭式基金与开放式基金的区别

封闭式基金与开放式基金的区别如表8-1所示。

表8-1 封闭式基金与开放式基金的区别

	封闭式基金	开放式基金
期限	有固定封闭期限,通常在5年以上,一般为10—15年,经批准可适当延期。	没有规定期限,投资者可随时赎回。
发行规模	在封闭期内规模不变。	随投资者的认购或赎回,规模不断变化。
交易方式	上市交易。	通常不上市交易。
交易价格	买卖价格受供求关系影响,常出现溢价或折价现象,并不必然反映基金的净资产值。	交易价格则取决于基金每单位净资产值的大小,其申购价一般是基金单位净资产值加一定的申购费,赎回价是基金单位净资产值减一定的赎回费,不直接受市场供求关系的影响。

续表

	封闭式基金	开放式基金
基金投资策略	基金单位数不变，资本不会减少，基金资产的投资组合能有效地在预定计划内进行。	因基金单位可随时赎回，为应付投资者随时赎回兑现，基金资产不能全部用来进行长线投资，必须保持基金资产的流动性，在投资组合上需保留一部分现金和高流动性的金融工具。

(4) 世界范围内基金业的发展历史

世界基金发展史就是从封闭式基金走向开放式基金的历史。在基金市场最为成熟的美国，1990 年 9 月，开放式基金共有 3 000 家，资产总值 1 万亿美元；而封闭式基金仅有 250 家，资产总值 600 亿美元。到 1996 年，美国开放式基金的资产为 35 392 亿美元，封闭式基金资产仅为1 285亿美元，两者之比达到 27.54：1；而在 1940 年，两者之比仅为0.73：1。在日本，1990 年以前封闭式基金占绝大多数，开放式基金处于从属地位；但 90 年代后情况发生了根本性变化，开放式基金资产达到封闭式基金资产的两倍左右。

在泰国、新加坡、菲律宾、中国香港地区、中国台湾地区等亚洲发展投资基金较早的国家和地区，发展之初也是以封闭式基金为主，逐渐过渡到目前两类基金形态并存的阶段。从世界范围看，1990 年世界开放式投资基金净资产余额为 23 554 亿美元，到 1995 年已跃升至 53 407 亿美元。开放式基金已经逐渐成为世界投资基金的主流。

世界各国投资基金起步时大都为封闭型的。这是由于在投资基金发展初期，买卖封闭式基金的手续费远比赎回开放式基金的份额的手续费低。从基金管理的角度看，由于没有请求赎回受益凭证的压力，可以充分利用投资者的资金，来实施其投资战略以求利益的最大化。

目前国内基金市场的基金由原先全部是封闭型基金逐渐转向封闭式基金和开放式基金并存的局面，开放式基金的发行数量、发行规模都日益增加，大有后来者居上的架势。随着国内证券市场的发展和基金监管水平的提高，开放式基金必将成为我国基金品种的主流。

3. 按基金的投资标的来划分

证券投资基金的业务种类根据投资标的可划分为：债券基金、股票基金、其他投资基金（包括货币基金、黄金基金、衍生证券投资基金）。

债券基金是指将基金资产投资于收益较稳定的各类债券上的一种收益

性基金。股票基金是指将基金资产投资于普通股股票的基金，是最原始、最基本的基金品种之一。货币基金是指以全球的货币市场为投资对象的一种基金，其投资工具包括银行短期存款、国库券、政府公债、公司债券、银行承兑票据及商业票据等(期限在1年以内)。黄金基金是指以投资与黄金或其他金属生产及其相关产业的证券为主要目的的基金。衍生证券投资基金是指以衍生证券为投资对象的基金。

4. 按基金的投资目标来划分

根据基金投资目标的不同可划分为：成长型基金、收入型基金、平衡型基金。

成长型基金是基金中最常见的一种，它追求的是基金资产的长期增值。收入型基金主要是以投资于可带来收入的有价证券为主，以获取当期的最大收入为目的。平衡型基金的投资目标是既要获得当期收入，又要追求组成部分的长期增值。

（三）在我国发展证券投资基金的意义

从根本上讲，发展证券投资基金，对于增加证券市场中的机构投资者、扩大证券市场资金来源渠道，无疑是一件十分有意义的事情。发展大型证券投资基金对股市而言，是一种长远的利好。因为证券投资基金在建立之后都要投资入市，从最终结果上看，必然会增加市场的资金供给。同时随着证券投资基金的发展，其经营运作也必然会逐步规范化，而基金的规范化，对股市走势将具有巨大的推动作用。不仅如此，随着证券投资基金的规范化发展，也将对股市的健康发展提供根本的保证。目前我国股市暴涨暴跌的一个重要原因就在于场内缺乏规范的机构投资者，而发展证券投资基金，是培育场内机构投资者的一个重要途径。目前美国股市只有25%是个人投资者，而日本股市几乎很少有个人投资者，绝大多数的个人，均采取加入投资基金的方式进行证券投资。在发达国家的股市中，投资基金已成为投资的主体，而且由于投资基金的规模较大，其行为必然倾向于投资，而不倾向于投机。这对于股市的稳定发展，将起到十分重要的作用。

从1998年证券投资基金开始试点算起，中国基金业的发展只有八年多的历史，在较短的时间内成功地实现了从封闭式基金到开放式基金、从资本市场到货币市场、从国内基金管理公司到合资基金管理公司的三大历史性的跨越，走过了发达国家几十年的历程，取得了举世瞩目的成绩。截止到2007年3月末，我国基金的数量已突破300只，规模即将突破1万亿份，占股市流通值19%的份额，基金投资者的数量预计已突破1 500万人。

二、证券投资基金法概述

证券投资基金法是调整证券投资基金关系的法律规范的总称。

2004年6月1日起,《中华人民共和国证券投资基金法》(以下简称《证券投资基金法》)正式实施。《证券投资基金法》的实施,标志着基金业由此进入了一个以法治业的新时代。该法全文共12章103条。内容有:总则,基金管理人,基金托管人,基金的募集,基金份额的交易,基金份额的申购与赎回,基金的运作与信息披露,基金合同的变更、终止与基金财产清算,基金份额持有人权利及其行使,监督管理,法律责任,附则。

《证券投资基金法》的颁布和实施,确立了基金业的法律地位,为基金业的发展创造出广阔的空间,有利于加强对投资者权益的保护,增强基金投资者的信心。此外,这部法律还有助于我国基金业适应国际化的趋势,促进不同基金管理机构的公平竞争。可以说,《证券投资基金法》的颁布和实施,是中国基金业和资本市场发展历史上的又一个重要里程碑,标志着我国基金业进入了一个崭新的发展阶段,必将对中国基金业以及资本市场和金融业的健康发展带来深远的影响。

(一)《证券投资基金法》体现民事赔偿优先原则

保护投资者合法利益和民事赔偿优先原则,这在《证券投资基金法》中得到了充分体现。法律规定,违反规定应当承担民事赔偿责任和缴纳罚款、罚金,其财产不足以同时支付时,先承担民事赔偿责任。

基金立法的一个核心问题,是要充分保护基金投资人特别是中小投资者的合法权益。为实现这一宗旨,法律针对目前基金管理中的有关问题,从基金份额持有人权利及禁止违规关联交易等方面作了详细规定。

法律规定,基金管理人、基金托管人在履行各自职责的过程中,违反本法的规定或者基金合同的约定,给基金财产或者基金份额持有人造成损害的,应当分别对各自的行为依法承担赔偿责任;因共同行为给基金财产或者基金份额持有人造成损害的,应当承担连带赔偿责任。

(二)基金份额持有人大会制度成为投资者的利益基石

为充分保护投资者的合法权益,《证券投资基金法》规定了基金份额持有人大会制度,即基金份额持有人可以通过基金份额持有人大会的形式,参与一些涉及切身利益的重大问题的决策。这也赋予了基金投资者监督基金管理人的权力。

投资人通过购买基金份额成为基金份额持有人。法律规定,基金份额持有人享有按照规定要求召开基金份额持有人大会、对基金份额持有人大会审议事项行使表决权等权利。

基金份额持有人大会由基金管理人召集；基金管理人未按规定召集或者不能召集时，由基金托管人召集。代表基金份额10%以上的基金份额持有人就同一事项要求召开基金份额持有人大会，而基金管理人、基金托管人都不召集的，代表基金份额10%以上的基金份额持有人有权自行召集。

基金份额持有人大会应当有代表50%以上基金份额的持有人参加，方可召开；大会就审议事项作出决定，应当经参加大会的基金份额持有人所持表决权的50%以上通过；但是，转换基金运作方式、更换基金管理人或者基金托管人、提前终止基金合同，应当经参加大会的基金份额持有人所持表决权的三分之二以上通过。

法律规定，基金份额持有人大会可以采取现场方式召开，也可以采取通讯等方式召开。每一基金份额具有一票表决权，基金份额持有人可以委托代理人出席基金份额持有人大会并行使表决权。

保护投资者合法利益和民事赔偿优先原则，在此次法律条款中得到了充分体现。

基金管理人、基金托管人应当为基金份额持有人的最大利益履行诚信和勤勉义务，基金管理人不得以基金名义使用不属于基金名下的资产从事投资、不得利用基金为基金份额持有人以外的第三人牟取利益、不得利用基金资产从事任何形式的证券欺诈活动等。

对违反本法规定造成基金损失的，基金活动当事人应当以自有资产承担赔偿责任。基金管理人、基金托管人等信息披露义务人没有依法披露基金信息或者披露的信息含有虚假、欺诈或者误导投资者内容的，应当责令其披露真实信息，处10万元以上100万元以下罚款；有违法所得的，没收违法所得；造成基金份额持有人损失的，承担赔偿责任；对直接负责的主管人员和其他直接责任人员给予警告、暂停或者撤销其从业资格等行政处罚，并可处3万元以上30万元以下罚款；构成犯罪的，依法追究刑事责任。

（三）《证券投资基金法》为杜绝“基金黑幕”的重演设立了法律屏障

2000年，基金业曾经因“基金黑幕”事件广受关注，而且，基金的投资行为也备受指责。由于当时的基金经理基本上来自各大券商的自营部门，虽然他们表面上学的是国外同行的投资理念、运作架构、选股思路，但本质上并没有摒弃“坐庄”获利的投资思路。

截至2006年11月底，国内基金管理公司数量已达58家，基金数量为

294只，证券投资基金资产总规模达6 312亿元。从数量、规模和资金量上看，基金已经成为证券市场上重要的机构投资力量。

一方面我们可以将这股力量正面理解为稳定市场的根本动力，但从另一方面去考虑，如果没有严格的法律约束，拥有巨额资金力量的基金将会成为"洪水猛兽"，随意投资、随意担保，不仅容易滋生腐败，还容易导致资金风险。为此，《证券投资基金法》对基金财产的运作进行了严格的限制。

法律规定，基金财产不得用于下列投资或者活动：承销证券；向他人贷款或者提供担保；从事承担无限责任的投资；买卖其他基金份额，但是国务院另有规定的除外；向其基金管理人、基金托管人出资或者买卖其基金管理人、基金托管人发行的股票或者债券；买卖与其基金管理人、基金托管人有控股关系的股东或者与其基金管理人、基金托管人有其他重大利害关系的公司发行的证券或者承销期内承销的证券；从事内幕交易、操纵证券交易价格及其他不正当的证券交易活动；依照法律、行政法规有关规定，由国务院证券监督管理机构规定禁止的其他活动。

为基金立法是规范基金运作的必备条件。目前，我国基金业发展中的主要问题是基金运作不规范、基金管理公司内部治理结构不健全等。要从根本上解决这些问题，必须建立和完善基金法律体系。

（四）基金不得违规承诺收益，披露虚假基金信息将受严惩

信息完全公开披露，是证券投资基金最大的一个特点。如果虚假披露基金信息、违规承诺收益，将受到法律的严惩。

《证券投资基金法》规定，公开披露基金信息，不得有下列行为：虚假记载、误导性陈述或者重大遗漏；对证券投资业绩进行预测；违规承诺收益或者承担损失；诋毁其他基金管理人、基金托管人或者基金份额发售机构；依据法律、行政法规有关规定，由国务院证券监督管理机构规定禁止的其他行为。

基金信息披露义务人不依法披露基金信息或者披露的信息有虚假记载、误导性陈述或者重大遗漏的，责令改正，没收违法所得，并处10万元以上100万元以下罚款；给基金份额持有人造成损害的，依法承担赔偿责任；对直接负责的主管人员和其他直接责任人员给予警告，暂停或者取消基金从业资格，并处3万元以上30万元以下罚款；构成犯罪的，依法追究刑事责任。

资料显示，目前已注册成立的基金管理公司达266家，大有赶超证券公司之势。但毕竟短时间内市场的资金容量是有限的，如此多的基金释放出来必定造成竞争环境的恶化，违规承诺保底收益的推销模式迅速在全国各地普及开来。这种现象的发生对于基金业的发展是非常恶劣的，如果不能及时有效

地加以控制，基金将会在市场大幅下跌的情况下走到崩溃的边缘。因此，严格规范基金信息披露，保证基金行业能够在公平竞争的环境里健康发展已经成为主管部门(证监会)所面临的一个新的棘手问题。

(五) 基金托管银行可拒绝执行基金管理人的违规运作

为保证基金资产的安全和维护投资人的利益，基金托管银行将按照规定监督基金管理人的投资运作，可拒绝执行基金管理人的违规运作。

法律规定，基金托管人发现基金管理人的投资指令违反法律、行政法规和其他有关规定，或者违反基金合同约定的，应当拒绝执行，立即通知基金管理人，并及时向国家证券监督管理机构报告。

基金托管人发现基金管理人依据交易程序已经生效的投资指令违反法律、行政法规和其他有关规定，或者违反基金合同约定的，应当立即通知基金管理人，并及时向国务院证券监督管理机构报告。

基金专家指出，基金托管行将最大限度地保全基金的资产安全，因此，对基金托管行的要求也比较高。我国现在获得基金托管资格的银行共有八家，分别是中国工商银行、中国农业银行、中国银行、中国建设银行、交通银行、中国光大银行、招商银行和上海浦东发展银行。也就是说，国内所有已经设立的基金的资金均由这八家银行托管。

《证券投资基金法》此次在法律责任追究方面明确规定："基金管理人、基金托管人的专门基金托管部门的从业人员违反本法第 18 条规定，给基金财产或者基金份额持有人造成损害的，依法承担赔偿责任；情节严重的，取消基金从业资格；构成犯罪的，依法追究刑事责任。"

(六)《证券投资基金法》为三种基金形式留有发展空间

《证券投资基金法》的制定本着发展的眼光，针对我国基金业的实际发展情况，分别为"基金中的基金"、"私募基金"和"公司制基金"(国际上比较普遍的基金形式)预留出了发展空间，这有利于我国基金产品在今后的创新。

所谓"基金中的基金"，即专门买卖其他基金的投资基金。"私募基金"，是市场人士对"向特定对象募集的基金"的一般称谓。我国目前尚无公司制基金，它是由具有共同投资目标的投资者组成以盈利为目的的股份制投资公司，并将资产投资于特定对象的投资基金。

针对目前我国事实上存在的私募基金和尚未发展的公司制基金，有意见认为法律应该予以涵盖，而也有意见认为私募基金情况比较复杂，而公司制基金发展尚缺乏实践经验，暂不予以考虑。故此，对这两种基金，法律授权国务院另行制定具体管理办法。

私募基金能够在国外成熟市场获得绝对的成功说明私募基金本身是一个很好的投资方式，只不过在目前的中国市场还没有足够的监管能力来驾驭它的发展，其实如果能够将它有效地包容进来，它所能够发挥的作用将会大大高于现有的这些基金品种。目前来看，私募基金的地下发展仍然需要一个很长的时期。

第二节 证券投资基金的设立、交易与终止

一、证券投资基金设立的一般条件

基金的设立，必须经中国证券监督管理委员会（以下简称证监会）审查批准。基金发起人可以申请设立开放式基金，也可以申请设立封闭式基金。

申请设立基金，应当具备下列条件：(1) 主要发起人为按照国家有关规定设立的证券公司、信托投资公司、基金管理公司；(2)每个发起人的实收资本不少于 3 亿元人民币，主要发起人有 3 年以上从事证券投资经验、连续盈利的记录，但是基金管理公司除外；(3)发起人、基金托管人、基金管理人有健全的组织机构和管理制度，财务状况良好，经营行为规范；(4)基金托管人、基金管理人有符合要求的营业场所、安全防范设施和与业务有关的其他设施；(5)中国证监会规定的其他条件。申请设立开放式基金，还必须在人才和技术设施上能够保证每周至少一次向投资者公布基金资产净值和申购、赎回价格。

基金发起人申请设立基金，应当向中国证监会提交下列文件：(1) 申请报告；(2)发起人名单及协议；(3)基金契约和托管协议；(4)招募说明书；(5)证券公司、信托投资公司作为发起人的，经会计师事务所审计的发起人最近三年的财务报告；(6)律师事务所出具的法律意见书；(7)募集方案；(8)中国证监会要求提交的其他文件。

封闭式基金扩募或者续期，应当具备下列条件，并经中国证监会审查批准：(1)年收益率高于全国基金平均收益率；(2)基金托管人、基金管理人最近三年内无重大违法、违规行为；(3)基金持有人大会和基金托管人同意扩募或者续期；(4)中国证监会规定的其他条件。

申请基金扩募或者续期，应当按照中国证监会的要求提交有关文件。

基金发起人应当于基金募集前三天在中国证监会指定的报刊上刊载招募说明书。

封闭式基金的募集期限为3个月，自该基金批准之日起计算。封闭式基金自批准之日起3个月内募集的资金超过该基金批准规模的80％的，该基金方可成立。封闭式基金募集期满时，其所募集的资金少于该基金批准规模的80％的，该基金不得成立。

开放式基金自批准之日起3个月内净销售额超过2亿元的，该基金方可成立。开放式基金自批准之日起3个月内净销售额少于2亿元的，该基金不得成立。基金发起人必须承担基金募集费用，已募集的资金并加计银行活期存款利息必须在30天内退还基金认购人。

资料卡

裕泽基金历史沿革

裕泽证券投资基金（以下简称“本基金”）是由原深圳半岛基金依据《证券投资基金管理暂行办法》、《国务院办公厅转发证监会关于原有投资基金清理规范方案的通知》（国办发[1999]28号）的有关要求和中国证券监督管理委员会《关于深圳市原有投资基金清理规范总体方案的批复》（证监基金字[1999]42号）进行清理规范，并根据中国证券监督管理委员会《关于同意半岛投资基金规范更名为裕泽证券投资基金并申请上市、扩募和续期的批复》（证监基金字[2000]24号）同意更名后形成的契约型封闭式证券投资基金。

本基金发起人为国通证券有限责任公司、博时基金管理有限公司，基金管理人为博时基金管理有限公司，基金托管人为中国工商银行。本基金总规模为2亿份基金单位，基金存续期为10年（1996年5月31日至2006年5月31日）。裕泽基金的前身深圳半岛投资基金（公司）是根据国家有关法律、法规的规定，经中国人民银行深圳经济特区分行（深人银复字[1994]第035号文件）批准，由招商局蛇口工业区有限公司、招商局蛇口工业区理财服务公司、中国平安保险公司、深圳安达实业股份有限公司、招商局蛇口工业区社会保险公司等五家公司于1994年3月发起设立的公司型封闭式基金。1995年4月1日，深圳半岛投资基金在深交所挂牌进行柜台交易，实现了封闭式基金的流通。1996年5月31日，经主管机关中国人民银行深圳经济特区分行（深人银复字[1996]124号文件）批准，深圳半岛投资基金从公司型基金改制为契约型基金，基金经理人为深圳市半岛投资基金管理有限公司，基金信托人为招商银行，基金名称定为半岛基金，基金规模为1亿份基金单位，存续期为10年（1996年5月31日至2006年5月31日）。1994年至1999年底，半岛基金平均年收益率为36.67%。

依据《证券投资基金管理暂行办法》、《国务院办公厅转发证监会关于原有投资基金清理规范方案的通知》(国办发[1999]28号)的有关规定，根据中国证券监督管理委员会《关于深圳市原有投资基金清理规范总体方案的批复》(证监基金字[1999]42号)关于半岛基金资产要全部调整为现金、上市公司流通股票、国债等流动性资产的有关要求，按照2000年2月28日半岛基金受益人大会决议，深圳市半岛基金管理有限公司对半岛基金的非流动性资产进行了转让。2000年3月，半岛基金资产全部调整为流动性资产。2000年3月18日，半岛基金以通讯表决方式召开了半岛基金2000年第一次受益人大会，大会通过了申请摘牌、更换发起人、更换管理人、更换托管人、基金资产移交等议案，审议通过了《半岛证券投资基金契约》，通过了申请上市、申请扩募和续期、申请更名等授权议案，通过了10送10分配预案。2000年3月23日，为配合本基金的清理规范，半岛基金实施了10送10的分配方案，即每10个基金单位送10个基金单位。至此，半岛基金规模调整到2亿份基金单位。

2000年3月24日，半岛基金开始进行资产移交，半岛基金管理人更换为博时基金管理有限公司，基金托管人更换为中国工商银行，原托管人招商银行将基金资产全部移交给新的托管人中国工商银行。博时基金管理有限公司根据半岛基金2000年第一次受益人大会的授权，将半岛基金更名为"裕泽证券投资基金"。2000年3月27日，基金资产全部划入中国工商银行为本基金开立的"裕泽证券投资基金专户"。

资料来源：新浪网。

二、证券投资基金设立的一般程序

《证券投资基金法》在设立基金公司的主要股东的要求方面，出现两个明显变化：一个是历史业务经验上，《证券投资基金管理暂行办法》(以下简称《暂行办法》)规定只有证券公司、信托投资公司两类公司可以作为主要发起人，而《证券投资基金法》对此则规定了"具有从事证券经营、证券投资咨询、信托资产管理或者其他金融资产管理的较好的经营业绩和良好的社会信誉"。根据这一最新的规定，商业银行无疑是符合发起设立基金管理公司的资格的。

截止到2006年6月，已经成立(含筹建)的基金管理公司已经有266家。随着《基金法》在基金公司设立上相关细则的出台，基金公司设立的过程有望简化。具有多年证券投资咨询经验的专业投资咨询公司，如果资本金等其他条件符合《证券投资基金法》规定的要求，也具有发起设立基金管理公司的资格。《证券投资基金法》对基金发起人资格限制的放宽，打破了基金管理业务向少数金融机构集中的垄断局面，有利于基金业在数量、规模等方面实现新的突破，也有利于推动基金管理公司的股权结构多元化和合理化。

另一个明显的变化是在历史盈利记录方面，《暂行办法》规定主要股东必须连续三年盈利，《证券投资基金法》则没有这一要求，只是要求有“较好的经营业绩和良好的社会信誉，最近三年没有违法记录”。取消盈利记录的限制，体现了对基金管理公司设立的审核重点放在对发起人过往合规经营和拟成立基金管理公司的未来管理能力方面，而这一思路也与国际通行做法吻合。

2006 年 5 月 11 日，中国证监会发布《关于规范基金管理公司设立及股权处置有关问题的通知》(以下简称《通知》)，对各基金管理公司、各基金管理公司股东及相关机构设立及股权处置有关问题进行了规范。

首先，基金管理公司设立及股权处置，应当遵守《公司法》、《证券投资基金法》、《证券投资基金管理公司管理办法》等法律、行政法规、规章的规定，并符合公司章程的要求。基金管理公司及相关当事人应当按照《证券投资基金管理公司管理办法》及本通知的规定履行法律程序。其次，任何机构设立基金管理公司或受让基金管理公司股权，应当对基金行业发展状况、基金管理公司制度安排及监管要求、受让公司真实财务状况和经营状况等进行认真了解，按照其决策程序审慎决策。最后，基金管理公司股权转让期间，董事会和管理层应当依法履行职责，恪尽职守，对股权转让期间风险防范作出安排，保证公司正常经营，基金份额持有人利益不受损害。

此外，《通知》规定，持有基金管理公司股权未满一年的股东，不得将所持股权出让；股东持有的基金管理公司股权被出质、被人民法院采取财产保全或者执行措施期间，证监会不受理其设立基金管理公司或受让基金管理公司股权的申请等等。

《通知》的发布，对进一步规范基金管理公司股东行为，加强对基金管理公司设立及股权处置的监管，保证股权转让有序进行，鼓励有实力、讲诚信、负责任、有长期投资理念的机构参股基金管理公司，维护基金行业的健康稳定发展，保护基金份额持有人的合法权益起到了积极作用。

三、证券投资基金的交易

封闭式基金的基金份额，经基金管理人申请，国务院证券监督管理机构核准，可以在证券交易所上市交易。国务院证券监督管理机构可以授权证券交易所依照法定条件和程序核准基金份额上市交易。

基金份额上市交易，应当符合下列条件：(1)基金的募集符合本法规定；(2)基金合同期限为5年以上；(3)基金募集金额不低于2亿元人民币；(4)基金份额持有人不少于1 000人；(5)基金份额上市交易规则规定的其他条件。

基金份额上市交易规则由证券交易所制定，报国务院证券监督管理机构核准。

基金份额上市交易后，有下列情形之一的，由证券交易所终止其上市交易，并报国务院证券监督管理机构备案：(1)不再具备规定的上市交易条件；(2)基金合同期限届满；(3)基金份额持有人大会决定提前终止上市交易；(4)基金合同约定的或者基金份额上市交易规则规定的终止上市交易的其他情形。

资料卡

开放式基金的交易规则

一、交易

1. 销售网点

开放式基金不在交易所挂牌交易；它通过基金管理公司及其指定的代销网点销售，证券公司和银行是最常见的代销渠道。

2. 申购与赎回

投资者需要认真阅读有关基金的招募说明书、基金契约、投资金额的底线、开户程序、交易规则等文件，以决定所投资的基金；然后通过该基金管理公司指定的代销网点开立基金账户及该网点要求的资金账户，经确认后才能进行认购或申购及赎回该基金管理公司发行的开放式基金；在办理完交易手续的若干工作日(由基金管理公司规定)内，投资者到销售网点打印成交确认单，至此，交易完成。

3. 最低投资限额

由各基金管理公司规定。

二、申购费与赎回费

1. 申购费

指投资人购买基金单位需支付的费用，销售费可在投资人申购基金单位时收取(即前收申购费)，也可在投资人赎回基金单位时收取(即后收申购费)，其费率一般按持有期限递减。我国《开放式证券投资基金试点办法》规定，开放式基金可收取申购费，申购费不得高于申购金额的5%，申购费可在基金申购时收取，也可从赎回金额中扣除。

2. 赎回费

指投资人卖出基金单位时支付的费用，赎回费与后收申购费不同，后收申购费属销售佣金，赎回费则是针对赎回行为收取的费用。后收申购费收入由基金管理公司支配，而赎回费收入则归基金所有。我国《开放式证券投资基金试点办法》规定，开放式基金可收取赎回费，但赎回费不得超过赎回金额的3%。总的来说，投资人持有基金单位年限越长，每年实际负担的费率就越低，而且现有费率各基金公司也会随市场反应调整。

三、开放式基金的单位基金资产净值

开放式基金价格是以单位基金资产净值为基础确定的，单位基金资产净值=(总资产－总负债)/基金单位发行总数。总资产是指基金拥有的所有资产(包括股票、债券、银行存款和其他有价证券等)按照公允价格计算的资产总额；这些资产的市场价格是不断变动的，因此，只有每日对单位基金资产净值重新计算，才能及时反映基金的投资价值。

四、直接把红利转成基金份额

基金进行现金分红时，基金持有人将分红所得的现金直接用于购买该基金，将分红转为持有基金单位；对基金管理人来说，红利再投资没有发生现金流出，因此，红利再投资通常是不收申购费的。

五、投资金额的计算

认购金额申购的基金单位数量、赎回金额计算方法如下：

1. 认购价格=基金单位面值(1元)＋认购费用；认购金额=认购份数×(1＋认购费率)。

2. 申购价格=单位基金净值×(1＋申购费率)；申购单位数=申购金额/申购价格。

3. 赎回价格=单位基金净值×(1－赎回费率)；赎回金额=赎回单位数×赎回价格。

例如，一位投资人有100万元用来申购开放式基金，假定申购费率为2%，单位基金净值为1.5元。那么申购价格=1.5×(1＋2%)=1.53元，申购单位数＝100 万/1.53＝65.3595 万基金单位（非整数份额由各基金公司设定取整方法，并在招募说明书中详细说明）。同样，假如一位投资人要赎回 100 万份基金单位，假定赎回费率为 1%，单位基金净值为 1.5 元，那么赎回价格＝1.5 元×（1－1%）＝1.485 元，赎回金额＝100 万×1.485＝148.5 万元。

资料来源：国泰君安公司网站。

四、证券投资基金的终止

有下列情形之一的，基金合同终止：(1)基金合同期限届满而未延期的；(2)基金份额持有人大会决定终止的；(3)基金管理人、基金托管人职责终止，在 6 个月内没有新基金管理人、新基金托管人承接的；(4)基金合同约定的其他情形。

基金合同终止时，基金管理人应当组织清算组对基金财产进行清算。清算组由基金管理人、基金托管人以及相关的中介服务机构组成。清算组作出的清算报告经会计师事务所审计，律师事务所出具法律意见书后，报国务院证券监督管理机构备案并公告。

清算后的剩余基金财产，应当按照基金份额持有人所持份额比例进行分配。

第三节　基金管理人和基金托管人

一、基金管理人

（一）设立基金管理公司的条件

基金管理人由依法设立的基金管理公司担任。担任基金管理人，应当经国务院证券监督管理机构核准。

设立基金管理公司，应当具备下列条件，并经国务院证券监督管理机构批准：(1)有符合本法和《公司法》规定的章程；(2)注册资本不低于 1 亿元人民币，且必须为实缴货币资本；(3)主要股东具有从事证券经营、证券投资咨询、信托资产管理或者其他金融资产管理的较好的经营业绩和良好的社会信誉，最近三年没有违法记录，注册资本不低于 3 亿元人民币；(4)取得基金从业资格的人员达到法定人数；(5)有符合要求的营业场所、安全防范设施和与基金管理业务有关的其他设施；(6)有完善的内部稽核监控制度和风险控制制度；(7)法律、行政法规规定的和经国务院批准的国务院证券监督管理机构规定的其他条件。

国务院证券监督管理机构应当自受理基金管理公司设立申请之日起6个月内依照本法规定的条件和审慎监管原则进行审查，作出批准或者不予批准的决定，并通知申请人；不予批准的，应当说明理由。

基金管理公司设立分支机构、修改章程或者变更其他重大事项，应当报经国务院证券监督管理机构批准。国务院证券监督管理机构应当自受理申请之日起60日内作出批准或者不予批准的决定，并通知申请人；不予批准的，应当说明理由。

下列人员不得担任基金管理人的基金从业人员：(1)因犯有贪污贿赂、渎职、侵犯财产罪或者破坏社会主义市场经济秩序罪，被判处刑罚的；(2)对所任职的公司、企业因经营不善破产清算或者因违法被吊销营业执照负有个人责任的董事、监事、厂长、经理及其他高级管理人员，自该公司、企业破产清算终结或者被吊销营业执照之日起未逾5年的；(3)个人所负债务数额较大，到期未清偿的；(4)因违法行为被开除的基金管理人、基金托管人、证券交易所、证券公司、证券登记结算机构、期货交易所、期货经纪公司及其他机构的从业人员和国家机关工作人员；(5)因违法行为被吊销执业证书或者被取消资格的律师、注册会计师和资产评估机构、验证机构的从业人员、投资咨询从业人员；(6)法律、行政法规规定不得从事基金业务的其他人员。

基金管理人的经理和其他高级管理人员，应当熟悉证券投资方面的法律、行政法规，具有基金从业资格和3年以上与其所任职务相关的工作经历。基金管理人的经理和其他高级管理人员的选任或者改任，应当报经国务院证券监督管理机构依照本法和其他有关法律、行政法规规定的任职条件进行审核。基金管理人的董事、监事、经理和其他从业人员，不得担任基金托管人或者其他基金管理人的任何职务，不得从事损害基金财产和基金份额持有人利益的证券交易及其他活动。

(二) 基金管理公司的职责

基金管理公司具有下列职责：(1) 依法募集基金，办理或者委托经国务院证券监督管理机构认定的其他机构代为办理基金份额的发售、申购、赎回和登记事宜；(2) 办理基金备案手续；(3) 对所管理的不同基金财产分别管理、分别记账，进行证券投资；(4) 按照基金合同的约定确定基金收益分配方案，及时向基金份额持有人分配收益；(5) 进行基金会计核算并编制基金财务会计报告；(6) 编制中期和年度基金报告；(7) 计算并公告基金资产净值，确定基金份额申购、赎回价格；(8) 办理与基金财产管理业务活动有关的信息披露事项;(9) 召集基金份额持有人大会;(10) 保存基金财产管理业务活动的记录、账册、报表和其他相关资料;(11) 以基金管理人名义,代表基金份额持有人利益行使诉讼权利或者实施其他法律行为;(12) 国务院证券监督管理机构规定的其他职责。

(三) 基金管理公司的禁止行为

基金管理公司的禁止行为包括:(1) 将其固有财产或者他人财产混同于基金财产从事证券投资;(2) 不公平地对待其管理的不同基金财产;(3) 利用基金财产为基金份额持有人以外的第三人牟取利益;(4) 向基金份额持有人违规承诺收益或者承担损失;(5) 依照法律、行政法规有关规定,由国务院证券监督管理机构规定禁止的其他行为。

(四) 基金管理人资格的取消

国务院证券监督管理机构对有下列情形之一的基金管理人,依据职权责令整顿,或者取消基金管理资格:(1) 有重大违法违规行为;(2) 不再具备本法第 13 条[①]规定的条件;(3) 法律、行政法规规定的其他情形。

有下列情形之一的,基金管理人职责终止:(1) 被依法取消基金管理资格;(2) 被基金份额持有人大会解任;(3) 依法解散、被依法撤销或者被依法宣告破产;(4)基金合同约定的其他情形。

基金管理人职责终止的,基金份额持有人大会应当在 6 个月内选任新基金管理人;新基金管理人产生前,由国务院证券监督管理机构指定临时基金管理人。基金管理人职责终止的,应当妥善保管基金管理业务资料,及时办理基金管理业务的移交手续,新基金管理人或者临时基金管理人应当及时接收。基金管理人职责终止的,应当按照规定聘请会计师事务所对基金财产进行审计,并将审计结果予以公告,同时报国务院证券监督管理机构备案。

二、基金托管人

(一) 基金托管人的设立资格

基金托管人由依法设立并取得基金托管资格的商业银行担任。申请取得基金托管资格,应当具备下列条件,并经国务院证券监督管理机构和国务院银行业监督管理机构核准:(1)净资产和资本充足率符合有关规定;(2)设有专门的基金托管部门;(3)取得基金从业资格的专职人员达到法定人数;

① 参见《证券投资基金法》第 13 条的内容。

(4)有安全保管基金财产的条件；(5)有安全高效的清算、交割系统；(6)有符合要求的营业场所、安全防范设施和与基金托管业务有关的其他设施；(7)有完善的内部稽核监控制度和风险控制制度；(8)法律、行政法规规定的和经国务院批准的国务院证券监督管理机构、国务院银行业监督管理机构规定的其他条件。

基金托管人与基金管理人不得为同一人，不得相互出资或者持有股份。

（二）基金托管人的职责

基金托管人具有下列职责：(1) 安全保管基金财产；(2) 按照规定开设基金财产的资金账户和证券账户；(3) 对所托管的不同基金财产分别设置账户，确保基金财产的完整与独立；(4) 保存基金托管业务活动的记录、账册、报表和其他相关资料；(5) 按照基金合同的约定，根据基金管理人的投资指令，及时办理清算、交割事宜；(6) 办理与基金托管业务活动有关的信息披露事项；(7) 对基金财务会计报告、中期和年度基金报告出具意见；(8) 复核、审查基金管理人计算的基金资产净值和基金份额申购、赎回价格；(9) 按照规定召集基金份额持有人大会；(10) 按照规定监督基金管理人的投资运作；(11) 国务院证券监督管理机构规定的其他职责。

基金托管人发现基金管理人的投资指令违反法律、行政法规和其他有关规定，或者违反基金合同约定的，应当拒绝执行，立即通知基金管理人，并及时向国务院证券监督管理机构报告。

基金托管人发现基金管理人依据交易程序已经生效的投资指令违反法律、行政法规和其他有关规定，或者违反基金合同约定的，应当立即通知基金管理人，并及时向国务院证券监督管理机构报告。

（三）基金托管人资格的取消

国务院证券监督管理机构和国务院银行业监督管理机构对有下列情形之一的基金托管人，依据职权责令整顿，或者取消基金托管资格：(1) 有重大违法违规行为；(2) 不再具备本法第 26 条规定的条件；(3) 法律、行政法规规定的其他情形。

有下列情形之一的，基金托管人职责终止：(1) 被依法取消基金托管资格；(2) 被基金份额持有人大会解任；(3) 依法解散、被依法撤销或者被依法宣告破产；(4) 基金合同约定的其他情形。

基金托管人职责终止的，基金份额持有人大会应当在 6 个月内选任新基金托管人；新基金托管人产生前，由国务院证券监督管理机构指定临时基金托管人。基金托管人职责终止的，应当妥善保管基金财产和基金托管业务资料，及时办理基金财产和基金托管业务的移交手续，新基金托管人或者临时基金托管人应当及时接收。基金托管人职责终止的，应当按照规定聘请会计师事务所对基金财产进行审计，并将审计结果予以公告，同时报国务院证券监督管理机构备案。

三、基金管理人和基金托管人的关系

管理人与托管人之间的关系是委托人和受托人的关系。

投资基金的组成及运作建立在“经营与保管绝对分开”的原则上。基金管理人由投资专家组成，负责基金资产的经营，本身绝不实际接触及拥有基金资产；托管人由主管机关认可的金融机构担任，负责基金资产的保管，依据基金管理机构的指令处置基金资产并同时监督管理人的投资运作是否合法、合规。

他们的权利和义务在基金契约或基金公司章程中预先界定清楚，任何一方有违规之处，对方都可以制止、控告他，直至请求更换对方。这种相互制衡的运行机制，极大地保证了基金信托财产的安全和基金运用的高效。

基金管理人与基金托管人要签订托管协议，该协议是二者就基金资产保管达成的协议，该协议从法律上确定了委托方和受托方双方的责任、权利和义务，而且着重是确定托管人一方。

基金托管人所承担的义务主要有：(1) 按照基金管理人的指示，负责保管基金资产；(2) 按照基金管理人的指示，负责基金买卖证券的交割、清算和过户，负责向基金投资者派发投资分红收益；(3) 根据基金契约对托管基金的运作进行有效监督等。

基金托管人的权利主要有：(1)保管基金的资产；(2)监督基金管理人的投资运作；(3)获取基金托管费用。

第四节　基金持有人的权利与义务

一、基金持有人大会

基金持有人大会由全体基金单位持有人或委托代表参加，主要讨论有关基金持有人利益的重大事项，如修改基金契约、终止基金、更换基金托管人、

更换基金管理人、延长基金期限、变更基金类型,以及召集人认为要提交基金持有人大会讨论的其他事项。

下列事项应当通过召开基金份额持有人大会审议决定:(1) 提前终止基金合同;(2) 基金扩募或者延长基金合同期限;(3) 转换基金运作方式;(4) 提高基金管理人、基金托管人的报酬标准;(5) 更换基金管理人、基金托管人;(6) 基金合同约定的其他事项。

基金份额持有人大会由基金管理人召集;基金管理人未按规定召集或者不能召集时,由基金托管人召集。代表基金份额10%以上的基金份额持有人就同一事项要求召开基金份额持有人大会,而基金管理人、基金托管人都不召集的,其有权自行召集,并报国务院证券监督管理机构备案。

召开基金份额持有人大会,召集人应当至少提前30日公告基金份额持有人大会的召开时间、会议形式、审议事项、议事程序和表决方式等事项。基金份额持有人大会不得就未经公告的事项进行表决。基金份额持有人大会可以采取现场方式召开,也可以采取通讯等方式召开。每一基金份额具有一票表决权,基金份额持有人可以委托代理人出席基金份额持有人大会并行使表决权。

基金份额持有人大会应当有代表50%以上基金份额的持有人参加,方可召开;大会就审议事项作出决定,应当经参加大会的基金份额持有人所持表决权的50%以上通过;但是,转换基金运作方式、更换基金管理人或者基金托管人、提前终止基金合同,应当经参加大会的基金份额持有人所持表决权的三分之二以上通过。基金份额持有人大会决定的事项,应当依法报国务院证券监督管理机构核准或者备案,并予以公告。

二、基金持有人的权利

基金持有人,即基金投资人,指基金单位或受益凭证的持有人。基金持有人可以是自然人,也可以是法人。

基金持有人享有下列权利:(1) 分享基金财产收益;(2) 参与分配清算后的剩余基金财产;(3) 依法转让或者申请赎回其持有的基金份额;(4) 按照规定要求召开基金份额持有人大会;(5) 对基金份额持有人大会审议事项行使表决权;(6) 查阅或者复制公开披露的基金信息资料;(7) 对基金管理人、基金托管人、基金份额发售机构损害其合法权益的行为依法提起诉讼;(8) 基金合同约定的其他权利。

三、基金持有人的义务

基金持有人具有下列义务：(1) 遵守基金契约；(2) 缴纳基金认购款项及规定的费用；(3) 承担基金亏损或者终止的有限责任；(4) 不从事任何有损基金及其他基金持有人利益的活动。

第五节　证券投资基金监管

一、监管的法律基础

《证券投资基金法》的颁布和实施，确立了基金业的法律地位，为基金业的发展奠定了法律基础。《证券投资基金法》系统总结了 1997 年颁布的《证券投资基金管理暂行办法》实施以来的市场实践，既充分考虑了我国基金行业的发展实际，又较多地借鉴了国际经验。在此基础上，《证券投资基金法》制定了基金市场的基本制度，完善了市场主体的准入和约束机制，加强了对投资者的法律保护，完善了监管机构的执法机制和手段，提高了证券监管的权威和效率，为基金业创造了良好的法律环境和广阔的发展空间。

《证券投资基金法》完善了市场准入制度，明确了基金当事人的法律责任，强化了基金管理人和托管人的义务，进一步规范了基金运作，健全了运行机制，维护了市场秩序，有利于加强对投资者权益的保护，增强基金投资者的信心。

《证券投资基金法》的出台，有助于我国基金业适应加入 WTO 后的国际化趋势，促进不同基金管理机构的公平竞争。同时为国家对基金业实施统一监管提供了法律依据，为不同基金管理机构的竞争构建了一个公开、透明的平台。

二、监管机构及其职责

国务院证券监督管理机构依法履行下列职责：(1) 依法制定有关证券投资基金活动监督管理的规章、规则，并依法行使审批或者核准权；(2) 办理基金备案；(3) 对基金管理人、基金托管人及其他机构从事证券投资基金活动进行监督管理，对违法行为进行查处，并予以公告；(4) 制定基金从业人员的资格标准和行为准则，并监督实施；(5) 监督检查基金信息的披露情况；(6) 指导和监督基金同业协会的活动；(7) 法律、行政法规规定的其他职责。

国务院证券监督管理机构依法履行职责，有权采取下列措施：(1) 进入违法行为发生场所调查取证；(2) 询问当事人和与被调查事件有关的单位和个人，要求其对与被调查事件有关的事项作出说明；(3) 查阅、复制当事人和与被调查事件有关的单位和个人的证券交易记录、登记过户记录、财务会计资料及其他相关文件和资料，对可能被转移或者隐匿的文件和资料予以封存；(4) 查询当事人和与被调查事件有关的单位和个人的资金账户、证券账户或者基金账户，对有证据证明有转移或者隐匿违法资金、证券迹象的，可以申请司法机关予以冻结；(5) 法律、行政法规规定的其他措施。

国务院证券监督管理机构工作人员依法履行职责，进行调查或者检查时，不得少于二人，并应当出示合法证件；对调查或者检查中知悉的商业秘密负有保密的义务。国务院证券监督管理机构工作人员应当忠于职守，依法办事，公正廉洁，接受监督，不得利用职务牟取私利。国务院证券监督管理机构依法履行职责时，被调查、检查的单位和个人应当配合，如实提供有关文件和资料，不得拒绝、阻碍和隐瞒。国务院证券监督管理机构依法履行职责，发现违法行为涉嫌犯罪的，应当将案件移送司法机关处理。国务院证券监督管理机构工作人员不得在被监管的机构中兼任职务。

三、违反《证券投资基金法》的法律责任

违反本法规定，应当承担民事赔偿责任和缴纳罚款、罚金，其财产不足以同时支付时，先承担民事赔偿责任。

(一) 擅自动用募集资金法律责任的规定

违反本法第 45 条[①]规定，动用募集的资金的，责令返还，没收违法所得；违法所得 50 万元以上的，并处违法所得 1 倍以上 5 倍以下罚款；没有违法所得或者违法所得不足 50 万元的，并处 5 万元以上 50 万元以下罚款；对直接负责的主管人员和其他直接责任人员给予警告，并处 3 万元以上 30 万元以下罚款；给投资人造成损害的，依法承担赔偿责任；构成犯罪的，依法追究刑事责任。

未经国务院证券监督管理机构核准，擅自募集基金的，责令停止，返还所募资金和加计的银行同期存款利息，没收违法所得，并处所募资金金额 1%以上 5%以下罚款；构成犯罪的，依法追究刑事责任。

(二) 基金管理人和托管人的法律责任

基金管理人、基金托管人在履行各自职责的过程中，违反本法规定或者

---

① 《证券投资基金法》第 45 条规定，基金募集期间募集的资金应当存入专门账户，在基金募集行为结束前，任何人不得动用。

基金合同约定，给基金财产或者基金份额持有人造成损害的，应当分别对各自的行为依法承担赔偿责任；因共同行为给基金财产或者基金份额持有人造成损害的，应当承担连带赔偿责任。违反本法规定，未经批准，擅自设立基金管理公司的，由证券监督管理机构予以取缔，并处 5 万元以上 50 万元以下罚款；构成犯罪的，依法追究刑事责任。

未经国务院证券监督管理机构核准，擅自从事基金管理业务或者基金托管业务的，责令停止，没收违法所得；违法所得 100 万元以上的，并处违法所得 1 倍以上 5 倍以下罚款；没有违法所得或者违法所得不足 100 万元的，并处 10 万元以上 100 万元以下罚款；给基金财产或者基金份额持有人造成损害的，依法承担赔偿责任；对直接负责的主管人员和其他直接责任人员给予警告，并处 3 万元以上 30 万元以下罚款；构成犯罪的，依法追究刑事责任。

基金管理人、基金托管人违反本法规定，未对基金财产实行分别管理或者分账保管，或者将基金财产挪作他用的，责令改正，处 5 万元以上 50 万元以下罚款；给基金财产或者基金份额持有人造成损害的，依法承担赔偿责任；对直接负责的主管人员和其他直接责任人员给予警告，暂停或者取消基金从业资格，并处 3 万元以上 30 万元以下罚款；构成犯罪的，依法追究刑事责任。

基金管理人、基金托管人将基金财产挪作他用而取得的财产和收益，归入基金财产。但是，法律、行政法规另有规定的，依照其规定。

基金管理人、基金托管人有本法第 20 条所列行为之一的，责令改正，没收违法所得；违法所得 100 万元以上的，并处违法所得 1 倍以上 5 倍以下罚款；没有违法所得或者违法所得不足 100 万元的，并处 10 万元以上 100 万元以下罚款；给基金财产或者基金份额持有人造成损害的，依法承担赔偿责任；对直接负责的主管人员和其他直接责任人员给予警告，暂停或者取消基金从业资格，并处 3 万元以上 30 万元以下罚款；构成犯罪的，依法追究刑事责任。

基金管理人、基金托管人有本法第 59 条第(1)项至第(6)项和第(8)项所列行为之一的，责令改正，处 10 万元以上 100 万元以下罚款；给基金财产或者基金份额持有人造成损害的，依法承担赔偿责任；对直接负责的主管人员和其他直接责任人员给予警告，暂停或者取消基金从业资格，并处 3 万元以上 30 万元以下罚款；构成犯罪的，依法追究刑事责任。

基金管理人、基金托管人有前款行为，运用基金财产而取得的财产和收益，归入基金财产。但是，法律、行政法规另有规定的，依照其规定。

基金管理人、基金托管人有本法第 59 条第(7)项规定行为的，除依照《中华人民共和国证券法》的有关规定处罚外，对直接负责的主管人员和其他直接责任人员给予警告，暂停或者取消基金从业资格，并处3万元以上30万元以下罚款；给基金财产或者基金份额持有人造成损害的，依法承担赔偿责任。

基金管理人、基金托管人违反本法规定，相互出资或者持有股份的，责令改正，可以处10万元以下罚款。基金管理人或者基金托管人不按照规定召集基金份额持有人大会的，责令改正，可以处5万元以下罚款；对直接负责的主管人员和其他直接责任人员给予警告，暂停或者取消基金从业资格。

基金管理人、基金托管人违反本法规定，情节严重的，依法取消基金管理资格或者基金托管资格。基金管理人、基金托管人的专门基金托管部门的从业人员违反本法第18条规定，给基金财产或者基金份额持有人造成损害的，依法承担赔偿责任；情节严重的，取消基金从业资格；构成犯罪的，依法追究刑事责任。

依照本法规定，基金管理人、基金托管人应当承担的民事赔偿责任和缴纳的罚款、罚金，由基金管理人、基金托管人以其固有财产承担。依法收缴的罚款、罚金和没收的违法所得，应当全部上缴国库。

（三）基金信息披露义务的法律责任

基金信息披露义务人不依法披露基金信息或者披露的信息有虚假记载、误导性陈述或者重大遗漏的，责令改正，没收违法所得，并处10万元以上100万元以下罚款；给基金份额持有人造成损害的，依法承担赔偿责任；对直接负责的主管人员和其他直接责任人员给予警告，暂停或者取消基金从业资格，并处3万元以上30万元以下罚款；构成犯罪的，依法追究刑事责任。

为基金信息披露义务人公开披露的基金信息出具审计报告、法律意见书等文件的专业机构就其所应负责的内容弄虚作假的，责令改正，没收违法所得，并处违法所得1倍以上5倍以下罚款；情节严重的，责令停业，暂停或者取消直接责任人员的相关资格；给基金份额持有人造成损害的，依法承担赔偿责任；构成犯罪的，依法追究刑事责任。

（四）监管机构工作人员的法律责任

证券监督管理机构工作人员玩忽职守、滥用职权、徇私舞弊或者利用职务上的便利索取或者收受他人财物的，依法给予行政处分；构成犯罪的，依法追究刑事责任。

【本章小结】

基金作为国际上一种通行的组合投资方式，自19世纪60年代诞生以来，已经有一百多年的历史。它在证券市场通过专家理财方式，充分披露信息，赢得了“阳光资金”的称号，也成为金融领域中举足轻重的投资力量。《证券投资基金法》的出台必将促进中国基金业的发展，可以说为中国股市注入了一股暖流，夯实了股市的发展基础。对推动我国证券投资基金的健康发展非常重要，有利于发展资本市场、扩大直接融资。通过对本章的学习，要能理解基金及《证券投资基金法》的相关内容；了解基金持有人、基金管理人、基金托管人三方当事人之间的关系，明确作为基金持有人、基金管理人、基金托管人所拥有的权利与义务；了解基金监管的法律责任。

【复习思考题】

一、名词解释

证券投资基金法　基金管理人　基金托管人

二、问答题

1. 基金上市的条件是什么?
2. 基金持有人的权利和义务是什么?
3. 取得基金托管资格的条件是什么?
4. 成立基金管理公司的条件是什么?

三、综合分析题

（一）材料内容

1. 严把基金公司入门关

《证券投资基金法》对设立基金公司的条件进行了严格限制，如设立基金管理公司的注册资本不低于1亿元人民币，且必须为实缴货币资本；基金公司的主要股东具有从事证券经营、证券投资咨询、信托资产管理或者其他金融资产管理的较好的经营业绩和良好的社会信誉，最近三年没有违法记录，注册资本不低于3亿元人民币。对于基金公司设立分支机构、修改章程或者变更其他重大事项，应当报经国务院证券监督管理机构批准。

2. 充分保护投资者的合法权益

为充分保护投资者的合法权益，《证券投资基金法》规定了基金份额持有人大会制度，即基金份额持有人可以通过基金份额持有人大会的形式，参与一些涉及切身利益的重大问题的决策。这也赋予了基金投资者监督基金管理人的权力。

3. 基金托管银行可拒绝执行基金管理人的违规运作

基金托管银行将按照规定监督基金管理人的投资运作，可拒绝执行基金管理人的违规运作。法律规定，基金托管人发现基金管理人的投资指令违反法律、行政法规和其他有关规定，或者违反基金合同约定的，应当拒绝执行，立即通知基金管理人，并及时向国家证券监督管理机构报告。

4. 披露虚假基金信息将受严惩

证券投资基金最大的一个特点是信息完全公开披露。《证券投资基金法》规定，公开披露基金信息，不得有下列行为：虚假记载、误导性陈述或者重大遗漏；对证券投资业绩进行预测；违规承诺收益或者承担损失；诋毁其他基金管理人、基金托管人或者基金份额发售机构；依据法律、行政法规有关规定，由国务院证券监督管理机构规定禁止的其他行为。

（二）回答问题

1. 成立"地下基金公司"的法律后果是什么？

2. 基金份额持有人大会的召集程序是怎样的？

3. 基金托管人拒绝执行基金管理人的违规运作有何市场含义？

4. 证券投资基金的信息为什么要完全公开披露？不依法披露会有什么样的法律后果？

四、案例分析题

案例　中国银行的上市和入选指数分析

（一）案例资料

中国银行的上市和入选指数成了一个导火索，中国银行托管的指数基金（指数基金是一种以拟合目标指数、跟踪目标指数变化为原则，实现与市场同步成长的基金品种）首先受到影响。如果这些指数基金不能够投资中国银行，会给指数基金的投资带来不小的麻烦。统计显示，托管在中国银行的共有三只指数基金，除了中国银行不可能进入其成分股的深证 100ETF（Exchange Traded Fund，简称"交易型开放式指数基金"，又称"交易所交易基金"）之外，万家上证 180 和嘉实沪深 300 两只指数基金，都将面对中国银行进入其指数成分股而不能购买的尴尬局面。而托管在中国工商银行的有四只指数基金，除了一只深市指数基金外，在 2006 年年底之前，另外三只基金很可能面临中国工商银行进入其指数成分股却不能购买的局面。

（二）分析提示

结合《证券投资基金法》第59条规定和基金当事人之间的关系进行分析。

（三）回答问题

1. 结合《证券投资基金法》的内容，分析出现这种情况的原因。

2.《证券投资基金法》之所以对此作出限制是考虑到“限制关联方基金进行投资的核心是为了防止基金和关联方之间‘利益输送’的现象”，这种限制的做法有何意义？

3. 查找资料，寻求相对较为合理的解决方案（涉及监管层豁免方面的内容）。

第九章 银行业监督管理法

◆ 学习目标 ◆

通过本章的学习，了解银行业监督管理法的概念及特征，理解银行业监督管理的目标和原则；了解银行业监督管理机构的组成及其法律特征；理解银监会的监管职责、监管措施及银行业违法行为的法律责任。

第一节 银行业监督管理法概述

发达的现代银行业离不开法制化的银行业监督管理，为了加强对银行业的监督管理，规范监督管理行为，防范和化解银行业风险，保护存款人和其他客户的合法权益，促进银行业健康发展，相关立法必不可少。银行业监督管理法是银行业法的重要组成部分。建立与现代银行业发展规律相一致，适合中国国情的银行业监督法律制度是我国金融法制建设的重要使命。

一、银行业监督管理法的概念

（一）银行业监督管理法的概念

银行业监督管理法是调整在国家对银行业金融机构及其金融活动进行监督管理过程中产生的经济关系的法律规范的总称，因而，其调整对象是国家银行业监管机关对银行业金融机构及其金融活动进行监督管理过程中产生的经济关系。

银行监管不同于银行业监督管理法，银行监管活动也不一定就是法制化的监管活动，只有当国家行政机关的银行监管活动被纳入法制化的轨道上来，符合法治的一般规律和要求时，才可能实现监管的法制化，也才会形成银行业监督管理法。

我国的银行业监督管理法有狭义和广义之分。狭义的银行业监督管理法，是指在 2003 年 12 月 27 日第十届全国人民代表大会常务委员会通过，并于 2004 年 2 月 1 日起正式实施的《中华人民共和国银行业监督管理法》(以下简称《银行业监督管理法》)。该法共 6 章 50 条，对我国银行业的监管体制、监管机构、监管过程中各方的权利、义务及法律责任等作了一般规定，是我国银行业监督管理方面的基本法。广义的银行业监督管理法，则是包括狭义的银行业监督管理法在内的、所有涉及银行监管的法律、法规、规章。本章主要介绍狭义的银行业监督管理法。

（二）银行业监督管理法的特征

我国《银行业监督管理法》具有自身的特征，主要表现为：

(1) 立法模式上采用单独立法的模式。从世界各国的银行立法模式来看，很少有国家为银行业监管单独立法，各国一般是在相应的银行法或金融法中规定银行监管的内容，如《英国银行法》、《日本普通银行法》、《加拿大银行法》等。我国的单独立法模式较之传统的混合立法模式,具有自身的优点。其一,综合规定了对于商业银行、政策性银行及其他金融机构的监管方面的内容,避免了在不同银行法规中单独规定所造成的重复和适用的不便,体现了立法科学性原则。其二,把监管法规从《中国人民银行法》、《商业银行法》中剥离出来,符合民商法与经济法、宏观调控法与市场规制法的学科分类,符合现代经济法的科学理念。其三,金融机构间的混业经营已经成为国际金融发展的趋势,我国虽然目前仍然采用分业经营、分业监管的模式,但是不排除在将来实施混业经营和混业监管的模式,单独立法的模式便于及时对法律进行废、改、立。

(2) 监管主体实行多元化、协调制,被监管主体兼具确定性和概括性。我国目前银行业监管主体主要是 2003 年 4 月 28 日挂牌成立的中华人民共和国银行业监督管理委员会(银监会),但同时,中国人民银行、国家外汇管理局以及审计署等国家机关也在自己职权范围内对商业银行进行着外部监管,由此构成了我国多元化的银行业监管主体。为防止多元化银行业监管主体间出现权力抵消和配合不畅,我国银行法律制度规定了监管主体的协调制度,主要表现为:第一,银行业监管以银监会为主体,其他监管机构进行配合,如《中国人民银行法》第 33 条规定的人民银行的建议监督权即为其例;第二,在制度上建立起金融监管协调机制,以实现各监管者职权的有效配合;第三,在制度上建立了各监管机构之间的信息共享机制,以防止监管措施的片面及不科学。多元化、协调制的监管主体体系是对分业监管缺陷的弥补,具有一定的积极意义。

从被监管者方面来看,被监管者在构成上兼具确定性与概括性的特征。言其具有确定性,是因为我国金融管理体制实行分业经营、分业监管的模式,因此银行业监管主要涉及对银行的监管,而证券机构、保险机构等金融机构不属于银行业监管的对象。被监管者的概括性则与确定性相对应,它是指相对于证券监管与保险监管,我国银行监管的对象并不仅限于银行。根据《银行业监督管理法》的规定,除商业银行、政策性银行以外,对在中国境内设立的金融资产管理公司、信托投资公司、财务公司、金融租赁公司以及经国务院银行业监督管理机构批准设立的其他金融机构的监督管理,也适用该法对银行业金融机构监督管理的规定。这意味着,不同于证券监管与保险监管,我国银行业的监管对象不限于银行,还包括除证券与保险从业者之外的其他金融机构。

(3) 法律规范的类型上具有实体法和程序法相统一的特点。一方面,它规定了作为实体法调整对象的银行的行为规则；另一方面，它规定了银行等金融主体设立、变更、终止和某些行为的程序、步骤、方法等，因而是实体法与程序法的统一。

(4) 内容上具有一定的创新性。其一，它充分借鉴了《巴塞尔协议》国际银行业审慎监督的理念和方法，不仅是观念上的大接轨，而且是方法上的大嫁接，有利于从根本上缩短中国银行业监管与国际先进水平的差距。其二，赋予了银行业监督管理机构某些准司法权，这是前所未有的。即在接管、机构重组或撤销清算期间，当直接负责的董事、高级管理人员和其他直接责任人员出境将对国家利益造成重大损失时，监管机关可以通知出境管理机关依法阻止其出境，还可申请司法机关禁止其转移、转让财产或者对其财产设定其他权利。这种准司法权力的赋予，对强化监督管理权威，提高监督管理效率，打击银行业犯罪活动具有现实意义。

二、银行业监督管理的目标和原则

(一) 银行业监督管理的目标

金融业是特殊行业，明确金融监督管理的目的，对于金融监督管理机构依法履行监管职责，加强对金融机构及其业务的监督管理，维护金融业的合法、稳健运行，具有重要意义。银行业金融机构监督管理主要有下述目标：

1. 防范金融风险，促进金融业合法、稳健运行

风险，是指损失发生的不确定性或可能性。金融风险，是指在金融领域，出于风险因素引发风险事件而导致金融机构损失的可能性。金融业是公众性行业，银行业金融机构的客户不仅包括工商企业、事业单位和各种社会团体，而且涉及千家万户，渗透到社会经济生活的各个方面。同时银行业金融机构的经营与工商企业不同，是高负债经营，面临诸多经营风险。银行业一旦发生金融风险，就会给国民经济和社会生活造成严重的负面影响。金融风险仅靠金融机构本身是无法完全避免的，需要在建立良好的社会信用和灵活、及时、有效的宏观调控机制的同时，加强国家对金融机构和金融市场的直接干预，依法实施严格的金融监管，及时防范和化解金融风险，促进银行业金融机构合法、稳健运行，保障金融体系安全运行。

2. 保护客户合法利益，维护公众对银行业的信心

商业银行的业务性质决定了其经营活动离不开存款人和借款人，并且商业银行的经营资金主要来自存款人的存款、利润主要来自贷款利息。因此，各国金融立法都十分重视维护客户的合法权益。同时，银行业是信用企业，

其经营活动以公众对银行的信心为基础，保护客户合法权益，可以增强银行业信誉，维护公众对银行业的信心。但是在实践中，商业银行为了自身的利益，时有损害客户利益的行为，如不按公告的时间营业、不按规定付款、压单压票等。因此，金融监管的一个重要目标就是督促银行等金融机构在经营中切实保护客户合法权益，维护公众对银行业的信心，保障金融体系安全运行。

3. 保护银行业公平竞争，提高银行业竞争能力

保护银行业公平竞争，有利于促进银行业提高经营水平、服务质量和资金效率，也有利于促进我国银行业健全内控机制，提高竞争能力，加快与国际接轨的步伐。因此，规范银行和其他金融机构的市场行为，维护公平、有序的金融市场竞争秩序，制止不正当竞争不仅是金融监督管理的重要目标，也是促进金融市场健康发展的基本保障。

（二）银行业监督管理的原则

银行业监督管理机构对银行业实施监督管理，应当遵循下述原则：

1. 依法监管原则

国家对银行业进行监督管理的目的在于促进银行业健康发展，维护金融业合法、稳健运行。依法监管要求银行业的监管主体、监管内容、监督程序都必须合法。因此，银行业监管机构必须依法监管，严格按照法律、行政法规和规章的规定履行监管职责，规范监管行为，监督金融机构合法经营，促进银行业金融机构健康发展。

2. 公开原则

银行业监管机构在其监管活动中应当遵循的公开原则包括信息公开和监管行为公开。信息公开包括两个方面：一方面，银行业监管机构依法制定的监管规章、规则和具体办法以及监管结果必须公开，建立监督管理责任制度和内部监督制度；另一方面，银行业金融机构按照规定，如实向社会公众披露财务会计报告、风险管理状况、董事和高级管理人员变更以及其他重大事项等信息必须公开。监管行为公开，是指银行业监管机构、银行业金融机构的监管活动必须公开进行，同时银行业监管机构还应接受国务院审计、监察等机关依法对其监管活动的监督。坚持公开原则，有利于保障银行业监管机构及其工作人员廉洁自律、依法监管，有利于有关机关和社会各方对其监管活动的监督，也有利于社会公众提高金融风险防范意识，同时也为公正和效率原则奠定了基础。

3. 公正原则

银行业监管机构在其监管活动中对监管对象必须一视同仁、公平对待。

实现公正原则包括实体公正和程序公正。实体公正要求银行业监管机构正确适用法律,不偏不倚,依法办事,做到罚当其过;程序公正要求银行业监管机构严格按照法定程序办事,也只有严格按照规定的程序履行监管职责,才能真正做到公正监管、公正执法。

4. 效率原则

银行业监管机构对银行业金融机构的监督管理应当尽量以低成本,实现尽可能大的监管效益。银行业监管的效率原则包括监管的成本效率和时间效率。成本效率要求银行业监管机构在机构的设置、人员的配备和监管活动中都必须重视监管成本,以最小的花费,获得最大的监管效果。时间效益则要求银行业监管机构严格按照法定程序,迅速、及时地处理有关事项。

5. 信息共享原则

信息共享是指金融监督管理机构之间应当相互交流、沟通各自在监督管理过程中掌握的重要信息。《银行业监督管理法》第 6 条规定:"国务院银行业监督管理机构应当和中国人民银行、国务院其他金融监督管理机构建立监督管理信息共享机制。"目前,我国金融业按照分业经营的原则,实行分业监管。银监会、证监会、保监会分别对银行业、证券业和保险业实施监督管理,在监管过程中必然会掌握大量信息,而金融体系各行业又是相互联系、相互依存的,一个行业发生风险,势必危及其他行业。银行业监管机构与其他金融监管机构之间,特别是与中国人民银行之间,相互交流、定期沟通有关信息,建立信息共享机制,既可以保障监管机构及时获取履行职责所需的信息,降低监管成本、提高效率,又可以避免重复检查,减轻金融机构负担,共同防范金融风险。

第二节 监督管理机构

我国《银行业监督管理法》第 2 条第 1 款规定:"国务院银行业监督管理机构负责对全国银行业金融机构及其业务活动监督管理的工作。"国务院银行业监督管理机构是中国银行业监督管理委员会(银监会)。它直接隶属于国务院,独立行使银行业监管职权。银监会根据履行职责的需要设立派出机构。在银监会的授权范围内,派出机构履行监督管理职责,并由银监会实行统一领导和管理。除此之外,中国人民银行和外汇管理局分别执行着部分与货币政策执行和宏观调控有关的银行业监管权以及与外汇业务有关的银行业监管权。

在银监会成立之前，我国的银行业监管权集中在中国人民银行手里，当时中央银行身兼二职，同时享有制定货币政策和进行金融监管的职能，其在制定货币政策时更多地考虑商业银行的承受能力和特殊利益，从而偏离稳健而客观的货币政策轨道。中央银行的定位混乱，客观上造成了其政策水平和监管能力的低下。在此基础上，专业的监督管理机构——银监会就应运而生了。

一、银监会的职能机构

为了适应其监管职责，银监会下设了15个职能机构。其中，主要的职能机构有：

(1) 办公厅(党委办公室)。组织协调机关日常工作，承担有关文件的起草、组织、机要、文秘、文档、信访、保密、信息综合、新闻发布、保卫等工作。

(2) 政策法规部(研究局)。拟订有关银行业金融机构监管的规章制度和办法；起草有关法律和行政法规草案，提出制定或修改的建议；承担行政复议和行政应诉工作；监督、协调有关法律法规的执行；开展银行业法律咨询服务，组织法制教育和宣传；调查研究银行业改革发展和监管中的重大问题，对银行业发展的政策提出建议；按照统一部署，组织实施银行业改革方案，提出深化改革的建议；负责重要会议文件和文稿的起草；编发有关信息和简报。

(3) 银行监管一部。承办对国有商业银行等的监管工作。依法审核有关机构的设立、变更、终止及业务范围；拟订监管规章制度；负责对有关机构的现场和非现场监管工作；监测资产负债比例、资产质量、业务活动、财务收支等经营管理、内部控制和风险情况；对违法违规行为进行查处；审查高级管理人员任职资格。

(4) 银行监管二部。承办对股份制商业银行和城市商业银行的监管工作。依法审核有关机构的设立、变更、终止及业务范围；拟订监督规章制度；负责对有关机构的现场和非现场监管工作；监测资产负债比例、资产质量、业务活动、财务收支等经营管理、内部控制和风险情况；对违法违规行为进行查处；审查高级管理人员任职资格。

(5) 银行监管三部。承办对政策性银行、外资银行等的监管工作。依法审核有关机构的设立、变更、终止及业务范围；拟订监管规章制度，负责对有关机构的现场和非现场监管工作；监测资产负债比例、资产质量、业务活动、财务收支等经营管理、内部控制和风险情况；对违法违规行为进行查处；审查高级管理人员任职资格。

（6）非银行金融机构监管部。承办对全国非银行金融机构（证券、期货和保险类除外）的监管工作。依法审核有关机构的设立、变更、终止及业务范围；拟订监管规章制度；负责对有关机构的现场和非现场监管工作；监测资产负债比例、资产质量、业务活动、财务收支等经营管理、内部控制和风险情况；对违法违规行为进行查处，审查高级管理人员任职资格。

（7）合作金融机构监管部。承办对农村和城市存款类合作金融机构的监管工作。规范合作金融机构管理，研究推动合作金融体制改革；拟订合作金融机构资产负债比例管理、资产质量管理、风险管理、利率监督等制度，对其风险情况进行监控，督促其完善内部监督和制约机制；拟订合作金融机构设置条件、业务经营范围、法人代表任职资格管理办法并组织实施；对违法违规行为进行查处。

（8）统计部。负责统一编制全国银行业金融机构数据、报表，抄送中国人民银行，并按照国家有关规定予以公布；汇总银行业金融机构有关财务、信贷信息，并报送财政部，拟订有关统计制度；负责银行业金融机构统计数据的分析，组织中国银行业监督管理委员会的数据库及信息系统的建设。

（9）财务会计部。管理银监会财务工作，负责编报银监会的年度财务预算、决算。

（10）国际部。承办银监会与国际金融组织、有关国家和地区监管机构等金融组织的官方联系及业务往来等有关工作，负责银监会的外事管理工作。

另外，还设有监察局（纪委）、人事部（党委组织部）、宣传工作部（党委宣传部）、监事会工作部等。

二、银监会的法律特征

根据国务院的机构设置安排及相关法律法规的规定，银监会具有以下法律特征：

1. 银监会在性质上属于接受国家行政授权的事业单位

同证监会、保监会一样，虽然隶属于国务院，行使国家行政权力，但银监会并不属于国家的行政机关，而是属于事业单位。这样设置的原因在于：一方面，方便设立、方便变更。由于涉及的是事业单位的设立，动用的资源相对较小，无需涉及《中华人民共和国国务院组织法》等相关法规的变更或者通过专门法规来规定其产生和职权，其设立和变更均不会涉及国务院组织机构的重大调整，而且在监管部门的内部设置上也将会更灵活。另一方面，根据行政授权法理，事业单位经过国家的授权，可以在法律上享有同国家机关相同的地位和权力，可以作为行政诉讼的被告来承担行政法律责任。并且，在隶属关系上，其可以直接隶属于国务院，不受其他行政部门的领导和干预。因此，采用事业单位的形式来设立监管机构是我国机构设置的特色，也体现出一定的优越性。

2. 银监会是具有法人资格的机构

银监会的法人资格意味着它具备独立的身份，可以独立地承担法律责任，尤其是当其因违法监管或其他违法行为而侵害社会主体的利益时，可以独立承担民事赔偿责任。

3. 银监会可以根据履行职责的需要设立派出机构，并对派出机构实行统一领导和管理

现代金融监管理论所推崇的功能性监管对监管机构的工作质量和数量提出了更高的要求，仅仅依赖单一的中央监管机构已经不可能有效完成监管任务，因此，设立派出机构就成为一种普遍的做法。在行政法上，派出机构在授权范围内具有与派出机构的设立者同样的法律地位，这对于监管职责的落实和履行，以及防止地方干预均具有积极的意义。

4. 在行使监管职权时，银监会需要与其他国家机关配合与协作，并接受国家有关机关的监督

首先，银监会应当建立与中国人民银行和其他金融监管机构的监管信息共享机制，以提高监管的准确性，避免分业监管时由于信息不通畅所造成的监管低效。其次，地方政府与各级政府部门负有对于银监会的监管活动积极配合并协作的义务。国家机关间的职权合作是与权力分立的现代国家权力分配机制相一致的，银监会职权的有效行使不可能仅凭借自身的力量，在处置银行业金融机构风险、查处有关金融违法行为时，需要各级执法机关的有力配合，各级政府部门无权拒绝，更不能无理阻挠。最后，银监会作为国家行政权力的行使者，也要受到有关国家机关的制约与监督，包括国务院审计机关的审计监督、中国人民银行的业务监督和国家监察机关的监察监督。

三、银监会监管人员的任职资格及职责

根据《银行业监督管理法》规定，银监会的工作人员，必须具备与其职责相适应的能力，并履行相关义务，具体规定如下：

（1）银行业监督管理机构从事银行业监督管理工作的人员，应当具备与其任职相适应的专业知识和业务工作经验。

(2) 银行业监督管理机构工作人员，应当忠于职守，依法办事，公正廉洁，不得利用职务便利牟取不正当的利益，不得在金融机构等企业中兼任职务。

(3) 银行业监督管理机构工作人员，应当依法保守国家秘密，并有责任为其监督管理的银行业金融机构及当事人保守秘密。国务院银行业监督管理机构同其他国家或者地区的银行业监督管理机构交流监督管理信息，应当就信息保密作出安排。

第三节　监督管理职责

一、金融机构市场准入管理

《银行业监督管理法》规定："国务院银行业监督管理机构依照法律、行政法规规定的条件和程序，审查批准银行业金融机构的设立、变更、终止以及业务范围。""未经国务院银行业监督管理机构批准，任何单位或者个人不得设立银行业金融机构或者从事银行业金融机构的业务活动。"

（一）设立审批

设立审批，是指银行业监督管理机构依法准许金融机构进入市场的行为。银行业金融机构的设立必须按照法律和行政法规的规定，具备一定的条件和程序。

根据我国相关银行业立法以及《公司法》规定，银行业金融机构的设立审批主要包括如下内容：(1)须有符合法律规定的章程；(2)须有符合法定注册资本最低限额；(3)须有具备任职专业知识和业务工作经验的高级管理人员；(4)须有健全的组织机构和管理制度；(5)须有符合要求的营业场所、安全防范措施和与业务有关的其他设施。

（二）变更和终止审批

1. 变更审批

金融机构发生合并、分立，资本金的增加、减少，调整股权结构、股本方式，转让股权，改制更名，改变营业地址，变更高级管理人员，调整业务范围，修改章程等重要事项的变更，须事先报金融监督管理机构审查批准。金融机构发生下列情形，应当向银监会或其派出机构申请换发金融许可证：机构更名、营业地址（仅限于清算代码）变更、许可证破损、许可证遗失、银监会或其派出机构认为其他需要更换许可证的情形。

2. 终止审批

银行业金融机构终止是指银行业金融机构结束存续状态退出市场，终止其业务活动的行为，包括解散、撤销、破产。解散，通常是指金融机构因分立、合并或者出现章程规定事由，以及股东会决议而退出市场的行为。银行业金融机构的解散应当向银行业监管机构提出申请，并附解散的理由和债务清偿计划，经国务院银行业监督管理机构批准后解散。撤销，是指银行业金融机构有违法经营、经营管理不善等情形，不予撤销将严重危害金融秩序、损害社会公众利益的，国务院银行业监督管理机构有权予以撤销。破产，是指银行业金融机构不能支付到期债务，经国务院银行业监督管理机构同意，由人民法院依法宣告其破产。银行业金融机构的解散、撤销和破产均应依法组成清算组进行清算，并按法律、行政法规规定的清偿顺序清偿债务。清算结束后，清算组应当向工商行政管理机关办理注销登记手续，终止其法人资格，并予以公告。

国务院银行业监督管理机构应当在规定的期限，对下列申请事项作出批准或者不批准的书面决定；决定不批准的，应当说明理由：(1)银行业金融机构的设立，自收到申请文件之日起 6 个月内；(2)银行业金融机构的变更、终止，以及业务范围和增加业务范围内的业务品种，自收到申请文件之日起 3 个月内；(3)审查董事和高级管理人员的任职资格，自收到申请文件之日起 30 日内。

（三）员工任职资格审批

我国对银行业金融机构的董事和高级管理人员实行任职资格管理。《银行业监督管理法》第 20 条规定："国务院银行业监督管理机构对银行业金融机构的董事和高级管理人员实行任职资格管理。具体办法由国务院银行业监督管理机构制定。"依照银行业监督管理机构的规定，金融机构高级管理人员，是指金融机构法定代表人和对经营管理具有决策权或对风险控制起重要作用的人员。担任金融机构法定代表人的应是中华人民共和国公民。

金融机构高级管理人员应满足以下条件：(1)能正确贯彻执行国家的经济、金融方针政策；(2)熟悉并遵守有关经济、金融法律法规；(3)具有与担任职务相适应的专业知识和工作经验；(4)具备与担任职务相称的组织管理能力和业务能力；(5)具有公正、诚实、廉洁的品质，工作作风正派。同时对担任金融机构高级管理人员的学历层次、金融从业年限等还作了具体规定。金融机构高级管理人员任职资格的审核，分为核准制和备案制两种：对董事长、副董事长、监事长、行长(总经理)、副行长(副总经理)等实行核准制；对副监事长、董事、行长助理、总稽核、总会计师，信贷、会计、内部审计部门总经理，支行（包括异地直属支行）副行长等实行备案制。

（四）资本审批

依照《银行业监督管理法》的规定，申请设立银行业金融机构，或者银行业金融机构变更持有资本总额或者股份总额达到规定比例以上的股东的，国务院银行业监督管理机构应当对股东的资金来源、财务状况、资本补充能力和诚信状况进行审查。

（五）业务品种审批

银行业金融机构业务范围内的业务品种，应当按照规定经国务院银行业监督管理机构审查批准或者备案；需要审查批准或者备案的业务品种，由国务院银行业监督管理机构依照法律、行政法规作出规定并公布。

（六）分支机构审批

金融机构设立分支机构须符合法律规定的条件，并经金融监督管理机构批准。商业银行要以“总行—分行—支行”的机构层级模式为目标设立分支机构。辖区内新设银行分行的筹建申请由各银监局或直属分局受理并审核后报银监会审批。已经银监会批准筹建的机构开业申请，由银监局或直属分局予以核准并颁发营业许可证，抄报银监会。各银监局受理并审核辖区内各银行支行的筹建申请，报银监局审批；已经银监局批准筹建的机构开业申请，由银监分局核准，并颁发营业许可证，抄报银监局。

二、金融机构风险监督

《银行业监督管理法》规定，银行业金融机构应当严格遵守审慎经营规则。所谓审慎经营规则，包括风险管理、内部控制、资本充足率、资产质量、损失准备金、风险集中、关联交易、资产流动性等内容。

高效的银行业金融机构风险预警机制，必须以建立和健全行业监督管理信息系统为前提，从整体高度对风险进行全方位监督。因此，法律规定银行业监督管理机构应当对银行业金融机构的业务活动及其风险状况进行非现场监管和现场检查，两种方式相互配合，以此来全面、综合分析和评价银行业金融机构的风险状况。

所谓非现场监管，是指银行业监管机构通过金融风险预警系统，对银行业金融机构的业务活动进行全面、连续的监督和控制。非现场监管主要通过一些重要指标对银行业金融机构的风险进行分析和评价，以此达到控制风险的目的。我国目前非现场监管的主要指标有：资本充足率、资产质量、资产流动性及盈利性、市场风险等，银行监督管理机构通过对各项报送指标进行分析和判断，对可能发生的突发问题及时采取措施，以防范和化解风险。

现场检查，是指银行业监管机构委派专人进入银行业金融机构，对其业务状况进行检查。银行业监管机构对金融机构的现场检查，可以是专项检查（即针对其报表、资料的真实性以及业务运作中暴露出的问题进行检查），也可以是全面检查（即对金融机构的存款、贷款、结算、同业拆借、资产质量、内控制度等业务运作情况进行全面检查）。为使现场检查规范化，国务院银行业监督管理机构应当制定现场检查程序，规范现场检查行为。

并表监督，是防范风险集中和关联交易的行之有效的措施。所谓并表监督，是指银行业监管机构以银行集团为对象，对集团总体经营和风险进行的监管。银行业监管机构通过并表，审查银行集团直接或间接（通过附属或关联公司）从事的各项银行或非银行业务，以及国内外机构从事的业务，分析集团整体或集团内机构及其业务可能发生的风险，并采取防范措施，保持在必要时与其他监管当局协调的能力，以防范和化解金融风险。

除此之外，银行业监督管理机构还通过规范银行业金融机构的内部控制机制、规定资本充足率、控制资本质量等等，从多方面对其风险进行管理和控制。

三、突发事件应急管理

《银行业监督管理法》规定，银行业监督管理机构发现可能引发系统性银行业风险、严重影响社会稳定的突发事件的，应当立即向国务院银行业监督管理机构负责人报告；国务院银行业监督管理机构负责人认为需要向国务院报告的，应当立即向国务院报告，并告知中国人民银行、国务院财政部门等有关部门。

为了及时、有效地处置银行业突发事件，国务院银行业监督管理机构应当会同中国人民银行、国务院财政部门等有关部门建立银行业突发事件处置制度，制定银行业突发事件处置预案，明确处置机构和人员及其职责、处置措施和处置程序。

四、其他职责

此外，国务院银行业监督管理机构还负责统一编制全国银行业金融机构的统计数据、报表，并按照国家有关规定予以公布；负责对银行业自律组织的活动进行指导和监督；开展与银行业监督管理有关的国际交流、合作活动。

第四节 监督管理措施

银行业监督管理措施，是指银行业监督管理机构为履行监督管理职责，实现监督管理目的，依法采取的具体办法。《银行业监督管理法》规定的具体措施如下：

1. 银行业监督管理机构根据履行职责的需要，有权要求银行业金融机构按照规定报送资产负债表、利润表和其他财务会计报表、统计报表、经营管理资料以及注册会计师出具的审计报告。

2. 银行业监督管理机构根据审慎监管的要求，可以采取下列措施进行现场检查：(1) 进入银行业金融机构进行检查；(2) 询问银行业金融机构的工作人员，要求其对有关检查事项作出说明；(3) 查阅、复制银行业金融机构与检查事项有关的文件、资料，对可能被转移、隐匿或者毁损的文件、资料予以封存；(4) 检查银行业金融机构运用电子计算机管理业务数据的系统。

进行现场检查，应当经银行业监督管理机构负责人批准。现场检查时，检查人员不得少于 2 人，并应当出示合法证件和检查通知书；检查人员少于 2 人或者未出示合法证件和检查通知书的，银行业金融机构有权拒绝检查。

3. 银行业监督管理机构根据履行职责的需要，可以与银行业金融机构董事、高级管理人员进行监督管理谈话，要求银行业金融机构董事、高级管理人员就银行业金融机构的业务活动和风险管理的重大事项作出说明。

4. 银行业监督管理机构应当责令银行业金融机构按照规定，如实向社会公众披露财务会计报告、风险管理状况、董事和高级管理人员变更以及其他重大事项等信息。

5. 银行业金融机构违反审慎经营规则的，国务院银行业监督管理机构或者其省一级派出机构应当责令限期改正；逾期未改正的，或者其行为严重危及该银行业金融机构的稳健运行、损害存款人和其他客户合法权益的，经国务院银行业监督管理机构或者其省一级派出机构负责人批准，可以区别情形，采取下列措施：(1) 责令暂停部分业务、停止批准开办新业务；(2) 限制分配红利和其他收入；(3) 限制资产转让；(4) 责令控股股东转让股权或者限制有关股东的权利；(5) 责令调整董事、高级管理人员或者限制其权利；(6) 停止批准增设分支机构。

银行业金融机构整改后，应当向国务院银行业监督管理机构或者其省一级派出机构提交报告。国务院银行业监督管理机构或者其省一级派出机构经验收,符合有关审慎经营规则的,应当自验收完毕之日起3日内解除对其采取的上述规定的有关措施。

6. 银行业金融机构已经或者可能发生信用危机,严重影响存款人和其他客户合法权益的,国务院银行业监督管理机构可以依法对该银行业金融机构实行接管或者促成机构重组,接管和机构重组依照有关法律和国务院的规定执行。

7. 银行业金融机构有违法经营、经营管理不善等情形,不予撤销将严重危害金融秩序、损害公众利益的,国务院银行业监督管理机构有权予以撤销。

8. 银行业金融机构被接管、重组或者被撤销的,国务院银行业监督管理机构有权要求该银行业金融机构的董事、高级管理人员和其他工作人员,按照国务院银行业监督管理机构的要求履行职责。

在接管、机构重组或者撤销清算期间,经国务院银行业监督管理机构负责人批准,对直接负责的董事、高级管理人员和其他直接责任人员,可以采取下列措施:(1) 直接负责的董事、高级管理人员和其他直接责任人员出境将对国家利益造成重大损失的,通知出境管理机关依法阻止其出境;(2) 申请司法机关禁止其转移、转让财产或者对其财产设定其他权利。

9. 经国务院银行业监督管理机构或者其省一级派出机构负责人批准,银行业监督管理机构有权查询涉嫌金融违法的银行业金融机构及其工作人员以及关联行为人的账户;对涉嫌转移或者隐匿违法资金的,经银行业监督管理机构负责人批准,可以申请司法机关予以冻结。

第五节 违反《银行业监督管理法》的法律责任

银行业违法行为法律责任,包括行政责任和刑事责任。依照《银行业监督管理法》的规定,行政责任包括行政处分、取缔、没收、罚款、责令改正、停业整顿、吊销经营许可证、取消任职资格、禁止从业等责任形式。同时,对银行业的严重违法行为,构成犯罪的,还依法追究刑事责任。

1. 银行业监督管理机构从事监督管理工作的人员有下列情形之一的,依法给予行政处分;构成犯罪的,依法追究刑事责任:(1) 违反规定审查批准银行业金融机构的设立、变更、终止,以及业务范围和业务范围内的业务品种的;(2) 违反规定对银行业金融机构进行现场检查的;(3) 未依照本法第28

条规定报告突发事件的；(4) 违反规定查询账户或者申请冻结资金的；(5) 违反规定对银行业金融机构采取措施或者处罚的；(6) 违反本法第 42 条规定对有关单位或者个人进行调查的；(7)滥用职权、玩忽职守的其他行为。

银行业监督管理机构从事监督管理工作的人员贪污受贿、泄露国家秘密或者所知悉的商业秘密，构成犯罪的，依法追究刑事责任；尚不构成犯罪的，依法给予行政处分。

2. 擅自设立银行业金融机构或者非法从事银行业金融机构的业务活动的，由国务院银行业监督管理机构予以取缔；构成犯罪的，依法追究刑事责任；尚不构成犯罪的，由国务院银行业监督管理机构没收违法所得，违法所得 50 万元以上的，并处违法所得 1 倍以上 5 倍以下罚款；没有违法所得或者违法所得不足 50 万元的，处 50 万元以上 200 万元以下罚款。

3. 银行业金融机构有下列情形之一，由国务院银行业监督管理机构责令改正，有违法所得的，没收违法所得，违法所得 50 万元以上的，并处违法所得 1 倍以上 5 倍以下罚款；没有违法所得或者违法所得不足 50 万元的，处 50 万元以上 200 万元以下罚款；情节特别严重或者逾期不改正的，可以责令停业整顿或者吊销其经营许可证；构成犯罪的，依法追究刑事责任：(1) 未经批准设立分支机构的；(2) 未经批准变更、终止的；(3) 违反规定从事未经批准或者未备案的业务活动的；(4) 违反规定提高或者降低存款利率、贷款利率的。

4. 银行业金融机构有下列情形之一，由国务院银行业监督管理机构责令改正，并处 20 万元以上 50 万元以下罚款；情节特别严重或者逾期不改正的，可以责令停业整顿或者吊销其经营许可证；构成犯罪的，依法追究刑事责任：(1) 未经任职资格审查任命董事、高级管理人员的；(2) 拒绝或者阻碍非现场监管或者现场检查的；(3) 提供虚假的或者隐瞒重要事实的报表、报告等文件、资料的；(4) 未按照规定进行信息披露的；(5) 严重违反审慎经营规则的；(6) 拒绝执行本法第 37 条规定的措施的。

5. 银行业金融机构不按照规定提供报表、报告等文件、资料的，由银行业监督管理机构责令改正，逾期不改正的，处 10 万元以上 30 万元以下罚款。第 48 条规定，银行业金融机构违反法律、行政法规以及国家有关银行业监督管理规定的，银行业监督管理机构除依照本法第 44 条至第 47 条规定处罚外，还可以区别不同情形，采取下列措施：(1) 责令银行业金融机构对直接负责的董事、高级管理人员和其他直接责任人员给予纪律处分；(2) 银行业金融机构的行为尚不构成犯罪的，对直接负责的董事、高级管理人员和其他直接责任人员给予警告，处 5 万元以上 50 万元以下罚款；(3) 取消直接负责的董事、高级管理人员一定期限直至终身的任职资格，禁止直接负责的董事、高级管理人员和其他直接责任人员一定期限直至终身从事银行业工作。

【本章小结】

银行业监督管理法是调整在国家对银行业金融机构及其金融活动进行监督管理过程中产生的经济关系的法律规范的总称，其调整对象是国家银行业监管机关对银行业金融机构及其金融活动进行监督管理过程中产生的经济关系。

我国《银行业监督管理法》具有自身的特征，主要表现为：立法模式上采用单独立法的模式；监管主体实行多元化、协调制，被监管主体兼具确定性和概括性；法律规范的类型上具有实体法和程序法相统一的特点；内容上具有一定的创新性等。

银行业监督管理机构对银行业实施监督管理，应当遵循下述原则：依法监管原则、公开原则、公正原则、效率原则和信息共享原则等。

国务院银行业监督管理机构是中国银行业监督管理委员会。银监会在性质上属于接受国家行政授权的事业单位；是具有法人资格的机构；可以根据履行职责的需要设立派出机构；在行使监管职权时，银监会需要与其他国家机关配合与协作，并接受国家有关机关的监督。

银监会的监管职责包括：金融机构市场准入管理、金融机构风险监督、突发事件应急管理以及其他职责等。

银行业监督管理措施，是指银行业监督管理机构为履行监督管理职责，实现监督管理目的，依法采取的具体办法。

银行业违法行为法律责任，包括行政责任和刑事责任。

【复习思考题】

一、名词解释

银行业监督管理法　银行业审慎经营　非现场监管　并表监督　接管

二、问答题

1. 银行业监督管理的目标是什么？
2. 银行业监督管理应遵循哪些原则？

3. 简述我国银行业监督管理机构的设置和监管范围。

4. 试述我国银行业监督管理措施。

三、案例分析题

案例　设立商业银行分支机构的审批程序和条件

（一）案例资料

某商业银行A市分行决定在该市华新商业区设立一支行(华新支行),经考察研究后,选定了华新支行所在地点,并落实了营运资金及管理人员等。然后,A市分行按规定向中国人民银行报送了申请书、财务会计报告、经营计划等相关材料。中国人民银行审查批准后,颁发了《金融机构营业许可证》。A市分行凭此向登记机关申请设立登记,经登记机关核准并发给了营业执照。领取营业执照后没多久,A市分行就遇到了麻烦。A市分行原来选定的作为华新支行营业地的一幢大厦因投资者产权纠纷导致施工停滞,一直不能交付使用。A市分行只好在别处租用一幢写字楼作为营业地点。不久,华新支行副行长陈某携巨款潜逃。经查,此人一年前因从事房地产投资所欠大额债务未偿还,于是挪用银行资金抵债。由于受陈某携款潜逃事件的影响,华新支行迟迟不能对外营业。中国人民银行得知后,以华新支行设立过程中存在严重违法事项,且超过6个月未开业为由吊销了华新支行的营业许可证。

（二）分析提示

银行业金融机构的设立程序和条件。

（三）回答问题

1. 设立商业银行分支机构需要经过哪些程序？

2. 华新支行的设立过程中有哪些违法之处？

第十章 保险法

◆ 学习目标 ◆

通过本章的学习，了解保险与保险法的基本知识，熟悉保险合同的基本原则、保险合同的订立和法定条款、保险合同的履行，掌握保险公司的设立、变更与终止，掌握保险合同法律制度、法律责任以及保险业法律制度和法律责任。

第一节　保险法概述

一、保险概述

（一）保险的概念

1. 保险的定义

关于保险的定义，有广义、狭义之分。广义的保险是指通过建立专门用途的后备基金，用以偿付自然灾害和意外事故带来的经济损失或为社会安定发展作物质准备的一种经济形式。狭义的保险特指商业保险。《中华人民共和国保险法》从法律的角度给保险下了如下定义："本法所称保险，是指投保人根据合同约定，向保险人支付保险费，保险人对于合同约定的可能发生的事故因其发生所造成的财产损失承担赔偿保险金责任，或者当被保险人死亡、伤残、疾病或者达到合同约定的年龄、期限时承担给付保险金责任的商业保险行为。"保险这一定义的根本特征，在于保险是一种商业行为、一种合同行为，是以合同行为建立的民事法律关系，它与依法承保但不签订合同的社会保险有着根本区别。

2. 保险的要素

现代保险作为一种经济损失补偿方式，其基本要素有：

(1) 危险是保险的前提。保险必须以危险为前提，如果没有危险，保险也就失去了存在的价值。危险也称风险，是指一定的财产或人身将要面临的、可能因某种事件而遭受损失的状态，包括财产危险、人身危险和法律责任危险。在保险合同中约定的保险责任范围内的事件，称为保险事故。作为保险事故，其是否发生、何时发生以及发生后产生何种结果，必须事先无法确定。

(2) 损失是保险的基础。投保人之所以投保，旨在使保险事故所造成的损失能够得到补偿。英国和美国法学家将保险合同形象地定义为损失补偿合同。因此，保险必须以损失为基础。这里的损失，既包括财产损失，也包括精神损失。在保险的损失要素方面，财产保险与人身保险略有不同。

(3) 补偿是保险的目的。保险的目的在于保险标的因保险事故造成损失时，有关当事人能得到金钱或实物补偿。保险标的是指作为保险对象的财产及其有关利益或者人的寿命和身体。在财产保险中，保险事故所致保险标的的损失，可以通过估价确定。而人身保险，由于保险标的是人的生命或身体，损失不能以金钱估价，所以，主要采取按事先约定金额给予经济补偿的办法，来弥补有关当事人因保险事故在经济上增加的困难，或在精神上所遭受的损失。

（4）分担是保险的社会机制。虽然各投保人表面上并无直接互助的关系，各投保人只是分别与保险公司订立保险合同，但是通过保险业的运作，客观上是由多数人分担了少数人的损失，从而形成了风险的社会分担机制。

（二）保险的分类

一般说来，保险可按理论标准、实用标准和法定标准来进行分类。也就是说，保险分类主要满足于保险理论研究需要、保险业务经营需要和国家法律监督管理需要。由于各国分类差异较大，分类标准不统一，所以导致保险分类的不统一。

1. 按保险的标的分类

这是一种最为常见的分类方法，按这一标准可将保险分为四类：

（1）财产保险。它是以财产或有关利益为保险标的的一种保险。当保险财产遭受保险责任范围内的损失时，由保险人提供经济补偿。

（2）人身保险。它是以人的生命和身体为保险标的，并以生存、死亡、疾病、伤残为保险事故的一种保险。当被保险人遭遇保险事故，由保险人依约给付一定的保险金。

（3）责任保险。它是以被保险人的民事损害赔偿责任为保险标的的一种保险。凡根据法律或合同规定，被保险人应对他人的损害负经济赔偿责任的，将由保险人负责赔偿。

（4）保证保险。它是以投保人的行为为保险标的的一种保险，即担保被保险人履行经济合同的一种保险。

2. 按保险的实施方式分类

（1）法定保险。它是通过法律规定强制实行的保险。法定保险通常具有强制性和全面性的特点。

（2）自愿保险。它是在自愿原则下，根据被保险人与保险人订立的合同，而构成的保险关系。

3. 按保险的性质分类

（1）社会保险。它是国家通过立法，实施社会政策，依靠全社会力量，保障全体人民经济生活的一项福利制度。

（2）普通保险。它是由被保险人缴付保险费，提供给保险人建立保险基金，用于被保险人遭遇灾害事故或其他约定事情所致损失的赔偿或给付的保险。

4. 按保险的主体分类

(1) 团体保险。它是以集体名义使用一份总合同，向其团体内的成员所提供的保险。

(2) 个人保险。它是以个人名义向保险人投保的家庭财产保险和人身保险。

5. 按业务承保方式分类

(1) 原保险。它是直接承保业务并与投保人签订保险合同，构成被保险人与保险人的权利义务关系的保险。

(2) 再保险。它是一方保险人把原承保的部分或全部保险业务转让给另一方保险人承担的保险。

(3) 重复保险。它是投保人对同一保险标的、同一保险利益、同一保险事故分别向两个以上保险人订立保险合同的保险。

(4) 共同保险。它是由两个或两个以上的保险人联合直接承保同一标的或同一风险，而保险金额不超过保险标的价值的保险。

6. 按所承保的风险分类

(1) 单一风险保险。它是指保险合同中只规定对某一种风险造成的损失给予经济补偿的保险。

(2) 综合风险保险。它是指保险合同中规定对数种风险损失均承担赔偿责任的保险。

二、保险法概述

(一) 保险法的概念

保险法是以保险关系为调整对象的一切法律规范的总称。保险关系指的是当事人之间依保险合同发生的权利义务关系和国家对保险业进行监督管理过程中所发生的各种社会关系。保险法通常有狭义和广义之分。狭义的保险法是指保险法典或者民商法中有关保险的法律规范，而广义的保险法除包括狭义的保险法外，还包括其他法律、行政法规中有关保险的法律规定以及保险的判例、惯例和法理等。

保险法主要调整自然人、法人及其他经济组织与保险公司之间因保险行为而发生的关系以及国家对保险业的管理活动而发生的关系。它可分为保险合同法、保险业法和保险特别法。

保险合同法是保险法的核心，是调整保险关系双方当事人的权利和义务的法律，其内容一般涉及保险合同的订立、履行、终止、变更、解除和保险合同纠纷的处理等事项。

保险业法是国家对保险业进行监督和管理的法律，其内容主要是有关保险组织的设立、经营、管理、监督、财务会计、破产、解散和清算等的规定。西方资本主义国家的保险业法实际上是对民营保险业的监督法。

保险特别法是指保险合同法以外专门规定特定的保险种类的法律、法规，如各国的海商法中关于海上保险的规定，就是典型的保险特别法。

（二）保险法的基本原则

保险法的基本原则是保险活动当事人必须遵守的基本准则。主要有以下几方面：

1. 合法原则

是指保险活动的内容必须符合法律、行政法规的规定。例如，给违禁物品投保财产险，其投保行为不发生法律效力。

2. 自愿原则

是指在从事保险活动时，保险法律关系的主体，能够充分根据自己的意愿设立、变更或者终止保险法律关系。如某人有是否为自己或家人购买人身保险的自由，如果决定购买，他有选择保险公司的自由，可以根据自己的实际情况选择险种，同时也可以在购买后，变更或解除保险合同。

3. 诚实信用原则

诚实信用原则是世界各国对民事、商事活动的基本要求，而其在保险法中显得更为重要。由于保险双方掌握信息的不对称性，保险法对保险当事人的诚信要求比一般民事活动更为严格，要求当事人具有“最大诚信”，充分履行告知义务及保证义务。投保人应主动陈述有关保险标的的风险情况等重要事实，不得进行隐瞒；保险人也应当据实通告与投保人利害相关的实质性重要事实，说明保险合同的条款内容并如实回答有关询问。

4. 保险利益原则

是指投保人对保险标的具有的法律上承认的利益。如果投保人对保险标的不具有保险利益，其与保险人签订的保险合同无效。

5. 近因原则

这是确定保险人对保险标的的损害是否负保险责任以及负何种责任的原则。保险人承担保险责任的前提是承保危险的发生与保险标的的损害之间有因果关系。引起保险事故的主要原因，即在保险事故发生中起主导作用或支配作用的因素便是保险中的近因，只有近因属于承保风险，保险人才承担赔付责任。

6. 损害补偿原则

补偿原则适用于财产保险。当保险事故发生后，保险人给被保险人的经济赔偿正好弥补被保险人因此遭受的经济损失。即保险标的有损失才得到补偿，没有损失就没有补偿，损失多补偿多，损失少补偿少，补偿以实际损失为限。

（三）我国保险立法

新中国真正意义上的保险立法始于党的十一届三中全会以后，在改革开放、发展经济的过程中，我国在加强经济立法工作的同时，也开始逐步制定和完善保险法规。

1981 年 12 月 13 日第五届全国人民代表大会第四次会议通过了《中华人民共和国经济合同法》（1993 年 9 月 2 日作了修正），对财产保险合同作了原则性规定。1983 年 9 月 1 日国务院颁布了《中华人民共和国财产保险合同条例》，该条例是《中华人民共和国经济合同法》中有关财产保险合同规定的实施细则。1985 年 3 月 3 日国务院又颁布了《保险企业管理暂行条例》，该条例旨在用法律手段加强国家对保险企业的管理，促进保险业的健康发展。

1992 年 11 月 7 日，第七届全国人大常委会第二十八次会议通过了《中华人民共和国海商法》（以下简称《海商法》），第一次以法律的形式对海上保险作了明确规定。内容包括海上保险合同的一般规则，合司的订立、解除和转让，被保险人的义务，保险人的责任，保险标的的损失和委付，保险赔偿的支付等方面，为海上保险业务的开展和海上保险纠纷的处理提供了充分的法律依据。

1995 年 6 月 30 日，第八届全国人大常委会第十四次会议通过了《中华人民共和国保险法》（以下简称《保险法》），这是新中国成立以来第一部法典性质的保险基本法。它采用了国际上一些国家和地区集保险业法、保险合同法为一体的立法体例，形成了一部较为完整、系统的保险法律。该法的颁布和实施标志着我国保险法律体系的形成。1998 年 11 月成立的中国保险监督管理委员会（保监会）专司保险监管之责。中国保监会陆续颁行了《保险公司管理规定》（2000 年 1 月 3 日颁布，2002 年 3 月 15 日修订）、《保险代理机构管理规定》（2001 年 11 月 16 日颁布，2004 年 11 月 1 日修订）、《保险经纪公司管理规定》（2001 年 11 月 16 日颁布）和《保险公估机构管理规定》（2001 年 11 月 16 日颁布）等规章，强化了对保险业的监督管理。为了适应我国加入世贸组织的形势和需要,履行我国的有关承诺,2002 年 10 月 28 日第九届全国人大第三十次会议通过了对《保险法》修改的决定,修改后的《保险法》自 2003 年 1 月 1 日起施行。2006 年 6 月 12 日,中国保监会讨论并原则通过了《健康保险管理办法》,确立了我国健康保险经营的基本制度,这对提高我国健康保险经营的规范化和标准化程度,促进健康保险的发展,具有重要意义。

随着社会主义市场经济体制的完善和金融体制改革的深化,我国保险业进入一个快速发展时期,保险业的内外部环境都发生了很大变化,行业发展和保险监管中的新情况不断出现,《保险法》的改革已经成为当前保险事业发展的迫切需要。中国保监会 2006 年提出的《〈保险法〉修订草案建议稿》,确定从五个方面对《保险法》进行改革和完善:完善保险合同法律规范;完善保险市场主体的管理制度;完善保险经营规则;完善保险监管制度;强化保险违法行为的法律责任。

我国有关保险合同、保险业和特种类保险的法律法规,从无到有、从不完善到逐步完善,已形成体系。随着我国经济的发展和金融体制改革的深化,保险立法还会得到加强,保险法律将会不断健全和完善。

第二节 保险合同法

一、保险合同概述

(一) 保险合同的概念

合同是指当事人之间关于确立、变更和终止民事法律关系的协议。保险合同作为合同的一种,是投保人与保险人约定权利义务关系的协议。保险合同是商业保险所必须采取的形式。投保人和保险人作为依据保险合同建立保险关系的双方当事人,具有平等的法律地位,任何一方不得将自己的意志强加给对方。根据双方当事人的约定,一方(投保人)向另一方(保险人)支付保险费,另一方在保险标的发生合同约定的保险事故时,承担经济损失补偿责任,或者当约定事件发生时,承担履行给付保险金的义务。

从保险人承担保险责任的角度来划分,保险合同可分为补偿性合同或给付性合同。所谓补偿性合同,是指当约定保险事故发生时,保险人按照合同约定对被保险人的损失给予补偿。财产保险合同属于补偿性合同,例如火灾保险合同、汽车保险合同。所谓给付性合同，是指当约定事件发生时，保险人按照合同约定向被保险人或受益人支付保险金。给付性合同仅包含在人身保险合同范围中，例如人寿保险。需要指出的是，有的人身保险合同属于补偿性合同，例如人身意外伤害保险。

（二）保险合同的特征

1. 保险合同是双务合同

所谓双务合同，就是合同的双方当事人均承担义务的合同。投保人的主要义务是缴纳保险费，保险人的主要义务是履行赔偿或给付保险金。保险合同的双务性与一般双务合同有区别。在保险合同中，投保人一方缴纳保费的义务是确定的，但是保险人一方履行赔偿或给付保险金义务却是不确定的，它取决于保险事故是否发生，这是保险合同双务性的特殊之处。

2. 保险合同是特殊的有偿合同

所谓有偿合同，是指合同当事人要为其享有的权利付出相应代价的合同。保险合同的有偿是对价有偿，在保险合同中，投保人以缴纳保费而换取保险公司承担某种约定的风险为对价，保险公司以履行赔偿或给付保险金义务而换取投保人缴纳保费为对价。所以说，保险合同是特殊的有偿合同。

3. 保险合同是附合合同

所谓附合合同，是指合同内容不是由当事人双方共同协商拟订的，而是由一方当事人事先拟订，另一方当事人只是作出是否同意的意思表示。保险合同的基本条款是由国家保险监管部门制定或由保险公司事先拟订，投保人只是表示同意与否；投保人不能设计自己所需要的保险单，或修改其中内容，即使投保人提出特殊要求，也只能采用保险公司事先拟好的附加条款作为对原有条款的补充，或者另附批单，这与一般的协商性合同显然有区别。

4. 保险合同是射幸合同

所谓射幸性，是指双方当事人在签订合同时，对合同的结果不能预计。投保人在签订保险合同时，并不能够预计承保风险是否发生以及什么时候发生，也不能确定一旦发生所导致损失的大小，保险人也无法确定是否给付保险金以及给付的金额。因此，保险合同是一个射幸合同。正是保险合同的射幸性决定了保险人履行赔偿或给付保险金的义务是不确定的。

5. 保险合同是最大诚信合同

所谓最大诚信合同，是指订立合同的双方当事人都必须有诚意，必须遵循诚实信用的原则。诚实是对保险合同双方当事人的要求，信用是指保险合同当事人必须严格履行合同义务。投保人在投保时要将所保标的的风险情况如实告知保险人，将风险程度增加的情况及时通知保险人，并对保险标的的相关事项履行保证义务；保险人也应当如实向投保人解释合同条款内容，在合同约定的风险事故发生后及时向被保险人履行赔偿或给付保险金的义务。

（三）保险合同的分类

1. 定值保险合同与不定值保险合同

根据是否在保险合同中事先确定保险价值，保险合同可以分为定值保险合同与不定值保险合同。定值保险合同又称“定价保险合同”，是指保险合同双方当事人事先确定保险标的价值并将其载明于保险单或其他保险凭证的一种保险合同。不定值保险合同是双方当事人未事先约定保险价值的保险合同，它仅记载保险金额，而将保险标的的实际价值留待保险事故发生需要确定其赔偿的保险金时才进行估算。

2. 财产保险合同与人身保险合同

根据保险标的的不同，保险合同可以分为财产保险合同和人身保险合同。财产保险合同是以财产及其有关利益为保险标的的保险合同。人身保险合同则是以人的寿命和身体为保险标的的保险合同。

3. 补偿性保险合同与给付性保险合同

根据保险合同的性质，保险合同可以分为补偿性保险合同和给付性保险合同。补偿性保险合同是指在保险事故发生后，由保险人评定被保险人的实际损失并以其为依据赔偿保险金的保险合同。大多数的财产保险合同都属补偿性保险合同。给付性保险合同是指双方当事人在保险合同中明确约定保险金额，在保险事故发生后，由保险人按照事先约定承担给付确定的保险金责任的保险合同。因此，给付性保险合同又称定额保险合同。大多数的人身保险合同都属给付性保险合同。

4. 特定危险保险合同与一切危险保险合同

根据保险人所承保的危险范围的不同，保险合同可以分为特定危险保险合同和一切危险保险合同。特定危险保险合同是指保险人仅承保一种或多种特定危险的保险合同。一切危险保险合同是指除合同中所列不保危险外，保险人承保其他任何危险所致损失的保险合同。

二、保险合同的一般规定

(一) 保险合同的主体与客体

1. 保险合同的主体

保险合同的主体为保险合同的当事人和关系人。保险合同的当事人为投保人和保险人。保险合同的关系人为被保险人、保单所有人和受益人。

保险人是向投保人收取保险费,在保险事故发生时,对被保险人承担赔偿损失或给付责任的人。各国法律都要求保险人具有法人资格,在依法经过审批、取得营业许可后,在规定的经营范围内从事保险活动。

投保人是与保险人订立保险合同,并按照保险合同负有支付保险费义务的人。投保人可以是法人,也可以是自然人。投保人通常必须具备权利能力和行为能力,必须对保险标的具有可保利益。

被保险人是其财产、利益或生命、身体和健康受保险合同保障的人。被保险人可以是法人,也可以是自然人。被保险人必须在保险合同中列明。

保单所有人是拥有保单各种权利的人。该称谓主要用于人寿保险合同。在人寿保险中,保单所有人、被保险人和受益人可以为同一人,也可以不为同一人。保单所有人的权利通常包括变更受益人、领取退保金、领取保单红利、申请保单贷款等。

受益人是人身保险合同中由保单所有人指定的享有保险金请求权的人。受益人不同于继承人,因为受益人不负有用其所领取的保险金偿还被保险人生前债务的义务。

2. 保险合同的客体

保险合同的客体是可保利益(又称保险利益)。保险利益是投保人对保险标的具有的法律上承认的利益。在保险法律关系中,保险合同保障的是投保人对保险标的具有的利益,而非保险标的本身。保险人仅当被保险人遭受合同约定的利益损失时才承担赔偿或给付保险金的责任。保险标的是保险利益存在的物质基础,保险利益是保险标的需求并获得保险保障的经济内涵。

(二) 保险合同的订立与条款

1. 保险合同的订立

投保人和保险人订立保险合同,应当遵循公平互利、协商一致、自愿订立的原则,不得损害社会公共利益。除法律、行政法规规定必须保险的以外,保险公司和其他单位不得强制他人订立保险合同。

保险合同的成立与其他合同一样,要经过投保人的要约和保险人的承诺两个程序。

(1) 要约

保险合同的要约又称投保，是指投保人向保险人提出保险要求的意思表示。在保险实务中，通常是保险公司或其代理人积极主动地开展业务，希望潜在的客户订立保险合同，但这仅仅是要约邀请，只有投保人提出投保申请，将填写好的投保单(投保单由保险人印成标准格式，内容涉及保险当事人及保险标的，一般不印保险条款)交给保险人或其代理人，才构成要约。

(2) 承诺

保险合同的承诺又称承保，是保险人或其代理人作出的同意投保人保险要求的意思表示。保险人收到保单后对投保单进行审核，如果确认符合条件的，便在投保单上签字盖章，以此作为承诺，保险合同随之成立。保险人应当及时向投保人签发保险单或其他保险凭证，并在保险单或其他保险凭证中载明当事人双方约定的合同内容。

2. 保险合同的法定条款

《保险法》中，保险合同应当列举的法定条款共有以下 11 项：(1) 保险人的名称和住所；(2) 投保人、被保险人名称和住所，以及人身保险的受益人的名称和住所；(3) 保险标的；(4) 保险责任和责任免除；(5) 保险期间和保险责任开始时间；(6) 保险价值；(7) 保险金额；(8) 保险费以及支付办法；(9) 保险金赔偿或者给付办法；(10) 违约责任和争议处理；(11) 订立合同的年、月、日。

(三) 保险合同的履行

保险合同的履行是指保险合同生效后，当事人依约全面完成各自承担的义务以满足对方实现权利的行为，包括双方各自义务的内容及履行义务的方法。

1. 投保人应当履行的义务

(1) 如实告知的义务。保险合同是诚信合同，投保人有义务如实回答保险人就保险标的的重要事实的询问。如果投保人或被保险人违反如实告知义务，保险人有权解除保险合同或不承担赔偿或给付义务。

(2) 缴付保险费的义务。这是投保人最基本的义务。保险法规定，保险合同成立后，投保人有义务按照约定缴付保险费。投保人未按约定缴付保险费的，保险人可以要求投保人缴付保险费及其利息或者终止合同。

(3) 防止或避免出现保险事故的义务。根据保险合同的约定，保险人可以对保险标的的安全状况进行检查，及时向投保人、被保险人提出消除不安全因素和隐患的书面建议，投保人、被保险人未按照约定履行其对保险标的应尽责任的，保险人有权要求增加保险费或者解除合同。投保人、被保险人或者受益人故意制造保险事故的，保险人不承担保险责任。

(4) 出险时的通知义务及避免损失扩大的义务。投保人、被保险人或者受益人在知道保险事故发生后，应当及时通知保险人。保险事故发生时，被保险人有责任尽力采取必要的措施，防止或减少损失的扩大。事故发生后，被保险人为防止或减少保险标的的损失所支付的必要的、合理的费用，由保险人承担。投保人、被保险人不履行此项义务的，保险人对由此所造成的扩大的损失，不负赔偿责任。

(5) 提供相应证明资料的义务。保险事故发生后，投保人、被保险人或者受益人应当向保险人提供与确认保险事故的性质、原因、损失程度等有关的证明和资料，以便保险人及时赔偿或给付保险金。

2. 保险人应当履行的义务

(1) 说明义务。在订立保险合同时，保险人有义务向投保人说明保险合同条款内容，使投保人能客观地理解保险条款，作出正确的意思表示。

(2) 赔偿损失或给付保险金的义务。这是保险人最基本、最重要的义务。当保险标的遭受保险责任范围内的危险，发生财产损失或者人身伤亡，或者约定的条件成就、期限到达时，保险人应当及时充分地履行赔偿损失或给付保险金的义务。

(3) 保密义务。为了保护被保险人的利益，保险人或者再保险接受人对在办理保险业务中知道的投保人、被保险人或者再保险分出人的业务和财产情况，负有保密的义务。

3. 索赔与理赔

(1) 索赔

索赔是被保险人或受益人在保险事故发生后，根据保险合同的约定请求保险人支付保险金的行为，是被保险人或受益人取得保险人赔付或给付保险金的必要前提和必经程序。索赔一般包括三道程序：首先要提交出险通知和索赔请求。保险事故发生后，投保人、被保险人或者受益人应当及时将保险事故发生的原因、时间、地点、程度等内容以书面方式通知保险人，并提出索赔请求。其次要提供索赔单证。索赔单证主要有：保险单或其他保险凭证；有关保险标的的原始单据；身份证、户口簿等可以证明被保险人身份的资料。最后经过保险人审查认为符合规定的可以领取保险金。索赔应在法律规定的期限内进行，否则会丧失保险金请求权。人寿保险以外的其他保险的被保险人或者受益人,对保险人请求赔偿或者给付保险金的权利,自其知道保险事故发生之日起两年不行使而消灭。人寿保险的被保险人或者受益人对保险人请求给付保险金的权利,自其知道保险事故发生之日起五年不行使而消灭。

(2) 理赔

理赔是保险人接到投保人、被保险人或受益人的索赔请求后,根据保险合同的约定,对保险事故的发生及造成的财产损失或人身伤害进行调查、审核并决定是否支付保险金的行为。理赔是保险事故发生后保险人履行约定义务的行为,是索赔的必然结果。

保险人对于收到的索赔请求,可以作出两种处理结果:履行赔付义务,或者拒绝赔付。保险人收到被保险人或者受益人的赔偿或者给付保险金的请求后,对不属于保险责任的,应当向被保险人或者受益人发出拒绝赔偿或者拒绝给付保险金通知书。

4. 代位求偿权

代位求偿权又称代位追偿权,是指因第三者损害保险标的而造成保险事故时,保险人自向被保险人赔偿保险金之日起,在赔偿金额范围内代位行使被保险人对第三者请求赔偿的权利。代位求偿权只存在于财产保险中,对于人身保险不适用。

(四) 保险合同的变更与终止

1. 保险合同的变更

保险合同的变更是指在保险合同的有效期内,按照法律规定的条件和程序,合同的主体、内容和效力等事项发生的变化。

(1) 保险合同主体的变更

保险合同主体的变更是指保险合同的当事人或关系人的变更,主要是投保人、被保险人或受益人的变更,保险合同的标的不发生变化。例如,因为买卖、继承、赠与等法律事实的出现使财产保险标的的所有权发生移转,要使保险合同继续有效,就需要变更保险合同的被保险人。

(2) 保险合同内容的变更

保险法规定,在保险合同有效期内,投保人和保险人经协商同意,可以变更保险合同的有关内容。如保险合同中的保险责任、保险金额、保险期限等发生变化,财产保险合同中的保险标的的价值、数量、存放地点、危险程度等发生变化,人身保险合同中的被保险人的职业、投保人的交费方式等发生变化,都属于保险合同内容变更的范围。

2. 保险合同的终止

保险合同的终止是指保险合同双方当事人确定的权利义务关系的消灭。主要包括以下两种情况：

(1) 保险合同因解除而终止

保险合同的解除是经合同双方当事人协商一致，或有解除权的一方当事人根据法律的规定或合同的约定，在保险合同有效期届满之前，提前终止合同效力的法律行为。除投保人、保险人双方协商解除合同外，投保人、保险人还可单方面解除合同。

就投保人而言，除非法律另有规定或者保险合同另有约定，保险合同成立后，投保人可以解除合同，而且无需承担违约责任。

就保险人而言，除非法律另有规定或者保险合同另有约定，保险合同成立后，保险人不得解除合同。保险人有权解除保险合同的法定事项有五类：① 投保人故意隐瞒事实，不履行如实告知义务，或者因过失未履行如实告知义务，足以影响保险人决定是否同意承保或者提高保险费率的。② 被保险人或者受益人在未发生保险事故的情况下，谎称发生了保险事故，向保险人提出赔偿或者给付保险金的请求的。③ 投保人、被保险人或者受益人故意制造保险事故的。④ 投保人、被保险人未按照约定履行其对保险标的安全应尽的责任，保险人有权要求增加保险费或者解除合同。⑤ 在人身保险合同中，投保人申报的被保险人年龄不真实，并且其真实年龄不符合合同约定的年龄限制的，保险人可以解除合同，并在扣除手续费后，向投保人退还保险费，但是自合同成立之日起逾两年的除外。

(2) 保险合同因合同当事人行使终止权而终止

保险合同当事人可以依法律规定行使权利使已生效的保险合同失去效力。根据保险法规定，保险标的发生部分损失的，在保险人赔偿后 30 日内，投保人可以终止合同；除合同约定不得终止合同的以外，保险人也可以终止合同。保险人终止合同的，应当提前 15 日通知投保人，并将保险标的未受损失部分的保险费，扣除保险责任开始之日起至终止合同之日止期间的应收部分后，退还投保人。

(3) 保险合同的自然终止

保险合同自然终止的情形主要有：保险合同期限届满；保险合同约定的保险事故发生，保险人履行完赔偿或给付保险金责任的；保险标的非因保险事故而灭失，保险合同失去保险标的的。

三、财产保险合同

(一) 财产保险合同的概念和分类

财产保险合同包括以财产和利益为保险标的的各种保险合同，它是指保险人按照约定，对被保险人因自然灾害、意外事故而遭受的经济损失或者依法承担的民事责任负赔偿责任，而由投保人缴付保险费的合同。

在我国，财产保险合同有狭义和广义之分。狭义的财产保险合同包括财产损失保险、责任保险、信用保险、保证保险和农业保险等有形财产保险的合同；广义的财产保险合同除此之外，还包括保险标的为非物质财产的有关利益的保险合同，即无形财产保险合同。

1. 财产损失保险合同

即以补偿财产的损失为目的的保险合同。按投保标的的不同，它可分为以下几种：

(1) 企业财产保险合同。即以国家、企事业单位、人民团体等所有或经营的财产为保险标的的保险合同。

(2) 家庭财产保险合同。即以家庭或公民个人所有的财产为保险标的的保险合同。

(3) 运输工具保险合同。即以船舶、飞机、机动车辆等运输工具为保险标的的保险合同。它又可分为船舶保险合同、飞机保险合同和机动车辆损失保险合同等。

(4) 运输货物保险合同。即以运输过程中的货物为保险标的的保险合同。它又可分为海洋运输货物保险合同、陆上运输货物保险合同、航空运输货物保险合同、邮包保险合同等。应当明确的是，海洋运输货物保险合同等海上保险合同一般适用《海商法》的规定，《海商法》未作规定的，适用《保险法》的规定。

2. 责任保险合同

即以被保险人对第三者依法应负的赔偿责任为保险标的的保险合同，其标的既可以是侵权责任，也可以是契约责任或无过失责任。它通常又可分为以下几种：

(1) 雇主责任保险合同。即以投保人(雇主)对雇佣人在雇用期间因人身伤害而依法应承担的赔偿责任为保险标的的保险合同。

(2) 公众责任保险合同。即以投保人因意外事故造成第三者人身伤亡或财产损失而依法应承担的赔偿责任为保险标的的保险合同。

(3) 产品责任保险合同。即以投保人因其产品的质量缺陷致使产品使用者或消费者遭受人身伤亡或财产损失而依法应承担的赔偿责任为保险标的的保险合同。

(4) 职业责任保险合同。即以投保人因职业工作中的过失致使他人遭受人身伤亡或财产损失而依法应承担的赔偿责任为保险标的的保险合同。

我国保险公司普遍开设机动车辆和船舶的第三者责任险,但不大重视其他责任保险,法律对此也无详尽、科学、合理的规定。

3. 信用保险合同

信用保险合同是指保险人对被保险人的信用放贷或信用售货(借贷赊销)的一种保证形式。当债务人不为清偿或不能清偿债务时,由保险人负责赔偿。它在国际贸易中用得较多,一般由某政府部门具体组织经营。

4. 保证保险合同

保证保险合同是指由保险人为被保证人(即义务人)向权利人提供的一种担保形式,如果由于被保证人的行为或不行为致使权利人遭受经济损失,保险人负赔偿责任。它可分为以下两种:

(1) 诚实保证保险合同。即指被保证人由于行为不诚实或者疏于职守给权利人造成经济损失时,由保险人给予赔偿的一种财产保险合同。保险人承担责任的期限是雇佣期间以及被解雇或退休后 6 个月内造成的损失,超过此期间不再承担责任。

(2) 确实保证保险合同。即指被保证人由于不履行其法定或约定义务给权利人造成损失时,由保险人负赔偿责任的一种财产保险合同。

5. 农业保险合同

即保险人专为农业生产者在从事种植业和养殖业的生产过程中因遭受自然灾害或意外事故所造成的损失提供经济保障的一种财产保险合同。在我国,它包括种植业和养殖业两大类保险合同。

(1) 种植业保险合同。又称农作物保险合同,即指以种植业生产的各种农产品(即农作物)为保险标的的农业保险合同。

(2) 养殖业保险合同。即指以养殖业养殖的各种产品为保险标的的农业保险合同,具体包括牲畜保险合同、家畜家禽保险合同和水产养殖保险合同三种。

各国对农业保险一般采取低额保险,也很少由商业保险公司经营,并在法律上作出特别规定。我国《保险法》第 155 条规定,国家支持发展为农业生产服务的保险事业,农业保险由法律、行政法规另行规定。

（二）财产保险合同的标的范围与保险金额

1. 财产保险合同的标的范围

我国财产保险合同标的的范围主要包括：

（1）可保财产。可保财产是指承保人依法可以承保的财物，它在保单内可作概括性规定，也可列举财产细目分项规定其保险金额。我国的可保财产比较广泛，主要包括：①企事业单位的固定资产、流动资产和建设工程，个人的房屋、家具、电器用品等生活资料，以及汽车、飞机、轮船等。②市场价格变化大或无固定价格的稀有、珍贵财产，如金银、首饰、珠宝、古玩、古画、邮票、艺术品、稀有金属等。这类财产原则上不属可保财产，但也可以由投保人与保险人约定为特别财产投保，故又称为特约财产。

（2）预期利益。即指还未获得的但可以预先期待的利益。它主要包括：①因现有利益而产生的期待利益。如农民基于目前的播种而对未来的收获可能取得的利益，可作为农业保险合同的保险标的。②因合同而产生的利益。如卖方出售货物后，对方及时支付货款而取得的利益，可作为保证保险合同的保险标的。

（3）消极利益。即指免除由于事故的发生而增加的额外支出。如由于被保险人的行为导致他人的财物或人身受到损害时，为承担经济赔偿责任需支付的费用，可作为责任保险合同的标的。

这些可保财产，在财产保险合同的具体订立中，不仅要求写明保险财产的名称、地点，如在运输途中，还应写明装运该保险财产的运输工具及航程。

2. 财产保险合同的保险金额

保险金额是投保人对保险标的的实际投保金额。财产保险合同的保险金额一般不得高于保险财产的实际价值。投保人可以进行足额保险（即保险金额相当于财产实际价值的保险），也可以进行低额保险（即保险金额低于财产实际价值的保险，其不足部分看作是被保险人的自保）。各国法律都规定，足额保险的保险标的发生损失后，保险人应按照实际损失予以赔偿；低额保险的保险标的发生损失后，保险人应按照保险金额与保险价值的比例承担赔偿责任。

对于超额保险，即保险金额大于财产实际价值的保险，各国法律规定不尽相同。法国、意大利、比利时等国明确规定，超额保险若是投保人的善意所致，仅超额部分合同无效；若出于恶意投保，则合同全部无效。日本、荷兰、智利等国规定，超额保险，不管当事人动机如何，超额部分无效，其余部分仍然有效。我国保险法采取后一类国家的立法方法。

（三）保险责任与除外责任

1. 财产保险合同的保险责任

保险责任是指保险人依法应承担的对保险财产发生损失后的赔偿责任。在财产保险合同中，保险人应承担保险责任的范围主要包括以下三类：

(1) 因自然灾害所致的损失。在财产保险中，凡由雷电、暴风、暴雨、龙卷风、洪水、海啸、地震、地陷、崖崩、雷害、雹灾、冰凌、泥石流等自然现象所造成的损失，保险人均负赔偿责任。是否构成上述自然现象应以气象、地质等专业部门的标准为准。

(2) 因意外事件所致损失。在财产保险中，凡因火灾、爆炸、空中运行物的坠落等不能抗拒或者不能预见的原因而引起的事件造成的损失，保险人均负责赔偿。

(3) 其他保险危险所造成的经济损失。我国《企业财产保险条款》中有一项保险责任是停电、停水、停气导致的损失，即被保险人自有的供电、供水、供气设备因条款所列灾害或事故遭受损害而引起停电、停水、停气，以致造成被保险人的机器设备、产品和贮藏品的损坏或报废时，保险人须负赔偿责任。

2. 财产保险合同的除外责任

财产保险合同中，保险人不承担的危险事故列为除外责任。财产保险合同的除外责任主要有：

(1) 投保人或被保险人的故意行为。我国《保险法》第 28 条规定："投保人、被保险人或者受益人故意制造保险事故的，保险人有权解除保险合同，不承担赔偿或者给付保险金的责任，除本法第 65 条第 1 款另有规定外，也不退还保险费"。

(2) 战争、军事行动或暴力行为。战争、军事行动的损失范围和程度难以估价，一般作为保险的除外责任。

(3) 核辐射的污染。

(4) 堆放在露天或在罩棚下的保险财产，以及用芦席、布、革、纸板、塑料布做棚顶的罩棚，由于暴风、暴雨而造成的损失。但对于符合仓储及有关部门规定的上述财产，可在适当增加保险费后做特约承保。

(5) 因财产本身缺陷、保管不善导致的损失和正常消耗。

(6) 因遭受保险责任内的灾害或事故造成停工、停业等一切间接损失。

四、人身保险合同

（一）人身保险合同的概念和特点

人身保险合同是指以人的生命或身体为保险标的，保险人依被保险人的年龄、健康状况等向投保人收取约定的保险费后，在保险期限内，若被保险人发生死亡、伤残、疾病等保险事故，或者被保险人保险期限届满时仍生存的，保险人向被保险人或受益人支付赔偿金或保险金的合同。和财产保险相比较，人身保险具有以下特点：

1. 保险价值不确定，但保险金额是固定的

与财产保险不同，人身保险的标的即人的身体、生命是难以用金钱来确切计算或衡量其价值的，保险金额是完全由当事人协商约定的。只要保险事故发生，保险人就应按合同中约定的固定保险金额给付，即定额给付。

2. 具有一定的储蓄性

人身保险不仅使投保人得到保险保障，同时还可取得储蓄性利益。其储蓄性反映在其保费的构成上，一部分是用于支付当年死亡保险金的自然保费，另一部分是储蓄保费或生存保费，这部分保费积累起来，用一定方式返还给被保险人或投保人。这一点尤以人寿保险合同为典型。

3. 保险期限的长期性

财产保险的保险期限多以一年为主，而人身保险的保险契约期限却长达数年或数十年以上，甚至是终身。因此，人身保险一方面具有融资性质，另一方面人身保险合同为长期契约，一般禁止保险人任意单方面中途变更契约。

（二）人身保险合同分类

我国《保险法》第92条规定："人身保险业务，包括人寿保险、健康保险、意外伤害保险等保险业务。"

1. 人寿保险合同

人寿保险合同是指以被保险人死亡或者生存为保险事故的保险合同。人寿保险合同还可以继续分为死亡保险合同、生存保险合同、混合保险合同。死亡保险合同是以人的死亡为保险事故的保险合同。与死亡保险合同相反，生存保险合同是以被保险人在规定期限内生存作为给付保险金条件的合同。混合保险合同，又称生存死亡两全保险合同，是指被保险人不论在保险期内死亡或生存到保险期届满，均可领取约定保险金的保险合同。这种人寿保险合同是由生存保险合同与死亡保险合同合并组成的。

2. 意外伤害保险合同

意外伤害保险合同是指被保险人在保险期间内，因遭受意外伤害或者因此残废或死亡时，保险人给付保险金的合同。意外伤害保险合同又可以分为普通意外伤害保险合同与特种伤害保险合同。普通意外伤害保险合同的保险金额、保险方法由双方当事人约定。特种伤害保险合同的保险范围仅限于特种原因或特定地点所造成的伤害，如旅游伤害、交通事故伤害等。

3. 健康保险合同

又称疾病保险合同，是指被保险人在保险期间内因疾病、分娩及其所致残废或死亡时，保险人按约定给付保险金的合同。

（三）人身保险合同的常见条款

人身保险合同除订明投保人、被保险人、受益人与保险人的名称和住所、保险责任等基本事项外，往往还有一些反映人身保险合同特殊性的条款。这些条款对双方当事人的权利和义务作出特殊的约定，是影响合同效力的重要因素。

1. 不可抗辩条款

不可抗辩条款又称不可争议条款，是人身保险合同常见条款之一。不可抗辩条款规定，自合同成立之日或复效之日起，经过一定时间，保险合同成为不可争议的文件，此后保险人不得再以投保人在申请投保时或申请复效时违反告知义务而主张合同无效。不可抗辩的期限一般为1年或2年，大多为2年。我国《保险法》第54条把不可抗辩的期限定为2年，即投保人申报的被保险人年龄不真实，并且其真实年龄不符合合同约定的年龄限制的，保险人可以解除合同，并在扣除手续费后，向投保人退还保险费，但是自合同成立之日起逾2年的除外。也就是说，自合同订立或复效之日起，经过2年不行使，保险人的合同解除权消灭，保险人不得再以投保人违反如实告知义务为由解除合同、拒付保险金。

2. 宽限期条款

宽限期条款是长期人寿保险合同中的常见条款之一。长期性保险合同大都分期缴纳保险费，因而在合同内订明第二次及以后各次应缴纳的保险费的数额与每次缴款的间隔时间。为了避免因迟延缴纳各期保险费而致保险合同效力中止，一般在合同中对每次缴纳保险费有一宽限期的规定。我国《保险法》第58条将宽限期规定为60日，即投保人支付首期保险费后，除合同另有约定外，投保人超过规定的期限60日未支付当期保险费的，合同效力中止，或者由保险人按照合同约定的条件减少保险金额。

3. 复效条款

复效条款是与宽限期条款相联系的常见条款,是指投保人不按时支付当期保险费超过宽限期,保险合同效力中止以后重新恢复保险合同效力的条款。人身保险合同中投保人缴纳首期保险费后,在宽限期内仍未续缴已到期保险费的,合同效力即告中止。但仅是暂时停止效力,不是合同的终止或消灭。投保人在一定期限内和一定条件下仍然有权申请恢复合同的效力。《保险法》第59条规定,超过前条规定(宽限期)合同效力中止的,经保险人与投保人协商并达成协议,在投保人补交保险费后,合同效力恢复。但是,自合同效力中止之日起2年内双方未达成协议的,保险人有权解除合同。

第三节 保险公司及其经营原则

一、保险公司的组织形式

保险公司是专门经营保险业务的金融机构。它的主要经营活动包括财产、人身、责任、信用等方面的保险与再保险业务及其他金融业务。

保险公司的组织形式因各国的社会制度、经济制度、经济状况的不同而有所区别。一般有以下几种形式:

1. 国有(营)保险公司

这类公司是由国家投资经营的保险公司,它既是保险业的经营机构,又是国家保险事业的管理机构。它往往是办理国家强制保险或某种特殊保险,以达到社会经济保障的目的。

2. 股份制保险公司

这是多数国家保险经营机构的主要组织形式。具体可分为两种情况:一是私人股份制保险公司,这是主要形式,在美国90%以上的人寿保险公司是以股份公司形式组织起来的;二是公私合股保险公司,即由国家和私人共同投资经营。

3. 合作保险公司

也称互济公司,是指保险需要者采取互助合作形式,来满足全体成员对保险、保障的需求。这类公司按其经营方式的不同,可分为摊收保费制和永久保险制等类型。在美国,最大的保险公司(包括谨慎保险公司和城市人寿保险公司)是以互济形式组织而成的。

4. 自保险公司

是指某些大企业集团，为节省保费，减少或免除税负而设立的旨在为本系统内提供保险服务的保险公司。

5. 人寿保险公司

人寿保险公司是为投保人因意外事故或伤亡造成的经济损失提供经济保障的金融机构。人寿保险公司的部分保费实为储蓄金。人寿保险单的种类包括终生险保单、定期险保单、万能险保单、可转换险保单和单一保险费保单等。其中定期险是最便宜的一种纯保险，其保单只是对风险防护的支付，保费中不含储蓄累积成分。其他保单的保费中均含有储蓄的成分。因此，人寿保险公司兼有储蓄银行的性质，是一种特殊形式的储蓄机构。

6. 财产和灾难保险公司

财产和灾难保险公司是对法人单位和家庭住户提供财产意外损失保险的金融机构，它的主要资金来源是保费收入。世界上最著名的财产和灾难保险公司是英国的劳合社。

我国《保险法》第 70 条规定："保险公司应当采取下列组织形式：(1)股份有限公司；(2)国有独资公司。"第 83 条规定："保险公司的组织机构，适用公司法的规定。"第 156 条还进一步规定："本法规定的保险公司以外的其他性质的保险组织，由法律、行政法规另行规定。"

二、保险公司的设立、变更与终止

1. 保险公司的设立

设立保险公司，必须经保险监督管理机构——中国保险监督管理委员会(以下简称保监会)批准。保险公司应当采取股份有限公司或国有独资公司的组织形式。

根据《保险法》第 72 条规定，设立保险公司，应当具备下列条件：

(1) 有符合本法和公司法规定的章程。保险股份有限公司的股东应为企业法人或国家允许投资的其他组织，股东资格应符合中国保监会的有关规定。

(2) 有符合本法规定的注册资本最低限额。其中，在全国范围内经营保险业务的保险公司，实收货币资本金不低于人民币 5 亿元；在特定区域内经营业务的保险公司，实收货币资本金不低于人民币 2 亿元。

(3) 有具备任职专业知识和业务工作经验的高级管理人员。经营寿险业务的全国性保险公司，至少要有 3 名经保监会认可的精算人员；经营寿险业务的区域性保险公司，至少要有 1 名经保监会认可的精算人员。

(4) 有健全的组织机构和管理制度。

(5) 有符合要求的营业场所和与业务有关的其他设施。

(6) 保险监督管理机构审查设立申请时，应当考虑保险业的发展和公平竞争的需要。

保险监督管理机构自收到设立保险公司的正式申请文件之日起6个月内，应当作出批准或者不批准的决定。经批准设立的保险公司，由批准部门颁发经营保险业务许可证，并凭经营保险业务许可证向工商行政管理机关办理登记，领取营业执照。

保险公司成立后应当按照其注册资本总额的20%提取保证金，存入金融监督管理部门指定的银行，除保险公司清算时用于清偿债务外，不得动用。

保险公司根据业务需要，可以在中华人民共和国境内外设立分支机构，但必须经金融监督管理部门批准，取得分支机构经营保险业务许可证。保险公司分支机构不具有法人资格，其民事责任由保险公司承担。

2. 保险公司的变更

保险公司有下列变更事项之一的，须经保险监督管理部门批准：(1) 变更名称；(2) 变更注册资本；(3) 变更公司或者分支机构的营业场所；(4) 调整业务范围；(5) 公司分立或者合并；(6) 修改公司章程；(7) 变更出资人或者持有公司股份10%以上的股东；(8) 保险监督管理部门规定的其他变更事项。

保险公司更换董事长、总经理，应当报经保险监督管理部门审查其任职资格。

3. 保险公司的终止

保险公司的终止是指保险公司主体资格的消灭。根据我国《保险法》第85条、第86条、第87条的规定，保险公司终止有下列情形：

(1) 因分立、合并或者公司章程规定的解散事由出现，经保险监督管理机构批准后解散。经营有人寿保险业务的保险公司，除分立、合并外，不得解散。

(2) 因违反法律、行政法规，被保险监督管理机构吊销经营保险业务许可证的，依法撤销。

(3) 保险公司不能支付到期债务，经保险监督管理机构同意，由人民法院依法宣告破产。

三、保险公司的经营原则

(一) 保险公司的分业经营原则

保险公司经营保险业务，实行分业经营的规则，同一保险人不得同时兼营财产保险业务和人身保险业务。

保险公司的业务范围由金融监督管理部门核定。保险公司只能在被核定的业务范围内从事保险经营活动。

经金融监督管理部门核定，保险公司可以经营财产保险业务和人身保险业务的分出再保险业务和分入再保险业务。分出再保险业务是保险公司将其承保的危险或责任再向其他保险公司投保的业务；分入再保险业务是保险公司承保其他保险公司已承保的危险或责任的业务。

（二）保险公司的稳健经营原则

1. 提取未到期责任准备金

除人寿保险业务外，经营其他保险业务，应从当年自留保险费中提取未到期责任准备金；提取和结转的数额应相当于当年自留保险费的50%。经营有人寿保险业务的保险公司，应按有效的人寿保险单的全部净值提取未到期责任准备金。未到期责任准备金是保险公司在会计年度结束进行结算时提取的、按未到期保险单已经收取但应属于下一会计年度的保险费。自留保险费是保险公司在当年会计年度收取的全部保险费中扣除分出业务的那部分保险费，再加上分入业务的那部分保险费的总额。

2. 提取未决赔偿准备金

保险公司应按已经提出的保险赔偿或给付金额，以及已经发生保险事故但尚未提出的保险赔偿或者给付金额，提取未决赔偿准备金。

3. 提取公积金

保险公司应依有关法律、行政法规及国家财务会计制度的规定提取公积金。

4. 提存保险保障基金

保险公司应按金融监督管理部门的规定提存保险保障基金。保险保障基金是为使保险公司能应付巨额损失的特大赔款，而由保险公司按规定逐年提存并积累的赔款风险基金。保险保障基金应集中管理、统筹使用。

5. 提取保证金

《保险法》规定，保险公司成立后，提取注册资本总额20%的保证金，存入指定的银行，清算时用于清偿债务。

6. 保证最低偿付能力

保险公司应具有与其业务规模相适应的最低偿付能力。其实际资产减去实际负债的差额不得低于金融监督管理部门规定的数额；低于规定数额的，应增加资本金，补足差额。

7. 量力承保

保险公司不应超越其承担风险的能力承保风险。具体情况如下：(1) 经营财产保险业务的保险公司当年自留保险费，不得超过其实有资本金与公积金总和的 4 倍。(2) 保险公司对每一危险单位，即对一次保险事故可能造成的最大损失范围所承担的责任，不得超过其实有资本金与公积金总和的 10%；超过的部分，应办理再保险。(3) 保险公司对危险单位的计算办法和巨灾风险安排计划，应报经保险监督管理机构核准。(4) 保险公司需要办理再保险分出业务的，应当优先向中国境内的保险公司办理。除人寿保险业务外，保险公司应将其承保的每笔保险业务的 20% 按国家规定办理再保险业务。(5) 保险公司需要办理再保险分出业务的，应当优先向中国境内的保险公司办理。(6)保险监督管理机构有权限制或禁止保险公司向中国境外的保险公司办理再保险分出业务或接受中国境外再保险分入业务。

8. 稳健地运用资金

保险公司的资金运用必须稳健，遵循安全性原则，并保证资产的保值、增值。保险公司的资金运用形式，限于在银行存款、政府债券、金融债券和国务院规定的其他资金运用形式。保险公司的资金不得用于设立证券经营机构和向企业投资。保险公司运用的资金和具体项目的资金占其资金总额的具体比例，由金融监督管理部门规定。

(三) 保险公司的诚信经营原则

保险公司及其工作人员在保险业务活动中不得有下列违背诚信原则的行为：(1) 欺骗投保人、被保险人或受益人；(2) 对投保人隐瞒与保险合同有关的重要情况；(3) 阻碍投保人履行法定的如实告知义务，或诱导其不履行法定的如实告知义务；(4) 承诺向投保人、被保险人或受益人给予保险合同规定以外的保险费回扣或其他利益；(5)故意编造未曾发生的保险事故进行虚假理赔，骗取保险金。

第四节　保险代理人和保险经纪人

一、保险代理人和保险经纪人的资格

保险代理人是根据保险人的委托，向保险人收取代理手续费，并在保险人授权的范围内代为办理保险业务的单位或者个人。保险经纪人是基于投保人的利益，为投保人与保险人订立保险合同提供中介服务，并依法收取佣

金的单位。

保险代理人、保险经纪人应当具备保险监督管理部门规定的资格条件，并取得保险监督管理部门颁发的经营保险代理业务许可证或经纪业务许可证，向工商行政管理机关办理登记，领取营业执照，并缴存保证金或投保职业责任保险。

保险公司应当设立本公司保险代理人登记簿，加强对保险代理人的业务管理。

二、保险代理人和保险经纪人的业务规则

保险代理人根据保险人的授权代为办理保险业务的行为，由保险人承担责任。个人保险代理人在代为办理人寿保险业务时，不得同时接受两个以上保险人的委托。

因保险经纪人在办理保险业务过程中的过错，给投保人、被保险人造成损失的，由保险经纪人承担赔偿责任。

保险代理人、保险经纪人在办理保险业务时，不得利用行政权力、职务或职业便利以及其他不正当手段，强迫、引诱或限制投保人订立保险合同。

保险代理人、保险经纪人应当有自己的经营场所，设立专门账簿记载保险代理业务或者经纪业务的收支情况，并接受保险监督管理部门的监督。

保险代理人、保险经纪人不得违背诚信原则开展业务。

保险代理人、保险经纪人除遵守《保险法》规定的业务规则外，还应按《合同法》的有关规定办理保险业务和保险经纪业务。

第五节 违反《保险法》的法律责任

一、保险法律责任的概念和特点

保险法律责任是指违反保险法律规范的公民、法人或者其他组织对国家及受害者应承担的法律后果。

法律责任基于违法行为而产生，指因损害了法律上的义务关系，相关主体应当承担的法定强制的否定性法律后果。法律责任是社会责任的一种，但与其他社会责任有原则性区别，法律责任的特点主要表现在：

(1) 法律责任是由于违法行为而引起的后果。所谓违法行为,是指具有法定责任能力的组织或个人违反法律规定,不履行法定义务,侵犯他人权利,造成社会危害的行为。设定法律责任,是为了保障法律规定的义务的实现,法律责任应以法定义务为基础。法律规范对参与法律关系的主体的行为进行了规定,法律关系主体只能在法律规定的范围内活动,按照法律的规定实施自己的行为。同时,为了确保法律关系的主体履行自己的义务,法律上必须对法律关系主体不履行法定义务的法律后果进行规定。因此,法律责任首先是法律关系主体因不承担法定义务而引起的法律后果。

(2) 法律责任必须由法律明文规定。法律关系的主体承担法律责任的前提是不履行法定义务或实施违法行为。法定义务或违法行为本身是由法律明确规定的,法律责任的承担也应和法定义务一样,由法律直接加以规定。

(3) 法律责任具有强制性。法律责任与其他责任不同,法律责任具有强制性。法律责任的强制性表现在法律关系的主体如果违反法律规定,不履行法定义务,国家就要追究其法律责任。

保险法律责任是和违法行为联系在一起的,违法行为的性质不同,承担的法律后果也不相同,据此可将保险法律责任分为刑事责任、行政责任和民事责任。根据违法主体的不同,可以将保险法律责任分为保险关系当事人的法律责任、非法从事保险业务活动的法律责任和保险监管机构工作人员的法律责任。

二、投保人、被保险人或受益人的法律责任

投保人、被保险人或者受益人进行保险欺诈活动,构成犯罪的,依法追究刑事责任。保险欺诈活动包括:投保人故意虚构保险标的,骗取保险金的;未发生保险事故而谎称发生保险事故,骗取保险金的;故意造成财产损失的保险事故,骗取保险金的;故意造成被保险人死亡、伤残或者疾病等人身保险事故,骗取保险金的;伪造、变造与保险事故有关的证明、资料和其他证据,或者指使、唆使、收买他人提供虚假证明、资料或者其他证据,编造虚假的事故原因或者夸大损失程度,骗取保险金的。

有上述保险欺诈活动,情节轻微,尚不构成犯罪的,依照国家有关规定给予行政处罚;构成犯罪的,依法追究刑事责任。数额较大的,处 5 年以下有期徒刑或者拘役,并处 1 万元以上 10 万元以下罚金;数额巨大或者有其他严重情节的,处 5 年以上 10 年以下有期徒刑,并处 2 万元以上 20 万元以下罚金;数额特别巨大或者有其他特别严重情节的,处 10 年以上有期徒刑,并处 2 万

元以上20万元以下罚金或者没收财产。单位犯罪除追究直接负责的主管人员和其他直接责任人员的刑事责任外，还要对单位判处罚金。

三、保险人的法律责任

保险公司及其工作人员在保险业务中隐瞒与保险合同有关的重要情况，欺骗投保人、被保险人或者受益人，或者拒不履行保险合同约定的赔偿或者给付保险金的义务，构成犯罪的，依法追究刑事责任；尚不构成犯罪的，由保险监督管理机构对保险公司处以5万元以上30万元以下的罚款；对有违法行为的工作人员，处以2万元以上10万元以下的罚款；情节严重的，限制保险公司业务范围或者责令停止接受新业务。

保险公司及工作人员阻碍投保人履行如实告知义务，或者诱导其不履行如实告知义务，或者承诺向投保人、被保险人或者受益人给予非法的保险费回扣或者其他利益，构成犯罪的，依法追究刑事责任；尚不构成犯罪的，由保险监督管理机构责令改正，对保险公司处以5万元以上30万元以下的罚款；对有违法行为的工作人员处以2万元以上10万元以下的罚款；情节严重的，限制保险公司业务范围或者责令停止接受新业务。

四、非法从事保险业务活动的法律责任

我国《保险法》对擅自设立保险机构和非法从事保险业务活动应承担的法律责任作了如下规定：

违反《保险法》规定，擅自设立保险公司或者非法从事商业保险业务活动的，由保险监督管理机构予以取缔；构成犯罪的，依法追究刑事责任；尚不构成犯罪的，由保险监管机构没收非法所得，并处以违法所得1倍以上5倍以下的罚款，没有违法所得或者违法所得不足20万元的，处以20万元以上100万元以下的罚款。

违反《保险法》规定，超出核定的业务范围从事保险业务或者兼营保险法律、法规规定以外的业务，构成犯罪的，依法追究刑事责任；尚不构成犯罪的，由保险监管机构责令改正，责令退还收取的保险费，没收非法所得，并处以违法所得1倍以上5倍以下的罚款；没有违法所得或者违法所得不足10万元的，处以10万元以上50万元以下的罚款；逾期不改正或者造成严重后果的，责令停业整顿或者吊销经营保险业务许可证。

五、保险中介机构的法律责任

保险中介机构须取得相应的业务许可证后才能在其业务范围内开展保险代理业务和经纪业务。保险中介机构包括保险代理人、保险经纪人和其他保险中介机构。

保险中介机构的法律责任涉及两个方面：

(1) 非法从事保险代理业务或者经纪业务活动的法律责任。《保险法》第149条规定："违反本法规定，未取得经营保险代理业务许可证或者经纪业务许可证，非法从事保险代理业务或者经纪业务活动的，由保险监督管理机构予以取缔；构成犯罪的，依法追究刑事责任；尚不构成犯罪的，由保险监督管理机构没收违法所得，并处以违法所得1倍以上5倍以下的罚款，没有违法所得或者违法所得不足10万元的，处以10万元以上50万元以下的罚款。"

(2) 保险代理人、保险经纪人在其业务中欺骗保险人、投保人、被保险人或受益人的法律责任。《保险法》第140条规定："保险代理人或者保险经纪人在其业务中欺骗保险人、投保人、被保险人或者受益人，构成犯罪的，依法追究刑事责任；尚不构成犯罪的，由保险监督管理机构责令改正，并处以5万元以上30万元以下的罚款；情节严重的，吊销经营保险代理业务许可证或者经纪业务许可证。"

六、保险监管机构的法律责任

保险监督管理机构是保险业的监督管理者，履行国家的行政管理职能，在对保险业进行监督管理、行使职权时，应当依法行政。如果滥用职权行为非法或失职，应当依法承担相应的法律责任。

(1) 非法批准设立保险公司的法律责任。所谓非法批准设立保险公司，是指保险监督管理机构违背《保险法》等有关法律、法规的规定条件，批准设立保险公司的行为。依据《保险法》第152条的规定，构成犯罪的，依法追究刑事责任；尚不构成犯罪的，依法给予行政处分。

(2) 非法批准保险代理人、保险经纪人的法律责任。为了保护保险当事人的利益，我国《保险法》规定，保险代理人、经纪人必须由具备一定资格的主体担任。依据《保险法》第152条规定，对不符合保险代理人、经纪人条件的申请予以批准，构成犯罪的，依法追究刑事责任；尚不构成犯罪的，依法给予行政处分。

(3) 保险监管工作人员监管严重失职的法律责任。依据《保险法》第152条规定，保险监督管理机构在对保险业的监督管理工作中，滥用职权、玩忽职守,构成犯罪的,依法追究刑事责任;尚不构成犯罪的,依法给予行政处分。

【本章小结】

1. 保险,是指投保人根据合同约定,向保险人支付保险费,保险人对于合同约定的可能发生的事故因其发生所造成的财产损失承担赔偿保险金责任,或者当被保险人死亡、伤残、疾病或者达到合同约定的年龄、期限时承担给付保险金责任的商业保险行为。保险是一种商业行为、一种合同行为,是以合同行为建立的民事法律关系,它与依法承保但不签订合同的社会保险有着根本区别。保险可作多种分类:如财产保险和人身保险、强制保险和自愿保险、原保险和再保险等。

2. 保险法是以保险关系为调整对象的法律规范的总称,通常有广义和狭义之分。保险法主要调整自然人、法人及其他经济组织与保险公司之间因保险行为而发生的关系以及国家对保险业的管理活动而发生的关系。它可分为保险合同法、保险业法和保险特别法。

3. 我国规范商业保险活动的基本法是1995年6月30日第八届全国人大常委会第十四次会议通过的《中华人民共和国保险法》,它采用了国际上一些国家和地区集保险业法、保险合同法为一体的立法体例,是一部较为完整、系统的保险法律。此外,我国还有一系列的保险法规、规章。现行《保险法》就我国保险法的立法目的、基本原则、保险合同的一般规定、财产保险合同、人身保险合同、保险公司、保险经营规则、保险业的监督管理、保险代理人和保险经纪人、法律责任等作了明确规定。

【复习思考题】

一、名词解释

保险　保险法　保险合同　保险利益　保险代理人　保险经纪人　财产保险合同　人身保险合同　保险公司　法律责任

二、问答题

1. 什么是保险法?谈谈我国保险法立法的状况。

2. 保险合同的基本条款有哪些?

3. 与财产保险合同相比较,人身保险合同有哪些法律特征?

4. 财产保险合同通常有哪些种类?人身保险合同一般又分为哪几类?

5. 简述投保人、被保险人和受益人的主要法律责任。

6. 简述保险公司和保险中介的主要法律责任。

三、案例分析题

案例一 保险公司的性质分析

(一) 案例资料

原告：张某

被告：中国人民保险公司某县分公司

张某于2004年6月自筹资金建造了一艘货船，经江苏省船舶检验局南京检验处检验，签发了适航证书，船名为溧水机116号，证书有效期为2004年7月14日至2005年7月13日。张某同时申领了船舶营业许可证。同年9月20日，张某将溧水机116号船向中保某县分公司投保，保险合同约定保险期限12个月，船舶造价400万元，保险金额280万元，保险费22 400元。投保时，张某按规定向保险公司提交了包括自己在内的四名船员的证书，船员资格分别为四等二副、四等二管各一名，水手二名。合同签订后，张某支付了保险费，将船投入营运。2004年12月24日晚11时许，该船在装沙作业中因故沉没。事故发生后，张某分别向南京港航监督局和中保某县分公司报了案，并委托镇江市江河打捞工程处打捞沉船。因张某仅支付了前期打捞费34 000元，未能全部付清打捞费，中保某县分公司亦不愿支付打捞费，打捞队在作了三次水下探摸后即停止作业，致沉船原因无法查明，港监局因此也未能出具事故报告。后张某要求保险公司支付前期已付的打捞费和赔偿损失时，中保某县分公司以没有事故责任裁定书等有关证明材料为由，拒绝理赔。2006年1月，张某向某县人民法院起诉，要求中保某县分公司承担保险赔偿责任，赔偿保险金额280万元。

中保某县分公司辩称：张某未能按规定提交有关部门证明材料，其诉讼请求违反国内船舶保险合同的有关规定，该船沉没是因船员配备不符合要求，属保险合同规定的除外责任，我们不应承担赔偿责任。

某县人民法院经审理后认为：双方签订的保险合同有效。中保某县分公司认为沉船属保险合同规定的除外责任，但因未能提供充分证据，故不能支持，中保某县分公司应根据合同规定承担赔偿责任。溧水机116号船沉没时，张某在船员配备上没有完全符合规范要求，也有一定责任。依照《中华人民共和国经济合同法》第6条，《中华人民共和国财产保险合同条例》第13条、第

16条、第17条、第18条之规定,该院于2006年11月14日作出判决:原告保险金额280万元,被告应赔偿224万元。被告赔偿后,溧水机116号船归被告所有。

一审判决后,被告中保某县分公司以原审对沉船原因、沉船造成的损失、船舶是否适航等主要事实均未查清,且判决部分赔偿不符合保险合同的规定为由,向某市中级人民法院提起上诉,请求撤销一审判决,驳回张某的诉讼请求。在二审审理中,中保某县分公司提交了由上海申舟船舶航务有限公司出具的沉船鉴定报告。

某市中级人民法院经审理认为:依法订立的保险合同受法律保护,中保某县分公司依保险合同收取了保险费,依法应承担保险义务。现溧水机116号船因故沉没,因双方均不愿支付打捞费,致使沉船未能打捞,事故损失应认定为全部保险金额280万元。有关部门不能出具事故责任鉴定书,沉船原因不明,该责任不应由张某承担。中保某县分公司所述溧水机116号船船员配备不符合适航条件,因订立保险合同时,其作为保险方未尽告知的义务,亦未能举出张某有隐瞒或作出错误申报的证据,故其应承担审查不严的责任。上诉人主张沉船属除外责任,并提交了沉船鉴定报告,但出具鉴定报告的鉴定人不具有法定鉴定资格,对该鉴定报告,不予认定。原审法院判决上诉人赔偿损失是正确的,但判决部分赔偿不当,赔偿后保险标的物应按其价值与保险金额的比例处理。依照《中华人民共和国财产保险合同条例》第7条、第16条、第17条和《中华人民共和国民事诉讼法》第153条第1款第(3)项之规定,该院于2007年6月28日作出判决:(1) 撤销某县人民法院一审民事判决;(2) 中保某县分公司于本判决生效后10日内,赔偿张某保险金额280万元;(3) 中保某县分公司赔偿后,享有溧水机116号船70%的所有权。

(二) 分析提示

分析保险公司的性质。

(三) 回答问题

保险公司是什么样的金融机构?

案例二　保险法的近因原则分析

(一) 案例资料

甲果品公司于2007年1月7日通过铁路运输给某省乙公司一车皮苹果,计1 800篓,投保了货物运输综合险。货物在约定的10天期限内运抵目的地。卸货时发现,右侧车门开启0.85米,靠近车门处有明显的盗窃痕迹,车门处的保温被被撕开长1.5米、宽0.75米的口子。卸货后清点实有货物1 727篓,被盗73篓;此外,在实收货物中还有140篓被冻损(经查实,该地区当月的最低气温均在零下18度左右)。甲果品公司要求保险公司对其货物遭受的盗窃损失和冻损损失给予赔偿。

(二)分析提示

1. 应依据《保险法》的基本原则即近因原则进行审理。

2. 保险人应同时赔偿盗窃损失和冻损损失。

(三)回答问题

1. 本案除依据《保险法》的规定外,还应依据什么原则进行审理?

2. 保险公司对货物遭受的盗窃损失和冻损损失如何赔偿?

案例三 保险合同的客体——保险利益

(一)案例资料

甲于2003年7月8日为其公公乙投保人身险,保险金额20 055元,指定受益人是甲的儿子丙,现年15岁,保险费按月从甲的工资中扣缴。缴费一年后,甲与被保险人之子丁离婚,法院判决丙由丁抚养。离婚后甲仍自愿按月从自己工资中扣缴这笔保险费,从未间断。2006年5月4日,被保险人乙病故,同年7月甲向保险公司申请给付保险金20 055元。与此同时,丁提出被保险人是他父亲,指定受益人丙又是由他抚养的,应由他作为监护人领取这笔保险金。甲则认为投保人是她,缴费人也是她,而且她是受益人丙的母亲,也是合法的监护人,这笔保险金应由她领取。双方为此争执不下,保险金给付搁置。

(二)分析提示

甲与保险公司之间订立的保险合同有效。保险合同订立后,只要投保人履行缴纳保险费等义务,保险合同就有效。甲为其公公投保后,尽管中途婚姻关系有变,但她能继续按月缴纳保险费,至被保险人病故,从未间断,甲应领取这笔保险金。

(三)回答问题

甲与保险公司之间订立的合同是否有效?保险金应由谁领取?

第十一章 涉外金融法律制度

◆ 学习目标 ◆

通过本章的学习，了解我国制定涉外金融法律制度的必要性和重要意义，掌握我国涉外金融法律制度的主要内容，重点理解我国的外汇管理规定和外债管理规定，能够正确运用相关的涉外金融法律制度来规范我国金融业与外部的交往。

第一节　外资金融机构管理法

一、外资金融机构及外资金融机构管理法

（一）外资金融机构概念

外资金融机构是指外国金融机构在中国境内设立的从事金融业务的分支机构和具有中国法人地位的外商独资金融机构、中外合资金融机构。现已在中国设立的外资金融机构有外资银行、外资保险公司和外资财务公司等。目前，我国的外资金融机构中数量最多的还是外资银行。1982 年 1 月，南洋商业银行深圳分行开业，这是建国以后我国引进的第一家外资银行。2004 年，我国再次迎来外资银行"入深潮"，先后有永隆、大新、上海商业三家港资银行在深圳开设分行；中信嘉华银行、工银亚洲银行在深圳开业；东亚银行、恒生银行也在深圳开设了支行网点。截至 2004 年 10 月的统计数字显示，已有 19 个国家和地区的 62 家外资银行在中国设立了 205 家营业性机构，106 家外资银行获准经营人民币业务；外资银行在法规规定的基本业务种类范围内经营的业务品种超过 100 种；在华外资银行资产总额达到 67 753 亿美元，约占中国银行业金融机构资产总额的 1.8%。近年来，我国金融业对外开放取得了较大的成绩，引进外资金融机构的数目和种类继续增长，外资金融机构在华业务继续保持高速增长的势头。随着我国金融业开放领域的不断扩大，外资银行已成为我国外资的重要来源地，同时由于外资银行的进入带动了大批客户来华投资，促进了我国的外资引进工作。

（二）外资金融机构管理法概念

外资金融机构管理法是涉外金融法律制度的一个重要组成部分。涉外金融法律制度是调整具有涉外因素的金融关系的法律规范的总称。

外资金融机构管理法是指对外资金融机构的设立及其业务进行监督管理的法律规范的总称。外资金融机构是指由外国独资或合资在我国境内建立的金融机构，它包括两类：一是经营性的，是指外国金融机构依照我国法律的规定，独资或参与部分股本，经我国金融主管部门批准，在我国境内设立和从事营利性金融业务的金融机构，如外资银行、外国银行分行、合资银行、外资财务公司、合资财务公司等。二是非经营性的，即外资金融机构的代表机构。1982 年以前，在华外国金融机构多以代表处的形式存在，不从事存贷款

等金融业务;1982 年后,外国金融机构开始逐渐在我国特准开放的城市设立经营性分支机构,在批准的范围内从事营利性的金融业务活动,其中以外国银行的分行居多。

经营性的外资金融机构与非经营性的外资金融机构的业务性质不同,因此它们由不同的法律规范来调整。

二、外资金融机构管理条例

为了适应对外开放和经济发展的需要,加强和完善对外资金融机构的管理,同时也是适应我国加入世贸组织后金融业面临进一步对外开放的新形势的需要,防范我国金融市场的金融风险,我国的金融管理机构将外资金融机构的运行纳入了法制体系,制定了《中华人民共和国外资金融机构管理条例》(以下简称《外资金融机构管理条例》)。

(一)《外资金融机构管理条例》的发布

《外资金融机构管理条例》于 1994 年 2 月 25 日由国务院发布,1994 年 4 月 1 日开始实施。2001 年 12 月 20 日国务院重新发布了该条例,并于 2002 年 2 月 1 日施行。条例适用的外资金融机构如下:(1) 总行在中国境内的外国资本的银行(以下简称独资银行);(2) 外国银行在中国境内的分行(以下简称外国银行分行);(3) 外国的金融机构同中国的公司、企业在中国境内合资经营的银行(以下简称合资银行);(4) 总公司在中国境内的外国资本的财务公司(以下简称外资财务公司);(5) 外国的金融机构同中国的公司、企业在中国境内合资经营的财务公司(以下简称合资财务公司)。

(二) 外资金融机构的设立标准及审查程序

1. 最低注册资本

外资银行、合资银行的最低注册资本为 3 亿元人民币等值的自由兑换货币;外资财务公司、合资财务公司的最低注册资本为 2 亿元人民币等值的自由兑换货币。外资金融机构的实收资本不低于其注册资本的 50%。外资银行的分行应由其总行无偿拨给不少于 1 亿元人民币等值的自由兑换货币的营运资金。

2. 设立独资银行或独资财务公司的申请条件

设立独资银行或独资财务公司的申请条件如下:(1) 申请者为金融机构;(2) 申请者已在中国境内设立代表机构 2 年以上;(3) 申请者提出设立申请前一年年末总资产不少于 100 亿美元;(4) 申请者所在国家或者地区有完善的金融监督管理制度。

3. 设立外国银行分行的申请条件

设立外国银行分行的申请条件如下:(1) 申请者在我国境内设立代表机构2年以上;(2) 申请者提出设立申请前一年年末总资产不少于200亿美元;(3) 申请者所在国家或者地区有完善的金融监督管理制度。

4. 设立合资银行或者合资财务公司的申请条件

设立合资银行或者合资财务公司的申请条件如下:(1) 外国合资者均为金融机构;(2) 外国合资者已在中国境内设立代表机构;(3) 外国合资者提出设立申请前一年年末总资产不少于100亿美元;(4) 外国合资者所在国家或者地区有完善的金融监督管理制度。(5)外国合资者所在国家或地区有关主管当局同意申请。

5. 书面申请资料

在我国境内设立独资银行和独资财务公司者,应当向中国银行业监督管理机构提供以下书面资料:(1) 申请书,其内容包括拟设立外资银行或者外资财务公司的名称、注册资本和实收资本额以及申请经营的业务种类等;(2) 可行性研究报告;(3) 拟设立外资银行或外资财务公司的章程;(4) 申请者所在国家或地区有关主管当局核发的营业执照(副本);(5) 申请者最近三年的年报;(6) 管理部门要求提供的其他资料。

申请设立外国银行分行除提供上述资料外,还特别要求提供外国银行总行无偿拨给的营运资金数额和申请经营的业务种类等资料。申请设立合资银行或者合资财务公司者,除提供上述资料外,还要提供合资方的名称、注册资本、实收资本数额、合资各方出资比例以及申请经营的业务种类等资料。

6. 审查程序

银行管理部门的审查程序是:在接到申请资料后90日内进行初步审查,初步审查通过后,发给申请者正式申请表。申请者自提出设立申请之日起满90日未接到正式申请表的,表明该申请不被受理。得到正式申请表后,申请者应在60日内将填写好的申请表连同有关的文件交给中国银行监管部门审批。这里所称的有关文件包括:(1)拟设立外资金融机构主要负责人的名单及简历;(2)对拟任该外资金融机构主要负责人的授权书;(3)设立外国银行分行的,其总行对该分行承担税务、债务的责任担保书;(4)中国银行管理部门要求提供的其他文件。外资金融机构设立的正式批文下发给申请者后,申请者应当在接到正式批文之日起30日内,筹足其实收资本或者营运资金,并调入我国境内,经过我国注册会计师验证后,依法向国家工商行政管理局办理登记手续,并且应在开业之日起30日内向税务机关办理税务登记。外资金融机构自审查批准之日起,应当自国家外汇管理局领取《经营外汇业务许可证》。

（三）外资金融机构的业务范围

外资银行、合资银行和外国银行分行按照批准的业务范围，可以经营：(1) 外汇存款；(2) 外汇放款；(3) 外汇票据贴现；(4) 经批准的外汇投资；(5) 外汇汇款；(6) 外汇担保；(7) 进出口结算；(8) 自营和代客户买卖证券；(9) 代理外币及外汇票据兑换；(10) 代理外币信用卡付款；(11) 保管及保管箱业务；(12) 资信调查和咨询；(13) 经批准的本币业务和其他外币业务。

三、外资金融机构的解散与清算

1. 正常解散

外资金融机构自行终止业务活动，应在终止业务 30 日前以书面形式向中国银行管理部门提出申请，经过中国银行管理部门审查批准后，予以解散并进行清算。

2. 资不抵债解散

外资金融机构无力清偿到期债务，中国银行管理部门可以责令其停业，限期清理。在清理期内，已恢复偿付能力，需要恢复的，也必须向中国银行监督管理部门提出申请；超过清理期限，仍未能恢复清偿能力的，应当进行清算。

3. 注销登记

外资金融机构因解散、依法被撤销或者宣布破产而终止的，其清算的具体事宜，参照中国的有关法律办理。清算终结后，应在法定期限内向原登记机关办理注销登记手续。

四、外资金融机构驻华代表机构设立程序

按照现行法律规定，中国银行业监督管理部门对本辖区的代表处进行审批和监管。

1. 申请设立代表处应当具备的条件及提供的材料

申请设立代表处应当具备的条件如下：(1) 申请者所在国家或地区有完善的金融监督管理制度；(2) 申请者是由其所在国或地区金融监管当局批准设立的金融机构，或者是金融性行业协会成员；(3) 申请者合法经营，享有良好信誉并在过去三年内连续盈利。

申请设立代表处，申请者应当提供下列文件材料：(1) 由董事长或总经理签署的致中国银行业监管部门负责人的申请书；(2) 所在国或地区有关主管当局核法的营业执照（副本）或合法开业证明（副本）；(3) 公司章程、董事会成

员或主要合伙人名单;(4) 申请前三年的年报;(5) 由所在国或地区金融监管当局出具的同意其在中国境内设立代表处的批准书,或者由所在行业协会出具的推荐信;(6) 管理部门要求提交的其他资料。

2. 审批程序

在省会城市设立代表处,应当将申请材料提交中国银行管理部门驻当地机构;在其他城市设立代表处,应当将申请材料提交中国银行管理部门驻当地机构;经审核后,由当地机构转报上级银行管理部门审查批准。

设立代表处的申请经初步审查同意后,发给审查者正式申请表。申请者自接到正式申请表之日起 2 个月内填交正式申请表,并提交下列材料:(1) 拟任首席代表的身份证明和简历;(2) 由董事长或总经理签署的委任首席代表的授权书。

要求提交的材料,凡用外文写的,均需附具中文译文。在规定时间内未填交正式申请表的,视为自动放弃申请。

申请者自提交设立代表处申请材料之日起 6 个月未接到正式申请表的,即为不予受理申请。

经批准设立的代表处,由中国银行管理部门颁发批准证书,有效驻在期限为 6 年。代表处应当在批准之日起 30 日内,凭批准证书到国家工商行政管理局办理登记注册,到当地公安、税务部门办理居留手续和个人所得税登记手续。

五、对外资金融机构驻华代表处的监督管理

1. 人员管理

根据《外资金融机构驻华代表机构管理办法》规定,代表处及其工作人员,不得与任何法人或自然人签订可能给代表处或所代表的机构带来收入的协议或契约,也不得从事其他经营性活动。

首席代表不得由其总管理机构或地区总部有关部门负责人兼任,也不得在中国境内任何机构兼职;首席代表应当常驻代表处主持日常工作,离境 1 个月以上,应当指定专人代行其职,并报中国银行管理部门备案。

2. 报告制度

代表处应当于每年 2 月底前向中国银行管理部门驻当地机构报送上一年度的工作报告。

设立代表处的外国金融机构发生下列重大事项,代表处应当在其外国金融机构公告后的一个工作日内向中国银行管理部门当地机构报告,由当地机

构转报上级:(1) 章程、注册资本或注册地址变更;(2) 机构重组、分立或合并或其主要负责人变动;(3) 经营发生严重损失。

3. 批准或备案事项

代表处有下列情况之一的,应当提出申请:(1) 更换首席代表。应当提交由其外国金融机构董事长或总经理签署的申请书和授权书以及拟任首席代表的身份证明和简历。(2) 变更名称。应当提交由其外国金融机构董事长或总经理签署的申请书。(3) 代表处展期。应当在该代表处有效驻在期满前2个月提交由其外国金融机构董事长或总经理签署的申请书和由代表处首席代表签署的该代表处3年的工作报告,经审核批准后,代表处展期6年。

代表处有下列情况之一的,应当报中国银行管理部门批准或备案:(1) 变更或增减代表、副代表、外籍和港澳台工作人员。应提交由外国金融机构主管部门负责人签署的申请书,以及被任命人员的身份证明和简历,由我国当地银行管理部门批准,并由该管理部门报上级管理部门备案。(2) 变更地址。应提交由其代表签署的地址迁移申请书,由当地中国银行管理部门批准,并报上级部门备案。(3) 雇用中国居民担任工作人员。应提交被雇用中国公民的名单、身份证明和简历,报中国银行管理部门当地机构备案。

六、完善外资金融机构管理法律

2002年,我国按照加入世贸组织谈判承诺的内容,对原外资金融机构管理法规作了相应调整。修改后的法律法规有《中华人民共和国外资金融机构管理条例》、《中华人民共和国外资金融机构管理条例实施细则》、《外资金融机构驻华代表机构管理办法》。具体调整内容如下:

(1) 取消“设立外资金融机构的地区,由国务院确定”的规定。

(2) 放宽设立中外合资银行或合资财务公司对中方合作伙伴的限制,不要求中方出资者为金融机构,外国服务提供者可以与自己选择的任何中国实体进行合营。

(3) 外资银行、财务公司与中资银行、中资财务公司的业务范围未作大的调整。

(4) 取消对外资金融机构外汇业务服务对象的限制,只要满足最低资本金或营运资金要求,即可经营中国企业和自然人的外币业务,不需个案审批。

(5) 取消原《上海浦东外资金融机构经营人民币业务试点暂行管理办法》中对人民币业务准入规定的业务规模数量指标,只规定三个基本条件:在中国内地开业三年、连续两年盈利、审慎性条件。

(6) 增加了外资金融机构经营人民币业务的地域范围和服务对象范围，确定逐步扩大开放人民币业务的地域和客户对象范围。

(7) 增加审批透明度，对机构设立和新业务品种的审批规定了明确的时限，要求及时对申请人进行书面答复。

第二节　境外中资金融机构管理法

一、境外中资金融机构及境外中资金融机构管理法

境外中资金融机构是指中国境内的银行和非银行金融机构等在中国境外设立的金融机构，或者收购的从事存款、贷款、票据贴现、结算、信托投资、金融租赁与担保、保险和证券经营等项金融业务的金融机构。境外金融机构可以是中资独资，也可以是中外合资。我国的中资银行为了适应经济发展和对外开放的需要，逐步走出国门在世界各地设立了多个分支机构。截止到2000年，我国的中国银行、中国工商银行、中国农业银行和中国建设银行纷纷在美国、英国、日本、新加坡等地设立了分支机构或代表处。目前，境外中资金融机构共有156家，其中，代表机构33家，营业性机构123家。

境外中资金融机构管理法是指境外中资金融机构设立和监管的法律规范的总称。

为了有效地对境外中资金融机构进行管理，经国务院批准，中国人民银行于1990年4月13日发布了《境外金融机构管理办法》。1995年8月和1996年10月，针对境外金融机构违规经营、监管不力的状况，中国人民银行先后发布了《关于加强境外中资金融机构管理的通知》和《关于进一步加强境外中资金融机构管理的通知》，就境外中资金融机构的报批程序、报告制度、日常监督管理及内部稽核、变更管理等方面作出了更进一步的规定。经国务院批准，1995年9月中国人民银行还发布了《设立境外中国产业投资基金管理办法》，就境外投资基金及其管理公司的设立条件、程序、活动规则等作了明确规定。1997年1月6日国家外汇管理局又发布了《关于加强对中资企业境外机构融资管理的通知》，针对融资中出现的问题重申了有关规定。

二、境外中资金融机构管理规定的内容

为了加强境外金融机构的管理，防范我国金融机构对外开展业务中的金

融风险，保障金融事业的健康发展，我国制定了境外中资金融机构管理规定。

1. 管理机构

设立或者收购境外金融机构的审批管理机关为中国人民银行。

2. 境内金融机构申请设立或者收购境外金融机构，应当具备下列条件：

(1) 经国务院或者中国人民银行批准，依法登记注册，并持有中国人民银行颁发的《经营金融业务许可证》；

(2) 经国家外汇管理局批准经营外汇业务，持有国家外汇管理局颁发的《经营外汇业务许可证》，并有 3 年以上经营外汇业务经验和与其经营业务相适应的专业人员；

(3) 有合法的外汇资金来源；

(4) 有不低于 8 000 万元人民币等值外汇的自有资金。

3. 境内非金融机构申请设立或者收购境外金融机构，应当具备下列条件：

(1) 经有关部门批准成立，依法登记注册的大型公司、企业；

(2) 在境外设有集团性公司、企业或者其他大型企业，并有较好的基础和盈利前景；

(3) 经主管部门同意在境外设立金融机构，并有不低于 1 亿元人民币等值外汇的自有资金；

(4) 有与其经营金融业务及外汇业务相适应的专业人员。

4. 境外中资金融机构和非金融机构申请设立或者收购境外金融机构，应当具备下列条件：

(1) 经主管部门批准，依法在境外设立，有正式批准文件和在当地合法营业的证明材料；

(2) 拟设机构地区中资金融机构力量较弱，有必要设立金融机构；

(3) 所提申请符合有关国家或者地区的法律。

5. 设立或者收购境外金融机构依照下列规定申报批准：

(1) 境内金融机构在境外设立代表机构、分支机构，设立中资、中外合资金融机构或者收购境外金融机构，由中国人民银行批准；

(2) 境内非金融机构在境外设立中资、中外合资金融机构或者收购境外金融机构，由主管部门征求经贸部意见并审核同意后，报中国人民银行批准；

(3) 境外中资金融机构和非金融机构，设立或者收购境外金融机构，由其境内投资单位征求经贸部意见后报中国人民银行批准。

6. 境内金融机构申请在境外设立代表机构，应当提交下列文件：

(1) 申请单位的主要负责人签署的申请报告,其内容包括:拟设代表机构的名称,住所,首席代表,代表简历;

(2) 设立代表机构的费用预算和外汇来源证明。

7. 境内金融机构申请在境外设立分支机构,应当提交下列文件:

(1) 申请单位主要负责人签署的申请报告,其内容包括:拟设分支机构的名称,住所,营业资金数额,经营业务种类,主要负责人简历等;

(2) 申请单位前三年的资产负债表、损益表和业务状况报告;

(3) 可行性研究报告;

(4) 中国人民银行要求提交的其他有关文件。

8. 境内金融机构、非金融机构及境外中资金融机构、非金融机构申请在境外设立中资金融机构,应当提交下列文件:

(1) 申请单位主要负责人签署的申请报告,其内容包括:拟设中资金融机构名称,住所,注册资本和实有资本,资金来源,经营业务种类,主要负责人简历等;

(2) 申请单位前三年的资产负债表、损益表和业务状况报告;

(3) 可行性研究报告;

(4) 中国人民银行要求提交的其他有关文件。

9. 境内金融机构、非金融机构及境外中资金融机构、非金融机构申请在境外设立中外合资金融机构,应当提交下列文件:

(1) 申请单位的主要负责人签署的申请报告,其内容包括:拟设中外合资金融机构的名称,住所,注册资本和实有资本,经营业务种类,合资各方的名称和出资比例,中方资金来源、主要负责人简历等;

(2) 申请单位前三年的资产负债表、损益表和业务状况报告;

(3) 合资各方草签的合资协议、合同和章程;

(4) 可行性研究报告;

(5) 中国人民银行要求提交的其他有关文件。

10. 境内金融机构、非金融机构及境外中资金融机构、非金融机构申请收购境外金融机构,应当提交下列文件:

(1) 申请单位主要负责人签署的申请报告,其内容包括:拟收购的金融机构的名称,住所,章程,总资本和总资产数额,机构及人员状况,财务状况,收购原因,收购目的,收购资金数额,资金来源;

(2) 申请单位前三年的资产负债表、损益表和业务状况报告;

(3) 可行性研究报告;

(4) 中国人民银行要求提交的其他有关文件。

11. 境外金融机构有下列变更之一的，其境内投资单位应当于事前向中国人民银行提出申请，由中国人民银行审批：

(1) 代表机构升为分支机构；

(2) 撤销代表机构、分支机构、中资或者中外合资金融机构；

(3) 调整中外合资金融机构的股份比例或者增资。

12. 境外金融机构的境内投资单位应当于每年 7 月 31 日前向所在地中国人民银行省级分行报送境外金融机构上半年工作报告，其内容包括：机构人员变化情况，存款放款分析，汇出汇入款项分析，进出口结算分析，投资项目分析和外汇、证券、黄金买卖分析。上述报告由中国人民银行省级分行转报中国人民银行。

13. 境外金融机构的境内投资单位应当于每年 3 月 31 日前向所在地中国人民银行省级分行报送境外金融机构上一年度的资产负债表、损益表和年度工作报告，并由中国人民银行省级分行转报中国人民银行。

14. 中国人民银行及其各省级分行有权对境外金融机构的工作进行监督。

15. 未经中国人民银行批准，在境外设立或者收购金融机构的，中国人民银行有权冻结境内投资单位相应数额的外汇或者人民币存款，责令其撤销境外金融机构或者限期补办审批手续，并追究主要负责人和直接责任人员的责任。

第三节　外汇管理法

一、外汇管理及外汇管理法

(一) 外汇和汇率

1. 外汇及其分类

外汇具有动态和静态两种含义。动态意义的外汇是“国际汇兑”的简称，即将一国货币兑换成另一国货币，以便清偿国际间的债权债务的活动；静态意义的外汇，是指以外币表示的可以用作国际清偿的支付手段和资产。根据我国《外汇管理条例》规定，外汇是指下列以外币表示的可以用作国际清偿的支付手段和资产：(1)外国货币，包括纸币、铸币；(2)外币支付凭证，包括票据、银行存款凭证、邮政储蓄凭证等；(3)外币有价证券，包括政府债券、公司债券、股票等；(4)特别提款权、欧洲货币单位；(5)其他外汇资产。

根据不同的标准，可以对外汇作多种分类：

(1) 根据外汇能否自由兑换，可以分为自由外汇与记账外汇。自由外汇是指在国际结算中可以广泛使用，不需要经过货币发行国主管机关批准，就可以在国际金融市场上随时自由兑换成其他国家货币，或向第三国办理支付的外国货币，例如美元、英镑等。记账外汇是指根据双边协议规定在签约国之间使用，不经货币发行国管理当局批准就不能自由兑换成其他国家货币，或对第三国办理支付的外汇。

(2) 根据外汇的来源和用途，可以分为贸易外汇和非贸易外汇。贸易外汇是指属于进出口商品贸易收支结算范围内的外汇，包括商品进出口贸易中收付的货款及其从属费用的外汇。贸易外汇往往是一国外汇管理的主要对象。非贸易外汇是指除贸易外汇以外通过其他方式所收付的外汇，它包括科学技术、文化交流、旅游、银行、保险、航运、对外工程承包等方面的收入和支出的外汇。

(3) 根据外汇持有者的不同，可以分为居民外汇和非居民外汇，或者分为单位外汇和个人外汇。居民外汇是指一国境内的居民，以各种形式持有的外汇。居民是指在一国境内永久居住或长期居住并受该国法律管辖与保护的自然人和法人。非居民外汇是指一国境内临时居留的外国旅游者、留学生、短期回国侨民、外国驻本国外交使领馆及外交人员，以及驻本国国际性机构和组织及其工作人员等非居民，以各种形式持有的外汇。单位外汇，是指机关、团体、企业等所收入和支出的外汇。个人外汇，是指自然人个人通过私人渠道所收入和支出的外汇。

(4) 根据外汇在交易中的交割期限不同，可以分为即期外汇和远期外汇。即期外汇是指外汇买卖双方达成交易后，在两个营业日内办理收付交割的外汇。远期外汇是指外汇买卖双方达成交易后签订合同，规定买卖外汇的数量、汇价和交割日期，到期按合同规定的汇价办理收付交割的外汇。

2. 外汇汇率及其标价方法

外汇汇率也称外汇汇价、外汇牌价或外汇行市，即外汇的价格。汇率是指两个国家不同货币之间的比价或交换比率，也就是用一国货币表示另一国货币的价格。

在汇率方面，官方汇率和调剂市场汇率并存的制度，称为汇率双轨制。从 1994 年 1 月 1 日起，我国将曾实行的汇率双轨制改为单一汇率制；汇率也从过去一定几年不变的固定汇率制度改为有管理的浮动汇率制度。汇率并轨,使我国确定了以市场供求为基础的单一的有管理的浮动汇率制。

外汇汇率的标价方法是指一个国家的外汇汇率,是以本国货币表示外国货币的价格,还是以外国货币表示本国货币的价格,即确定哪一个国家的货币作为参照标准。目前,国际上通常采用的两种标价方法是直接标价法和间接标价法。

(二)外汇管理

外汇管理,也称外汇管制,一般是指国家为了维护本国货币汇价,平衡进出口贸易,对外汇买卖、收入和支出,国际结算,以及外汇汇率、外汇市场实行程度不同的限制措施。

根据各国对外汇管制宽严程度的不同,可以将外汇管制大体分为三类:

1. 实行严格的外汇管制

对贸易收支、非贸易收支、资本项目收支都进行相应的限制。这类国家的经济通常比较落后,外汇资金短缺,市场机制不发达,希望通过集中分配和使用外汇来达到促进经济发展的目的。

2. 实行部分的外汇管理

即对资本外汇收支进行严格限制,但对经常项目的外汇交易不实行或基本不实行外汇管制。一些工业发达国家和经济、金融状况较好的发展中国家的外汇管制属于这一类型,目前世界上约有40余个国家采取部分的外汇管理模式。

3. 基本不实行外汇管制

即外汇准许自由兑换,限制极少,对资本性外汇收支和经常性外汇收支都不进行限制。属于这类外汇管制的国家很少,只有美国、英国、德国、瑞士和一些国际收支顺差的石油输出国采用该模式。

(三)外汇管理法

外汇管理法,是指调整在外汇管理活动中发生的社会关系的法律规范的总称。这些法律规范主要体现在国务院制定的行政法规和中国人民银行、外汇管理局制定的政府规章之中。

1980年12月28日,国务院发布了《中华人民共和国外汇管理暂行条例》(以下简称《外汇管理暂行条例》)。随着外汇管理改革的进行,国务院于1996年1月29日发布了《中华人民共和国外汇管理条例》(以下简称《外汇管理条例》),于同年4月1日实施,同时废止了《外汇管理暂行条例》。1997年1月4日,国务院又修订发布了《外汇管理条例》。与此同时 中国人民银行、国家外汇管理局还先后发布了一系列外汇管理方面的法规、规章,如1996年5月13

日国家外汇管理局发布《境内居民因私兑换外汇办法》和《境内居民外汇存款汇出境外的规定》,1996年6月20日中国人民银行发布《结汇、售汇及付汇管理暂行规定》,1996年12月31日国家外汇管理局、海关总署联合发布《关于对携带外汇进出境管理的规定》,1997年9月27日国家外汇管理局发布《银行外汇业务管理规定》,1998年9月1日国家外汇管理局发布《境内居民个人外汇管理暂行办法》等。为严厉打击走私活动和制裁外汇违法犯罪行为,1998年12月29日第九届全国人民代表大会常务委员会第六次会议通过了《全国人大常委会关于惩治骗购外汇、逃汇和非法买卖外汇犯罪的决定》;1999年1月25日,经国务院批准,监察部、人民银行等五部委联合发布了《关于骗购外汇、非法套汇、逃汇、非法买卖外汇等违反外汇管理规定行为的行政处分或者纪律处分暂行规定》,从而形成了较为全面的外汇管理制度。

二、我国外汇管理的主要内容

(一) 外汇管理的机构

外汇管理的机构是指由政府指定或授权履行外汇管理职能的机构。在实行外汇管理的国家,外汇管理机构主要有以下几种类型:(1)由政府设立专门的外汇管理机构行使外汇管理权,如意大利设立外汇局作为外汇管理的决策和执行机构;(2)由政府授权的中央银行行使外汇管理权,如马来西亚国家银行、新西兰储备银行即为国家外汇管理的决策和执行机构;(3)由政府授权若干部门分工行使外汇管理的执行权,在日本则由大藏省、通产省和日本银行分工负责外汇管理工作。

(二) 外汇管理的对象

外汇管理的对象是指外汇管理法令和政策措施所作用的对象,包括人、物和地区三个方面。

外汇管理中人的对象,通常分为居民和非居民。各国对居民外汇管理一般较严,而对非居民的外汇管理相对较松。

外汇管理中物的对象,有两个含义:其一是指外汇管理法规的管辖区域。一般而言,各国外汇管理法规在本国领土内具有普遍约束力。但也存在例外情况,如有的发展中国家在特定区域内不实行或只实行较松的外汇管理,以吸引外国投资、降低出口成本、增强出口产品的国际竞争力。其二是指根据所涉国家和地区不同,采取宽严不同的管理政策和措施。如意大利外汇管理条例就规定,其与圣马力诺共和国和梵蒂冈的一切外汇收支不受外汇管理条例的约束,而对与其他国家的外汇收支则实行外汇管理。再如美国,历史上就曾先后对中国、越南、朝鲜、利比亚、伊拉克、伊朗等国家实行外汇冻结和管制。

（三）外汇管理的主要内容

一般来说，外汇管理主要包括以下内容：

1. 经常项目的管理

根据《外汇管理条例》的有关规定，对经常项目的管理主要有以下几个方面：

(1) 境内机构的经常项目外汇收入必须调回境内，不得违反国家有关规定将外汇擅自存放在境外。

(2) 境内机构的经常项目外汇收入，应当按照国务院关于结汇、售汇及付汇管理的规定卖给外汇指定银行，或者经批准在外汇指定银行开立外汇账户。

(3) 境内机构的经常项目用汇，应当按照国务院关于结汇、售汇及付汇管理的规定，持有效凭证和商业单据向外汇指定银行购汇支付。

(4) 境内机构的出口收汇和进口付汇，应当按照国家关于出口收汇核销管理和进口付汇核销管理的规定办理核销手续。

(5) 属于个人所有的外汇，可以自行持有，也可以存入银行或者卖给外汇指定银行。对个人的外汇储蓄存款，实行存款自愿、取款自由、存款有息、为储户保密的原则。

(6) 个人因私用汇，在规定限额以内购汇；超过规定限额的个人因私用汇，应当向外汇管理机关提出申请，外汇管理机关认为其申请属实的，可以购汇；个人携带外汇进出境，应当向海关办理申报手续；携带外汇出境，超过规定限额的，还应当向海关出具有效凭证；个人移居境外后，其境内资产产生的收益，可以持规定的证明材料和有效凭证向外汇指定银行购汇汇出或者携带出境。

(7) 居住在境内的中国公民持有的外币支付凭证、外币有价证券等形式的外汇资产，未经外汇管理机关批准，不得携带或者邮寄出境；境内机构外汇收入须调回境内，不得擅自存于境外。

2. 资本项目的管理

资本项目是指国际收支中因资本输出和输入而产生的资产与负债的增减项目，包括直接投资、证券投资、各类贷款等。资本项目是国际收支的重要项目，因此实行外汇管理的国家都十分重视对资本输出、输入的管理。发展中国家为了利用外资，对资本输入一般采取鼓励政策，但往往也注重对资本输入的方向、规模和期限进行必要的限制和引导。

根据《外汇管理条例》的有关规定，对资本项目的管理主要有以下几个方面：

(1) 境内机构的资本项目外汇收入，除国务院另有规定外，应当调回境内。

(2) 境内机构的资本项目外汇收入，应当按照国家有关规定在外汇指定银行开立外汇账户；卖给外汇指定银行的，须经外汇管理机关批准。

(3) 境内机构向境外投资，在向审批主管部门申请前，由外汇管理机关审查其外汇资金来源；经批准后，按照国务院关于境外投资外汇管理的规定办理有关资金汇出手续。

(4) 借用国外贷款，由国务院确定的政府部门、国务院外汇管理部门批准的金融机构和企业按照国家有关规定办理。外商投资企业借用国外贷款，应当报外汇管理机关备案。

(5) 金融机构在境外发行外币债券，须经国务院外汇管理部门批准，并按照国家有关规定办理。

(6) 提供对外担保，只能由符合国家规定条件的金融机构和企业办理，并须经外汇管理机关批准。

(7) 国家对外债实行登记制度。境内机构应当按照国务院关于外债统计监测的规定办理外债登记。

(8) 依法终止的外商投资企业，按照国家有关规定进行清算、纳税后，属于外方投资者所有的人民币，可以向外汇指定银行购汇汇出或者携带出境；属于中方投资者所有的外汇，应当全部卖给外汇指定银行。

3. 对汇率的管理

汇率管理是一国发展国际贸易、调节国际收支、稳定本国币值的重要手段。在当今浮动汇率体制下，各国根据本国经济发展的状况，对汇率制度有不同的安排。一般来说，发达国家汇率弹性较大，主要由市场供求关系决定，政府以间接方式对汇率进行干预，其主要表现是在中央银行建立外汇平准基金，授权中央银行在外汇市场买卖外汇，以调节市场供求、稳定汇率。广大发展中国家则实行钉住浮动或有管理的浮动汇率制度，大多对汇率实行直接调整，主要措施规定各项外汇收支结售汇的汇率，即利用双重或多重汇率制度来促进本国商品的出口、控制国外商品的进口，并达到吸引外资、改善国际收支状况的目的。这种歧视性的外汇管理措施，显然不利于世界贸易和国际投资的开展以及国际经济关系的正常化。

4. 对外汇账户的管理

在货币不能自由兑换的国家，外汇账户一般是指居民和非居民以可兑换货币在银行开立的外汇存款账户，分为居民账户和非居民账户。对居民外汇存款账户的管理主要包括外汇存款来源的管理和账户存款使用的管理。居民外汇存款来源一般应是从国外携入或汇入的归居民所有的外汇、侨民汇款、国内居民合法收入的外汇，其他经外汇管理部门批准其持有的外汇等。在实行严格外汇管理的国家，对外汇存款来源的审查比较严格，对居民外汇存款账户的使用也有较多限制。实行部分外汇管理或取消外汇管理的国家，对居民外汇的来源不作审查，对外汇存款账户的使用也不作限制，允许其自由调入或调出，但对非居民的外汇账户则有一定的限制。

5. 对黄金、现钞输出入的管理

实行外汇管理的国家往往限制私人输入或输出黄金，当国际收支出现顺差或逆差，需要输出或输入黄金时只能由中央银行统一办理。有的国家禁止现钞输出，有的国家则规定现钞输出的最高限额，以防止本国资本的外逃及对汇率产生不利影响。

6. 对外汇储备的管理

外汇储备是指一国政府所持有的可用于对外支付的货币及短期金融资产。由于外汇储备在整个国际储备和国民经济中占有重要地位，对于调节国际收支、稳定汇率和货币流通、保证国家对外支付能力与资信水平、促进国民经济健康发展起着重要作用，所以各国都非常重视对外汇储备的管理：一方面是进行规模管理，以便外汇储备保持适度的规模；另一方面是进行结构管理，以便外汇储备在币种构成上趋于合理。

三、外汇管理的积极意义和消极影响

（一）外汇管理的积极意义

1. 防止资本外逃，维护国际收支平衡

国际收支失衡影响本币的稳定，若长期失衡必将影响国内经济发展。外汇管理的首要目的是通过限制外汇支出等手段防止资本外逃，来达到国际收支平衡。与其他改善国际收支的措施相比较，外汇管理具体有力、针对性强、约束力强、见效快。因此，目前世界各国在采取各种调节措施以实现国际收支平衡时，均将外汇管理看作一项重要的手段。

2. 稳定汇率，促进国际贸易的发展

随着国际经济关系日趋密切、国际分工使各国的依赖程度日趋增强，汇率在一国的国民经济中的地位和作用显得更加重要，特别是对国际贸易的影响更加直接。在没有外汇管理的情况下，汇率随外汇供求的变化而变动，如果供求变化大起大落，汇率变动趋势就会难以预测，那么，进出口企业就无法核算成本，外贸风险因此增大。通过外汇管理以稳定汇率，便于国际贸易成本的核算，从而促进国际贸易的发展。

3. 巩固本币统一市场，增强本币的信誉

在实行外汇管理的国家，外汇管理法禁止外汇在国内流通，本币是国家的法定货币。这是维护国家货币主权和本币统一市场的需要。另外，通过外汇管理，可以集中外汇收入、节约外汇支出、增加黄金外汇储备。这在一定程度上可以提高本币的对外价值、增强本国货币的信誉、加强本国的经济地位。

4. 稳定本国物价，促进国内经济平衡发展

通过外汇管理以及关税、财政、金融政策，可以限制或鼓励一些商品的进出口、限制或鼓励一些资本的输出入，以保护本国新兴产业。当某种进口商品国内市场价格上涨迅速时，通过充分供应外汇、大量进口这些商品，就可以控制这些商品的国内价格水平，从而达到稳定物价的目的。

（二）外汇管理的消极影响

实行外汇管理也会带来某些消极影响，特别是在外汇管理的方式和措施不能随客观经济的变化而作出及时调整时，其消极作用更为明显，主要表现在以下方面：

1. 妨碍国际贸易和国际金融的发展

由于对外汇施加种种限制，必然给国际贸易和国际金融的交往活动带来不便，因而在一定程度上妨碍了它们的发展。例如，官定汇率易出现汇率的高估或低估，汇率高估不利于出口，汇率低估又不利于进口。又如，外汇管理限制了资本国际化的深化，使得资金有盈余的国家不能将其资金顺利调出，而急需资金的国家又不能得到所需资金，对双方都不利。

2. 严格的外汇管理使市场机制不能充分发挥作用，降低了资源分配的效益

因为，严格的外汇管理造成国内商品市场和资金市场的分离，使国内和国外的价格制度脱节，市场机制失去作用，国民经济也无法达到均衡。除此之外，实行严格外汇管理的国家不能充分参加国际分工和利用国际贸易中的比较优势原则来发展本国经济，从而会影响国内资源的有效配置。

3. 实行外汇管理使国与国之间的经济和金融交往摩擦增大，加剧了金融的保护主义

一般而言，外汇管理被认为是一种妨碍公平竞争的手段，一些西方发达

国家对实行严格外汇管理的国家经常采取报复措施，这样就容易产生国家间的纠纷和摩擦，影响正常的国际经济交往。

4. 国家垄断外汇和控制汇率，增加了管理成本

外汇管理是一项复杂的工作，需要投入大量的人力、物力和财力。由于实行外汇管理，必然使进出口贸易手续增多，使外汇收付时间延长、成本增大、效率降低，导致贸易商品成本和价格提高。此外，由于严格的外汇管理，用汇经过外汇管理部门的审批，会使进出口商深感不便，容易引起逃汇、套汇以及"黑市"买卖外汇等不法行为。

第四节　外债管理法

一、外债及外债管理法

（一）外债及其分类

1. 外债的含义

外债，是指中国境内依法设立的常设机构，包括但不限于政府机关、境内金融机构、企业、事业单位和社会团体（以下统称境内机构），对中国境外的机构、自然人及其在中国境内依法设立的非常设机构（以下统称非居民），以外币承担的债务。

2. 外债的分类

根据《外债管理暂行办法》，按照债务类型划分，外债可以分为外国政府贷款、国际金融组织贷款和国际商业贷款。外国政府贷款，是指中国政府向外国政府举借的官方信贷；国际金融组织贷款，是指中国政府向世界银行、亚洲开发银行、联合国农业发展基金会和其他国际性、地区性金融机构举借的非商业性信贷；国际商业贷款，是指境内机构向非居民举借的商业性信贷，包括：(1)向境外银行和其他金融机构借款；(2)向境外企业、其他机构和自然人借款；(3)境外发行中长期债券（含可转换债券）和短期债券（含商业票据、大额可转让存单等）；(4)买方信贷、延期付款和其他形式的贸易融资；(5)国际融资租赁；(6)非居民外币存款；(7)补偿贸易中用现汇偿还的债务；(8)其他各种国际商业贷款。

按照偿还责任划分，外债可以分为主权外债和非主权外债。主权外债，是指由国务院授权机构代表国家举借的、以国家信用保证对外偿还的外债。

非主权外债，是指除主权外债以外的其他外债。

（二）外债管理法的概念

外债管理法，是指调控我国外债的规模、结构，管理外债的筹借和偿还，监督外债使用的法律规范的总称。目前，我国在外债管理方面的立法主要包括：1996年1月国务院发布的《中华人民共和国外汇管理条例》中有关外债管理的规定，1995年9月27日国务院发布的《关于进一步加强借用国际商业贷款宏观管理的通知》就借用国际商业贷款总规模的控制、建设项目对外借款的审批、对外发债窗口单位的管理、债务偿还监管、外债统计监测等方面所作的原则性规定，以及财政部、国家发展和改革委员会、中国人民银行和国家外汇管理局等发布的部门规章。这些部门规章主要包括：《中国人民银行关于对外借款由中国人民银行归口管理的通知》（1985年7月5日发布）、《外债统计监测暂行规定》（1987年6月17日国务院批准，同年8月27日国家外汇管理局发布）、《外汇（转）贷款登记管理办法》（1989年11月10日国家外汇管理局发布）、《境内机构对外担保管理办法》（1996年9月25日中国人民银行发布）、《世界银行贷款项目采购管理暂行规定》（1996年11月18日财政部、国家机电产品进出口办公室发布）、《利用亚洲开发银行贷款项目设备采购管理暂行规定》（1997年3月5日国家机电产品进出口办公室、中国人民银行国际司发布）、《境外进行项目融资管理暂行办法》（1997年4月16日国家计划委员会、国家外汇管理局发布）等。

二、外债管理法的主要内容

我国外债管理法的基本内容包括：外债管理机构及其分工，外债的借、用、还管理，外债统计监测管理三个大的方面。

（一）外债管理机构及其在外债借、用、还过程中的分工

根据《外债管理暂行办法》，我国的外债管理机构是发改委、财政部和国家外汇管理局。国家根据外债类型、偿还责任和债务人性质，对举借外债实行分类管理。

具体而言，各个外债管理机构的职责是：

1. 发改委

（1）负责会同有关部门根据国民经济和社会发展需要，以及国际收支状况和外债承受能力，制订国家借用外债计划，合理确定全口径外债的总量和结构调控目标；（2）会同财政部等有关部门制定国际金融组织贷款和外国政府贷款备选项目规划，并将世界银行、亚洲开发银行、联合国农业发展基金会

和众多国别外国政府贷款的备选项目规划报国务院批准；(3)会同国家外汇管理局审核除财政部以外的其他境内机构在境外发行的中长期债券，和国家外汇管理局一同审批滚动发行的境外短期债券；(4)审核国有商业银行举借中长期国际商业贷款的余额，并报国务院审批；审批境内中资企业等机构举借中长期国际商业贷款；(5)根据《国家重大建设项目稽查办法》的规定，向使用外债资金的国家重大建设项目派出稽查特派员，对项目的实施和资金使用情况进行稽查；(6)在不扩大原有外债规模的前提下，核准不涉及主权外债的债务人可以通过借入低成本外债、偿还高成本外债等方式，降低外债成本，优化债务机构。

2. 财政部

(1)同发改委一起，制定国际金融组织贷款和外国政府贷款备选项目规划，将部分规划报国务院批准，并负责根据规划组织对外谈判、磋商、签订借款协议和对国内债务人直接或通过有关金融机构转贷；(2)报国务院审批通过后，代表国家在境外发行债券；(3)核准主权外债的债务人通过借入低成本外债、偿还高成本外债等方式，降低外债成本，优化债务结构。

3. 国家外汇管理局

(1)和发改委一同审批除财政部以外的其他境内机构在境外发行的中长期债券，并报国务院批准；(2)审批在境外发行的短期债券，对于其中设定滚动发行的，会同发改委审批；(3)核定境内中资机构举借短期国际商业贷款的余额；(4)负责外债的统计监测，定期公布外债统计数据。

(二) 外债的借、用、还管理中的特殊要求

1. 外债的借入管理

借入管理以及对外担保，须根据有关规定进行审批和登记。根据《外债管理暂行办法》，境内机构对外签订借款合同或担保合同，应当依据有关规定到外汇管理部门办理登记手续，其中国际商业贷款借款合同或担保合同须经过登记后方能生效；境内机构举借外债，未履行规定的审批手续或未按规定进行登记的，其对外签订的借款合同或担保合同不具有法律约束力。境内机构对外担保应当遵守国家法律、法规和外汇管理部门的有关规定，境内机构不得为非经营性质的境外机构提供担保。任何政府机关、社会团体、企事业单位未经国务院批准不得举借外债或对外提供担保。

2. 外债的使用管理

外债资金投向的管理，外债资金应当主要用于经济发展和存量外债的结构调整。国际金融组织贷款和外国政府贷款等中长期国外优惠贷款重点用

于基础性和公益性建设项目,并向中西部地区倾斜;中长期国际商业贷款重点用于引进先进技术和设备,以及产业结构和外债结构调整;境内企业所借中长期外债资金,应当严格按照批准的用途合理使用,不得挪作他用。确定变更用途的,应当按照原程序报批;境内企业所借短期外债资金主要用作流动资金,不得用于固定资产投资等中长期用途。外债资金使用效益的管理,适用外债资金的固定资产投资项目应当实行项目法人责任制,由项目法人对外债资金的使用效益负责;依据《中华人民共和国招标投标法》和国外贷款机构有关规定需要进行招标采购的,应当严格按照规定执行;发改委依据《国家重大建设项目稽查办法》的规定,向使用外债资金的国家重大建设项目派出稽查特派员,对项目的实施和资金使用情况进行稽查,从而保证外债项目进展顺利,取得良好的经济效益。

3. 外债的偿还管理

主权外债由国家统一对外偿还,若主权外债资金由财政部直接或通过金融机构转贷给国内债务人的,国内债务人应当对财政部或转贷金融机构承担偿还责任;非主权外债由债务人自担风险、自行偿还。在不扩大原有外债规模的前提下,经发改委核准,债务人可以通过借入低成本外债、偿还高成本外债等方式,降低外债成本,优化债务结构。其中,涉及主权外债的,需经过财政部核准。

(三) 外债统计监测管理

外债统计监测管理对于集中全国外债信息、有效控制外债规模、提高利用外资的效益作用重大。目前我国的外债无论是直接从境外借入,还是通过国内金融机构转贷的国际商业贷款,都必须列入国家外汇管理局外债统计监测系统,进行外债登记或转贷款登记。

我国进行外债统计检测管理的主要依据是:国家外汇管理局发布的《外债统计监测暂行规定》、《外债统计监测实施细则》及《外汇(转)贷款登记管理办法》。此外,《外汇管理条例》第 24 条,《外债管理暂行办法》第 45 条、第 46 条对此也作了原则性规定。境内机构应当按照上述规定办理外债登记、偿还手续,开立、使用外债专用账户,并按规定报送各种报表资料。

1. 外债统计监测部门及其职权

我国对外债实行登记制度,国家外汇管理局及其分局(以下称登记部门)负责全国的外债登记工作,依法履行外债统计监测职能,具体负责辖区内外债的登记监督、贷款专户和还贷专户的审批、债务偿还的核准、债务信息的采集发布、外债资金使用情况的跟踪管理,并定期公布全国外债情况。

2. 外债登记的种类和登记手续

外债登记分为定期登记和逐笔登记。国务院各部委和境内中资金融机构的外债实行定期登记,其他境内机构的外债实行逐笔登记。债务人如需对外提供有关登记文件,其借入的外债应当实行逐笔登记。

定期登记手续为:借款单位在第一笔借款合同签订后的 15 天内到所在地登记部门办理登记手续,领取定期登记的"外债登记证";其后债务人应当按照新签的外债合同填写"外债签约情况表",并于每月初 5 日内报送国家外汇管理局。已办理外债登记的债务合同如果发生变化,债务人应办理变更登记,填写"外债变动反馈表"。

逐笔登记手续为:借款单位在借款合同签约后 15 日内,持借款合同副本和对外借款批件到登记部门办理手续,领取逐笔登记的外债登记证;在借款调入境内时,凭汇款通知单和外债登记证到开户行开立外债专户,办理入账手续;外债到期还本付息时,凭还本付息核准件和外债登记证到开户行办理从外债专户汇出本息手续;办理收付和开户手续后,应依开户行开具的收付凭证填写反馈表,并于次日将反馈表、存款凭证影印件报送登记部门;境内机构向在华外资银行、中外合资银行借款,可以不另设账户,但必须按照规定履行登记和报送反馈表手续。

3. 外债专用账户的开立和监管

借款单位调入国外借款时,凭外债登记证在国家外汇管理局批准的银行开立外债专用现汇账户。经批准将借款存放境外以及其他非调入形式的外债的借款单位,凭外债登记证在银行开立还本付息外债专用现汇账户。

对于未按照规定领取外债登记证的借款单位,银行不得开立外债专用现汇账户或者还本付息外债专用现汇账户,其本息不准汇出境外。专用现汇账户的开户行,具有监督账户的职责,应保证:从境外汇入专户的外汇资金仅限于外债登记证上记载的款项;从其他账户划入或存入的外汇资金仅限于还本付息;从专户汇出的资金仅限于支付借款项目所需的设备、劳务、偿还债务本息以及登记部门同意的其他用途。开户行还应按照登记部门的要求提供账户的有关情况。

4. 外债登记证的缴销

境外直接借款的借款单位在外债登记证上记载的债务最后一次还本付息后,由其开户行立即注销其外债专户和还本付息专户,并应在 15 日内向发证的登记部门缴销外债登记证;外汇转贷款的使用单位在办完每笔转贷款最后一次还本付息后,应在一周内向所在地外汇管理部门缴销转贷款登记证。

三、外债发行管理规定

（一）外币债券的概念和种类

外币债券，是指以外币表示的，构成债权债务关系的有价债券。

外币可转换债券、大额可转让存单、商业票据都是外币债券。可转换债券，是指根据债权人要求，按照发行时所定条件，转换为公司股票或其他债券的债券；大额可转让存单，是指银行发行的可以在金融市场上流通转让的一定期限的银行存款凭证；商业票据，是指发行主体，一般为商业企业公司（资信较好）为满足流动资金需求所发行的、期限为2—270天的、可流通转让的债务工具。

（二）外币债券发行管理规定

1. 中资金融机构在境外发行短期外币债券应当占用短期对外借款余额控制指标；中资机构在境外发行中长期外币债券应当占用中长期对外借款余额控制指标；境内机构在境外发行可转换债券应当占用中长期利用外币指导性计划指标；外商投资企业在境外发行可转换债券以外的债券，不实行计划指标管理。

2. 境内机构发行外币债券应当经国家外汇管理局批准。未经国家外汇管理局批准，擅自签订的发债协议无效。国家外汇管理局不予办理外债登记，银行不得为其开立外债专用账户，本息不得擅自汇出。

3. 中资机构发行中长期外币债券实行定期资信评审制，经评审符合条件的中资机构可申请发行外币债券。

4. 拟发行外币债券的境内机构（含中资金融机构的海外分支机构）应当按照规定向国家外汇管理局报送本年度外币债券的发行计划。

5. 境内机构发行外币债券，如需获得境外评级公司信用评级，应当事先持评级机构名称、评级理由以及评级程序等相关资料报国家外汇管理局审批。经批准后，方可对外提出评级申请，并在获得评级结果后15日内向国家外汇管理局报备评级结果。

6. 境内机构发行外币债券，应当以书面形式提交申请，并同时提交以下部分或者全部文件，报国家外汇管理局审批：(1) 发行单位近期连续三年的业绩、财务报表及外汇收支情况；(2) 发行债券的方式、市场、金额、币别、期限、利率和各项费用等情况及报价意向书；(3) 主干事和主受托银行情况；(4) 发行债券所筹资金的用途、管理办法和对汇率、利率风险的防范措施；(5) 国家有关部门批准的项目可行性研究报告及批复文件；(6) 中资机构落实利用外资计划指标的证明文件;(7) 评级机构的评级结果;(8) 偿还债券的资金来源及安排;(9) 发行可转换债券的,须提交国务院证券管理委员会的转股批复文件和落实中长期利用外资指导性计划的证明文件;(10) 国家外汇管理局要求的其他必要文件。

7. 境内机构应当按照国家外汇管理局的批复文件发行外币债券。若因市场变化,发行条件需要超出批复的范围,境内机构应当另行报国家外汇管理局批准。

8. 债券发行后,境内机构拟在债券发行地以外的金融市场上市所发行债券,应当在上市后 5 日内报国家外汇管理局备案。

9. 境内机构应当在债券发行后 15 日内将债券发行情况及发债招募说明书等有关文件报国家外汇管理局备案。

10. 境内机构应当对发行债券所筹集的资金按照批准的用途专款专用,并于每年初 15 日内将上年度项目的进度、资金使用效益情况报国家外汇管理局备案。如果需要改变资金用途,应当事先取得原立项批准部门同意。

11. 境内机构应当于每季初 10 日内向国家外汇管理局报送债券上市后价格变化情况。

12. 境内机构在境外发行外币债券后,未经国家外汇管理局批准不得将发债所筹集的资金存放在境外或在境外直接支付,不得转换为人民币使用。

13. 国家外汇管理局有权检查债券发行单位的资金使用和偿还情况。债券发行单位应当予以配合,提交有关文件和资料。

14. 为防范外债风险,经国家外汇管理局批准经营自营或者代客外汇买卖业务中的中资金融机构可以为自身债务或者接受其他境内机构的委托进行外币债券债务的保值。

15. 境内机构在境外发行外币债券应当根据外债统计监测规定办理外债登记;境内机构进行外币债券保值后,应当根据外债统计监测规定办理外债登记的变更手续。

16. 境内机构未经批准,擅自发行外币债券或者未按照规定办理保值的,由国家外汇管理局给予警告、通报批评,并处以 10 万元以上 50 万元以下的人民币罚款;构成犯罪的,依法追究刑事责任。

17. 中资金融机构的海外分支机构或者经批准经营离岸业务的中资银行违反规定,擅自发行外币债券或擅自将在境外所筹资金调入境内使用,由国家外汇管理局责令改正,对境内中资金融机构处以警告、通报批评,并处以 10 万元以上 50 万元以下的人民币罚款。

18. 境内机构向国家外汇管理局报送虚假、无效的文件和资料，骗取国家外汇管理局批准的，由国家外汇管理局收回批准文件，并对其按规定处罚；构成犯罪的，依法追究刑事责任。

19. 境内机构未按规定报送报表和资料的，或者不接受和配合国家外汇管理局检查的，由国家外汇管理局处以警告、通报批评，并处以1万元以上3万元以下的人民币罚款。

【本章小结】

本章重点讲述了目前在我国实行的各种涉外金融法律制度，主要内容包括：我国对外资金融机构设立程序、业务范围和人员构成上的规定；我国对居民和非居民使用外汇的不同规定、对资本账户和经常账户下外汇使用的不同管理规定；我国对外债管理的主要部门和主要内容；我国对金融组织境外发行外币债券的要求，以及对外汇储备管理的要求。

【复习思考题】

一、名词解释

外汇　记账外汇　外汇管理　外债

二、问答题

1. 我国对外资金融机构管理的主要内容。
2. 简述外汇管理的机构和对象，以及外汇管理的主要内容。
3. 简述外债管理的重要意义。
4. 简述外债管理的机构和外债管理的主要内容。

三、案例分析题

案例一　我国外汇管理规定分析

（一）案例资料

2004年4月24日，杭州市公安局经侦支队对外发布信息，该市涉嫌倒卖外汇金额数目最大的陈伟育及其“马仔”杜永福，因涉嫌非法经营罪被依法移送起诉。2003年7月24日，杭州警方接到上海某公司驻杭州办事处报案。

该公司财务总监吕某，被男友骗走了1 200万元公司账户资金。警方对其男友杨江伟展开调查，发现杨在12年间，在全国各地以勾引女孩等办法，骗取钱财近3 000万元。杨将骗到的1 200万元立即转入其个人账户——某证券公司的证券账户。第二天，钱就分别汇往多个账户。办案人员进行调查发现账户主人就是陈伟育。陈在杭州专门从事外汇买卖。杨向陈提出要兑换价值1 160万元的外币，陈只用三天，就搞到了15万欧元、30万美元和700万港币。

（二）分析提示

根据我国外汇管理规定，个人因私用汇，应在规定限额以内购汇；超过规定限额的个人因私用汇，应当向外汇管理机关提出申请，外汇管理机关认为其申请属实的，可以购汇。外汇账户一般是指居民和非居民以可兑换货币在银行开立的外汇存款账户，分为居民账户和非居民账户。我国实行严格的外汇管理制度，对外汇存款来源的审查比较严格，对居民外汇账户存款的使用也有较多限制。

（三）回答问题

我国法律关于个人外汇收入和支出管理的主要内容是什么？

案例二　世界银行贷款的管理制度分析

（一）案例资料

浙江北仑发电厂是我国第一个利用世界银行贷款建设的现代化大型火力发电厂。一期工程总投资额达54亿元的两台60万千瓦发电机组已分别在1991年10月和1994年10月建成发电；二期工程动态投资总额达122.4亿元的三台60万千瓦发电机组近期将全面移交投产。该厂将成为装机容量300万千瓦的目前国内最大的火力发电厂。

到2000年上半年，一期工程已累计还贷47.49亿元，其中内资部分建设银行贷款已全部还清，外资部分世界银行贷款也按借贷协议如期偿还，企业也因此赢得了良好的信誉。

（二）分析提示

我国外债分为国际金融组织贷款、外国政府贷款和国际商业贷款。此题中的贷款属于国际金融组织贷款，贷款的使用和偿还必须符合我国外债管理的相关规定。

（三）回答问题

世界银行贷款的管理制度的主要内容是什么？

参考文献

1. 魏盛洪、周升业主编,《中华人民共和国银行法全书》,北京:中国金融出版社,1995。

2. 刘亚天、刘少军主编,《金融法》,北京:中国政法大学出版社,2002。

3. 王建平著,《金融法学》,上海:立信会计出版社,2003。

4. 满红霞、刘旭东著,《金融法规》,大连:东北财经大学出版社,2004。

5. 钱瑜主编,《中华人民共和国银行业监督管理法、中国人民银行法、商业银行法释义》,北京:中国长安出版社,2004。

6. 曾世雄等著,《票据法论》,北京:中国人民大学出版社,2003。

7. 谷慎主编,《当代金融法》,北京:科学出版社,2004。

8. 丁邦开等著,《金融法律制度》,南京:东南大学出版社,2002。

9. 刘次邦、郑曙光主编,《金融法》,北京:人民法院出版社,2004。

10. 强力著,《金融法》,北京:法律出版社,2004。

11. 刘隆亨著,《金融法学》,北京:当代世界出版社,2000。

12. 何立慧编著,《金融法原理》,兰州:兰州大学出版社,2004。

13. 李金泽主编,《中国金融法教程》,北京:中国商业出版社,2002。

14. 刘亚天主编,《金融法案例教程》,北京:知识产权出版社,2002。

15. 刘亚天、魏敬淼主编,《金融法》,北京:中国政法大学出版社,1996。

16. 王建平编著,《金融法学》,上海:立信会计出版社,2003。

17. 甘功仁、黄欣主编,《金融法》,北京:中国金融出版社,2003。

18. 徐孟洲主编,《金融法学案例教程》,北京:知识产权出版社,2003。

19. 汪鑫主编,《金融法学》,北京:中国政法大学出版社,2004。

20. 刘定华主编,《金融法教程》,北京:中国金融出版社,2004。

21. 顾功耘主编,《经济法》,北京:高等教育出版社,2005。

22. 孟建华主编,《新编实用经济法》,北京:清华大学出版社,2005。

23. 曾宪义主编,《金融法篇》,北京:中国人民大学出版社,2005。

24. 朱铭来主编,《保险法学》,天津:南开大学出版社,2006。